Dieses Werk über das Kind, die Struktur und Dynamik der werdenden Persönlichkeit, hat den großen Psychologen Erich Neumann bis zu seinem Tode beschäftigt. Es ist der bisher ausführlichste Beitrag der Analytischen Psychologie zur Bewußtseinsbildung in der kindlichen Entwicklung. In diesem Buch wird nicht nur die wichtige Frage beantwortet, weshalb die «Urbeziehung» entscheidend für unser Leben ist, sondern es wird auch das Grundmuster unseres sozialen Verhaltens aufgezeigt, das für Neumann geprägt wird von der Polarisierung durch die matriarchalen und patriarchalen Urbilder.

Das Werk kann einen entscheidenden Beitrag leisten für das Verständnis des Kindes, und ist damit unentbehrlich für Eltern, Psychologen und Lehrer. Aber auch jeder, der an sich selbst arbeitet, kann zu wegweisenden Erkenntnissen gelangen.

Erich Neumann, 1905 in Berlin geboren, hat dort Psychologie, Medizin und Philosophie studiert. Er erhielt eine Ausbildung in Analytischer Psychologie bei C. G. Jung. 1934 emigrierte er nach Israel; dort ist er 1960 gestorben.

Weitere Bücher von Erich Neumann im Fischer Taschenbuch Verlag. ‹Die Psyche als Ort der Gestaltung› (Bd. 11094); ‹Der schöpferische Mensch› (Bd. 12413); ‹Tiefenpsychologie und neue Ethik› (Bd. 42005) und ‹Ursprungsgeschichte des Bewußtseins› (Bd. 42024).

Erich Neumann

Das Kind

Struktur und Dynamik der
werdenden Persönlichkeit

Fischer Taschenbuch Verlag

Geist und Psyche
Begründet von Nina Kindler 1964

Veröffentlicht im Fischer Taschenbuch Verlag GmbH,
Frankfurt am Main, Juni 1999

© by Erich Neumann Erben
Druck und Bindung: Clausen & Bosse, Leck
Printed in Germany
ISBN 3-596-14479-5

INHALT

ERSTES KAPITEL

Die Urbeziehung zur Mutter und die ersten Phasen der
kindlichen Entwicklung — 7

ZWEITES KAPITEL

Urbeziehung und Entwicklung zur Ich-Selbst-Beziehung — 28

DRITTES KAPITEL

Die Störungen der Urbeziehung und ihre Folgen — 63

VIERTES KAPITEL

Vom Matriarchat zum Patriarchat — 105
   Der patriarchale Uroboros und das Weibliche — 106
   Das Kind und das Männliche in der Matriarchatsphase — 113
   Das Selbständigwerden des Ich und die Entwicklung der
   Gegensätze — 121
   Die Entwöhnung — 127
   Sauberkeit, Körper-Aufrichtung und das Problem des Bösen — 130

FÜNFTES KAPITEL

Die Ich-Stufen der kindlichen Entwicklung — 151
   Die phallisch-chthonische und phallisch-magische Ich-Stufe — 155
   Die Überwindung des Matriarchats durch das Magisch-Kriegerische
   und das solare Ich — 175
   Der Totemismus und die patriarchale Entwicklung — 190

SECHSTES KAPITEL

Das Patriarchat — 198
   Der Vaterarchetyp und das Männliche — 206

SCHLUSSBEMERKUNGEN — 224

ANHANG

Anmerkungen — 228
Quellen — 233
Werkverzeichnis — 236
Namen- und Sachregister — 238

ERSTES KAPITEL

Die Urbeziehung zur Mutter und die ersten Phasen der kindlichen Entwicklung

So wie die matriarchale Welt, in welcher das Unbewußte dominiert und das Ich-Bewußtsein des Menschen noch unentwickelt ist, psychologisch die Primitivkulturen beherrscht, so ist es auch ontogenetisch in der Entwicklung jedes einzelnen Menschen.

Es gehört zu den grundsätzlichen Gegebenheiten der menschlichen Art, durch welche sie sich auch von ihren nächsten tierischen Verwandten unterscheidet, daß das menschliche Kind in der Terminologie Portmanns[1] nicht nur eine intra-uterine, sondern auch eine postuterine Embryonalzeit durchzumachen hat. Die Jungen der höheren Säugetiere kommen in artgemäßer Ausreifung zur Welt, sind also entweder sofort oder relativ kurze Zeit nach ihrer Geburt ‹kleine Erwachsene›, welche nicht nur den erwachsenen Tieren voll gleichen, sondern auch autonom lebensfähig sind. Um einen entsprechenden Reifezustand zu erreichen, würde der menschliche Embryo eine Schwangerschaftszeit von 20 bis 22 Monaten durchleben müssen, das heißt, daß bei einer faktischen Schwangerschaftszeit von 9 Monaten das menschliche Kind erst nach Ablauf des ersten Lebensjahres die bei den anderen übliche Geburtsreife erreicht. So ist das ganze erste Säuglingsjahr noch zur Embryonalzeit zu rechnen, und die menschliche Art macht nicht nur eine Embryonalzeit durch, in welcher das Dasein des Kindes psychisch und physisch in den Leib der Mutter eingefügt ist, sondern ihr folgt eine post-uterine, nachgeburtliche Embryonalzeit, in der das Kind bereits in die menschliche Gemeinschaft eingetreten ist und mit der beginnenden Entwicklung des Ich und des Bewußtseins zugleich in die Sprache und Sitte seiner Gruppe hineinwächst. Diese von Portmann «soziale Uteruszeit» genannte Phase ist durch die Dominanz der Urbeziehung zur Mutter[2] charakterisiert, welche anfangs völlig die Welt und Umwelt des Kindes ausmacht, um später langsam immer mehr Welt-Teilen den Zugang zur kindlichen Welterfahrung zu ermöglichen.

Mit diesem für den Menschen spezifischen Grundphänomen ist die Entwicklung des menschlichen Daseins in einer besonderen Weise von Anfang an in den menschlichen Beziehungsraum hineingestellt. Die Ausgeliefertheit des menschlichen Daseins ist einzigartig, weil es schon in dem späteren Teil seines embryonalen Daseins den mütterlichen Händen der ‹Natur› entzogen und der menschlichen Mutter anheimgegeben wird. Die Urbeziehung zur Mutter ist nicht nur die primäre Beziehung des Kindes, sondern es wird durch sie schon vor seiner ‹eigentlichen› Geburt, nach der Vollendung des ersten Lebensjahres, auch von der menschlichen Kultur mitgeprägt, da die Mutter in einem Kulturkollektiv lebt, dessen Sprache und Wertungen auf unbewußte aber eindrücklichste Weise die Entwicklung des Kindes mitformen und mitbestimmen. Die Stellung des Kollektivs zum Kinde, seinem Geschlecht, seiner Individualität und seiner Entwicklung kann über Leben und Tod entscheiden. Ein Mädchen, ein Knabe oder ein Zwilling zu sein, ebenso wie Besonderheiten des Körpers oder der Geburtsumstände, welche vom Kollektiv als ‹negativ› gewertet werden, erweisen sich als ebenso verhängnisvoll wie eine von der Natur gesetzte organische oder psychische Mißbildung.

So ist schon ‹vorgeburtlich› die An- und Einpassung in das Kollektiv mit seiner das Individuum annehmenden oder ablehnenden Haltung augenfällig. Neben ihr aber existiert von Anfang an der ‹Automorphismus› des Individuums, die Notwendigkeit des Einzelnen, seine konstitutionelle und individuelle Gegebenheit innerhalb des Kollektivs und wenn nötig auch unabhängig von ihm und gegen das Kollektiv zu verwirklichen.

Wenn die Analytische Psychologie versucht, die Gesetze der Persönlichkeitsentwicklung darzustellen, muß sie auch eine neue Terminologie entwickeln, da die Übernahme der von Freud und seiner Schule geschaffenen Begriffe die wesentlichen Unterschiede zwischen den Grundanschauungen der beiden tiefenpsychologischen Richtungen verwischt. Diese Begriffsbildung ist bisher von der Analytischen Psychologie allzusehr vernachlässigt, damit aber auch eine durchgehende Klärung des Verständnisses der Zusammenhänge aufgehalten worden. Derartige Begriffskorrekturen sind nicht nur aus theoretischen

Gründen notwendig, sondern die Anwendung inadäquater Begriffe leistet auch oft einer reduktiven Deutung und damit einem Mißverständnis von psychischen Phänomenen Vorschub, welche ihr produktives Verständnis in der Therapie erschwert, wenn nicht verhindert.

Bei unserer Bemühung, die Bedeutung der Urbeziehung, der Beziehung des Kindes zur Mutter, herauszuarbeiten, stießen wir auf den für die Kindheitspsychologie zentralen Zusammenhang zwischen der Entwicklung des Ich mit der der Gesamtpersönlichkeit.

Jede Darstellung der Persönlichkeitsentwicklung – und besonders die der kindlichen Persönlichkeit – hat für die Analytische Psychologie davon auszugehen, daß das Unbewußte das Erste und Vorhergehende, das Bewußtsein das Spätere und Nachfolgende ist. Die Ganzheit der Persönlichkeit und ihr dirigierendes Zentrum, das Selbst, existieren vor der Bildung und Entwicklung des Ich zum Bewußtseinszentrum, und die Gesetzmäßigkeit der Ich- und Bewußtseins-Entwicklung hängt vom Unbewußten und von der Persönlichkeitsganzheit ab, die das Selbst repräsentiert.

Die psychische Funktion der Ganzheit, die in der ersten Lebenshälfte auch dahin drängt und führt, daß ein Bewußtseinszentrum gebildet wird und daß der Ich-Komplex allmählich die Stellung dieses Bewußtseinszentrums einnimmt, nennen wir ‹Zentroversion›.[3] Mit dieser Zentrumsbildung filialisiert sich das Selbst, das im Ich eine ‹Instanz›, eine ‹Filiale› errichtet, welche die Ganzheitsinteressen gegenüber den Einzelansprüchen der Innenwelt und der Umwelt zu vertreten hat. Dabei ist symbolisch die Beziehung des Ich zum Ganzheitszentrum die des Sohnes. Das Ganzheitszentrum erscheint als Selbst in der Beziehung zur Ich-Entwicklung in hohem Maße mit dem Elternarchetyp verbunden. In der ersten Lebenshälfte dominiert die Ich- und Bewußtseinspsychologie und die Zentrierung der Persönlichkeit im Ich als dem Bewußtseinszentrum; bei dem Prozeß der Individuation in der zweiten Lebenshälfte kommt es dagegen zu einer Akzentverschiebung vom Ich auf das Selbst. Alle diese Prozesse, ebenso wie die der Bewußtseins-Erweiterung, -Synthese und der Persönlichkeitsintegration, stehen im Zeichen der ‹Zentroversion›.

Während der Zentroversions-Begriff sich auf den Zusammenhang zwischen den Persönlichkeits*zentren* zueinander bezieht, umfaßt der Begriff des Automorphismus[4] nicht so sehr die Entwicklung der psychischen Zentren, sondern die der psychischen Systeme: Bewußtsein und Unbewußtes, ihre Beziehung zueinander, zum Beispiel die kompensatorische Beziehung des Unbewußten zum Bewußtsein, ebenso aber Prozesse, die sich nur im Unbewußten oder nur im Bewußtsein abspielen, aber der Entwicklung der Persönlichkeitsganzheit dienen.

Die Phase der Urbeziehung des Kindes zur Mutter, welche die ersten Lebensmonate bestimmt, ist zugleich die Zeit, in welcher sich das kindliche Ich bildet oder zum mindesten so zu entwickeln beginnt, daß der von Anfang an vorhandene Ich-Keim oder Ich-Kern sich vergrößert und vereinheitlicht, so daß wir am Ende von einem mehr oder weniger einheitlichen kindlichen Ich sprechen können.

Diese früheste Phase ist als Vor-Ich-Phase des Daseins für den Erwachsenen nur als Grenzerfahrung zu erschließen, denn während unsere Erfahrung normalerweise eine Ich-Erfahrung ist, gebunden an das Vorhandensein des Bewußtseins, scheint die Unentwickeltheit des Ich in dieser Frühzeit eine Erfahrung unmöglich zu machen. Erst wenn die Beziehungen zwischen Ich und Selbst mehr geklärt worden sind, wird verständlich werden, inwiefern auch in dieser frühesten Phase Erfahrung nicht nur möglich, sondern für die Menschheit ebenso wie für den Einzelnen sogar von entscheidender Bedeutung ist.

Wir haben an anderer Stelle[5] diese Phase als mythologische Wirklichkeit beschrieben und die Bedeutung der mit ihr verbundenen Symbole aufzuhellen versucht. Auch wurde die Bezeichnung ‹uroborisch› für den ersten Daseinszustand der Vor-Ich-Zeit gewählt, weil das Symbol der in sich geschlossenen, den Schwanz mit dem Maul berührenden und ihn so ‹fressenden› Schlange, des Uroboros, für die gegensatzlose Einheit dieser psychischen Wirklichkeit charakteristisch ist. Der Uroboros als das Große Runde, in dessen Schoß-Mitte der Ich-Keim geborgen ruht, ist das kennzeichnende Symbol der uterinen Daseins-Situation, in der noch keine abgegrenzte kindliche Persönlichkeit einer menschlichen und außermenschlichen Umwelt gegenübersteht. Diese Unabgegrenztheit der uterinen Embryonalsituation ist – weitgehend, aber nicht vollkommen – auch noch postgeburtlich erhalten.

Für den Embryo ist der Leib der Mutter nicht nur die Welt, ‹in› welcher das Kind faktisch lebt, ohne mit einem kontrollierend-wahrnehmenden Bewußtsein begabt und in einem Ich zentriert zu sein, sondern seine Situation ist auch dadurch charakterisiert, daß die Ganzheitsregulation des Eigenorganismus, dessen Mitte wir unter dem Symbol des ‹Körper-Selbst› zusammenfassen, vom Selbst der Mutter gewissermaßen ‹überlagert› wird.

Auch die Selbstentfaltung des Embryo steht unter dem ‹Eigengesetz› seines individuellen Selbst mit all den Faktoren, die man als konstitutionell und individuell bezeichnet, aber diese automorphe Entwicklung ist in die ‹Fremdwirklichkeit› des Mütterlichen eingebaut, die für den Embryo als übergeordnete Wirklichkeit wirksam ist. Erst mit dem Abschluß der post-uterinen Embryonalphase ist auch die volle Etablierung der Instanz nachweisbar, welche die Analytische Psychologie als individuelles Selbst bezeichnet.

Die früheste biologisch fundierte Manifestation des Selbst ist von uns als ‹Körper-Selbst› bezeichnet worden.[6] Es ist die mit der Geburt erscheinende, von der Einbettung in den mütterlichen Körper losgelöste, abgegrenzte einmalige Ganzheit des Individuums, die mit der biopsychischen Einheit des Körpers gegeben ist.

Zwar ist mit der Geburt des Körpers ein Teil der Bindung des Kindes an die Mutter aufgelöst, aber die dem Menschen artgemäße zweizeitige Embryonalzeit weist darauf hin, daß das Kind nach der körperlichen Geburt noch embryonal, das heißt teilweise noch in der Urbeziehung zur Mutter enthalten ist, daß es noch nicht ‹es selbst› geworden ist. Die vollständige ‹Selbst-Werdung› findet erst im Laufe der Urbeziehung statt und ist normalerweise erst nach dem ersten Lebensjahr wirklich abgeschlossen.

In der für die früheste Kindheit charakteristischen Phase der Vor-Ich-Zeit, in der sowohl das Bewußtsein wie das Ich sich erst in Entwicklung befindet, ist auch die an die Entwicklung des Ich-Bewußtseins gebundene polarisierte Erfahrung der Welt mit ihrer Subjekt-Objekt-Trennung noch nicht vorhanden. Diese in jedem Individuum lebendige Kindheitserfahrung ist die ontogenetische Verwirklichung der ursprünglichen ‹Einheitswirklichkeit›[7], in welcher die Partialwelten von Außen und Innen, Objektwelt und Psyche, nicht existieren. Das Kind ist in der nachgeburtlichen Embryonalzeit der Urbeziehung – obgleich schon als Körper geboren – in der Mutter enthalten. In dieser Phase besteht eine primäre Einheit von Mutter und Kind, aus der sich das kindliche Individuum erst in seinem Zu-sich-selbst-Kommen als ein Subjekt entwickelt, das einer Du-Objekt-Welt gegenübersteht.

Diese Kind und Mutter umfassende Wirklichkeit stellt aber keine nur ‹psychische› Wirklichkeit dar, sondern ist eine ‹Einheitswirklichkeit›, in der das, was unser unterscheidendes Bewußtsein ‹Innen› und ‹Außen› nennt, für das kindliche Ich zur Identität wird. So wie für das Ich zum Beispiel zwischen dem Wollen einer Bewegung und der Ausführung ein unmittelbarer Einheitszusammenhang besteht, ist für das Kind ein Bedürfnis, etwa Hunger, Kälte oder eine andere Unlust mit der Stillung und Beruhigung durch die Mutter verkoppelt. Diese Einheit, auf welche die Existenz des Kindes angewiesen ist, wird von einer biopsychischen Körper-Welt-Identität gebildet, in der Kind und Mutter, hungernder Körper und stillende Brüste zusammengehören.

In dieser Einheitswirklichkeit ruht das Kind normalerweise in Geborgenheit, und wenn eine Spannung auftritt, signalisiert das Kind durch sein Schreien und sinkt mit der mehr oder weniger sofort erfolgenden Befriedigung und der damit eintretenden Lösung der Spannung wieder in den Schlaf zurück.

Auch später noch, wenn das Ich in den ersten Monaten immer häufiger erst für kurze, dann für längere Zeit inselhaft bewußt wird und sich ‹in der Welt› orientiert, besteht zwischen Welt, dem eigenen Körper und der lustbringenden und Unlust auflösenden Mutter keine Unterscheidung, also für das Lust und Unlust erfahrende Ich des Kindes ist Welterfahrung Erfahrung der Mutter, deren emotionale Wirklichkeit sein Dasein bestimmt. Die Mutter ist für das Kind dieser Phase weder außen noch innen, ihre Brüste werden ebensowenig von ihm als ‹fremd außen› wie sein eigener Körper als ‹eigen› erfahren; Kind und Mutter sind ähnlich wie in der uterinen Embryonalzeit noch so zusammengefügt, daß sie miteinander eins sind, eine ‹Dual-Union› bilden.

Das Ich ist, mythologisch formuliert, noch im Uroboros enthalten, und die umgebende Mutter ist für den Embryo enthaltendes Gefäß und Welt in einem.

Das noch nicht differenzierte Körperbild des Kindes ist von kosmischer Weite und Unbegrenztheit. Sein Eigenbezirk ist so unabgehoben von der Welt und so mit dem, was wir ‹Außenwelt› nennen, verschmolzen, daß er mit gutem Recht als ‹weltausgebreitet› bezeichnet werden könnte. Erst mit der fortschreitenden Entwicklung des kindlichen Ich kommt es zu einer fortschreitenden Differenzierung des eigenen Körperbildes, die Hand in Hand geht mit dem fortschreitenden Deutlichwerden der Welt als eines dem Ich gegenüberstehenden Objektes. So formuliert Clifford Scott in seiner Arbeit über das ‹Körper-Schema›: «Teil des Körperbildes ist ein stetig wechselndes Weltschema, dessen äußerste Grenzen sich mit dem befassen müssen, was man nur die Grenzen von Raum und Zeit nennen kann.[8]»

Die Dual-Union der Urbeziehung ist dadurch, daß in ihr weder ein festes Ich noch ein abgegrenztes Körperbild des Kindes vorhanden ist, ‹welthaft› und transpersonal, und in der Anfangsphase der Urbeziehung herrscht die Ausgebreitetheit der Einheitswirklichkeit, die noch nicht in Innen und Außen, in Subjekt und Objekt auseinandergetreten ist. Auch die Mutter lebt, soweit sie in der Urbeziehung existiert, wie das Kind in der archetypisch bestimmten Einheitswirklichkeit, aber sie ragt in diese nur hinein, weil die Beziehung zum Kinde ja nur einen Teil ihres gesamten Daseins bestimmt. Das Kleinkind dagegen ist ganz in dieses Feld eingebettet, in welchem ihm die Mutter Welt und Selbst repräsentiert.

Mit der Feststellung, in der Embryonalphase sei die Mutter auch das Selbst des Kindes, geraten wir an die Schwierigkeit, für die erste Phase der Urbeziehung einen – von unserem Bewußtsein aus gesehen – doppelten Ansatz des kindlichen Selbst annehmen zu müssen. Wer die ‹innerweltliche Embryonalzeit› ernst nimmt, muß sagen, erst nach etwa einem Jahr, nämlich nach Ablauf der ganzen inner- und außeruterinen menschlichen Embryonalzeit, sei das Kind ‹ein Selbst›, eine individuelle Ganzheit. Bis dahin herrscht, entsprechend dem Enthaltensein des Kindes in der Einheitswirklichkeit, eine für unser Bewußtsein paradoxe Situation.

Einerseits existiert das mit der artgemäßen Anlage gegebene ‹Körper-Selbst›[9] des Kindes, das mit dem Vorhandensein der individuellen Körperganzheit gegeben ist, andererseits spielt die Mutter der Urbeziehung nicht nur die Rolle des Selbst, sondern vertritt dieses. Aber auch das Körper-Selbst besitzt Ganzheitscharakter und ist nicht etwa nur als eine physiologische Größe zu verstehen, denn Körperanlage und psychische Anlage, Erbkonstellation und Individualität sind alle bereits in der biopsychischen Einheit des ‹Körper-Selbst› vorhanden.

In der Selbst-Struktur des erwachsenen Menschen ist – für die Erfahrung unseres differenzierten Bewußtseins – immer auch eine Du-Beziehung mitgegeben. Das Ich erfährt das Selbst als ein Gegenüber, das innerpsychisch als ‹Selbst-Zentrum›, außen als Welt und als Mitmensch oder in der ‹Projektion› eines archetypischen Bildes sichtbar wird. Das besagt, daß das Selbst einen Eros-Charakter besitzt, welcher die gesamte Entwicklung des Menschen bestimmt, die ebenso als Individuation wie als Beziehung und als Beziehungswandlung beschrieben werden muß. So äußert sich die paradoxe Natur des Selbst unter anderem auch darin, daß das Selbst als ‹das Eigenste› ebenso wie als ein ‹Du› auftritt, daß es für unser Bewußtsein einmal als individuelle Eigenzentrierung der Persönlichkeit erscheint, daneben aber allgemein-menschlichen und welthaften Charakter besitzt. Diese paradoxe Doppelnatur des Selbst erscheint in der frühesten Kindheit in der Verschränkung, daß es als ‹Eigenes› das Körper-Selbst, als ‹Du› aber die Mutter ist.

Der Du- und Bezogenheits-Charakter des Selbst ist in der ersten Entwicklungsphase des Kindes in der Mutter ‹gegeben› und – von uns aus gesehen – exteriorisiert, wobei man sich aber darüber klar sein muß, daß dieser Begriff eines ‹Außen›, der ja im ‹Exteriorisiertsein› enthalten ist, in Wirklichkeit für die ‹weltausgebreitete› Situation des Kindes inadäquat ist. Da wir aber die Einheitswirklichkeit der Urbeziehung immer nur als eine Beziehung zwischen zwei Größen, Mutter und Kind, beschreiben können, kann unsere Formulierung der wirklichen Situation nicht angemessen sein.

Weil in der uroborischen Frühphase der kindlich-menschlichen Entwicklung ein Minimum von Unlust und Spannung mit einem Maximum an Lust und Geborgenheit ebenso wie eine Einheit von Ich und Du, Selbst und Welt vorhanden ist, gilt sie dem Mythos als ‹paradiesisch›. Im Gegensatz dazu ist die Situation des erwachsenen Menschen notwendig zur Leidenserfahrung verurteilt, weil in ihr das erfahrende Ich weder mit dem Selbst, der eigenen Ganzheit, noch mit dem Du, der Mit- und Umwelt, identisch ist, sondern sich in komplizierten Spannungen zwischen den gegensätzlichen Polen von Selbst und Du zu entwickeln hat.

Für den erwachsenen Menschen ist die Situation der Spannung erzeugenden psychischen Systemtrennung in ein Bewußtsein und ein Unbewußtes zuständig; gleichzeitig mit dieser Konstellation ergibt sich die Polarisierung der Gesamtpersönlichkeit in die zwei Zentren – das Ich als Mitte des Bewußtseins und das Selbst als Mitte der das Bewußte und das Unbewußte umfassenden Ganzheit der Psyche. Mit dieser Polarisierung Hand in Hand geht die der Welt in ein Innen und Außen. Das Ich steht zwischen Selbst und Welt, und die automorphe Entwicklung der Gesamtpersönlichkeit ist sowohl von der Stellung des Ich nach Innen wie nach Außen, zum Selbst wie zur Welt abhängig.

Für die uroborische Situation der Vor-Ich-Zeit aber, in welcher das Ich noch dämmert oder nur inselhaft auftaucht, bestehen diese Gegensätze und Spannungsverhältnisse nicht. Weil für den Embryo keine Gegensätzlichkeit zwischen Ich-Selbst und mütterlicher Umwelt möglich ist und die Mutter Du und Selbst zugleich ist, herrscht in der postgeburtlichen Frühsituation die ‹Einheitswirklichkeit› des Paradieses. Das embryonal-uterine ebenso wie das embryonal-postuterine Geborgensein des Kindes im enthaltenden Runden des mütterlichen Daseins ist damit identisch, daß die Mutter für das Kind Selbst, Du und Welt in einem ist. Die früheste Urbeziehung zur Mutter ist deswegen so einzigartig, weil in ihr – und fast nur in ihr – der Gegensatz zwischen automorpher Selbstentwicklung und Du-Beziehung, der das ganze menschliche Dasein mit Spannung erfüllt, normalerweise nicht existiert. Von der prägenden Erfahrung dieser Phase, die unter anderem für die psychologische Entwicklung des schöpferischen Menschen von entscheidender Bedeutung ist, stammt deswegen eine bleibende Sehnsucht, die sich für den erwachsenen Menschen progressiv wie regressiv auswirken kann.[10]

Erst wenn man die Symbolik des uroborischen Zustandes des Enthaltenseins im Runden richtig interpretiert, versteht man, warum die Bezeichnung des ‹Autismus› für diese Phase unzuständig ist. Der Bezogenheits- und Eros-Charakter der Urbeziehung drückt sich – dem vor-ichhaften Zustand entsprechend – kosmisch und welthaft transpersonal und noch nicht personal aus. Deswegen heißen die Symbole der Vorzeit unter anderem Paradies und Urheimat, Rundes, Meer oder Teich. Das Enthaltensein in dieser kosmischen Welt ist Ausdruck der embryonalen Form des vor-ichhaften Daseins, in welchem die enthaltende Mutter in der Symbolik einer umfassenden Wirklichkeit, nämlich der Einheitswirklichkeit, auftritt. Nur vom Standpunkt der Subjekt-Objekt-Beziehung des späteren Ich aus ist die Bezeichnung Autismus als die einer völligen Objektlosigkeit verständlich. Sie ist aber nicht richtig, wenn wir die primäre Einheitswirklichkeit der embryonalen vor- und nachgeburtlichen Urbeziehung begreifen. In der Phase des ‹Seins in der Einheitswirklichkeit› existiert das Kind in einer totalen participation mystique, einem All-Ausgebreitetsein, welches die psychische ‹Mutterlauge› ist, in welcher sich alles noch in ‹gelöstem Zustand› befindet, und aus welcher sich erst die Gegensätze von Ich und Selbst, Subjekt und Objekt, Person und Welt herauszukristallisieren haben. Deswegen verbindet sich mit dieser Phase das ‹ozeanische Gefühl›, das auch beim erwachsenen Menschen immer wieder da auftaucht, wo die Einheitswirklichkeit die alltägliche in Subjekt und Objekt polarisierte Bewußtseinswirklichkeit ergänzt, durchbricht oder ersetzt.

In der Psychoanalyse wird der Gegensatz der psychischen Situation des Kleinkindes zur Objektbeziehung des späteren Ich mit Hilfe von Begriffen wie ‹Identifikation› und ‹primärer Narzißmus› erklärt. Im Gegensatz dazu drücken Begriffe wie ‹Adualismus› (Baldwin) und ‹Dualunion› (Szondi) die primäre Situation des Kindes exakt aus. Die Analytische Psychologie gebraucht für diesen Zusammenhang den – allgemeineren – Begriff der ‹participation mystique›, der ‹unbewußten

Identität›, von Levy-Bruhl. Damit wird die durch diesen B(
faßte psychische Situation nicht im Sinne eines Identifizieru
interpretiert, sondern im Sinne einer unbewußten Identität, da
einer gegebenen Zuständlichkeit.

Von Identifizierungen als von Identifizierungsakten sprechen wir nur, wenn ein entwickeltes Ich bereits vorhanden ist. Derartige Identifizierungen geschehen faktisch zum Beispiel im Ritual aller Einweihungen, in denen bewußt von der einweihenden Instanz eine Identifizierung mit den Ahnen, dem Totemtier und anderen vollzogen wird. Wenn wir aber von ‹unbewußten Identifizierungsakten› sprechen, projizieren wir die Aktivität unseres Ich unberechtigterweise ins Unbewußte, in welchem in Wirklichkeit eine primäre Identität als ein ‹So-Vorgefunden-Werden› herrscht. In diesem Sinne ist die Dual-Union der Urbeziehung eine Konstellation des Identischseins, nicht eine der Identifizierung eines noch nicht vorhandenen kindlichen Ich mit der Mutter. Dieses ‹So-Vorgefunden-Werden› ist gerade für die Einheitswirklichkeit als für das Sein in einem nicht subjektiven Weltzustand charakteristisch.

Der primäre Eros-Charakter der Urbeziehung, in dem zunächst das Ineinander, danach das Miteinander und Aneinander artgemäß vorgegeben ist, so daß die gesamte Existenz des Kindes von der Erfüllung dieser Eros-Konstellation abhängt, ist deswegen der extremste Gegensatz zu einem primären ‹Narzißmus› Freuds und zu jedem Narzißmus überhaupt, den man sich nur denken kann. So einleuchtend die Gründe scheinen, die Freud zur Herausstellung des Gegensatzes Narzißmus–Objektbeziehung geführt haben, die Akzente sind dadurch falsch gesetzt worden, daß die apersonale Bezogenheitskonstellation der Urbeziehung von ihm verkannt wurde. Diese Bezogenheit ist – und dieses Faktum hat Freud zur Gegenüberstellung von Narzißmus und Objektliebe geführt – keine Beziehung, denn eine Beziehung setzt ebenso ein Beziehungssubjekt wie ein Beziehungsobjekt voraus. Beides ist in der vor-ichhaften Zeit der Urbeziehung nicht vorhanden. Dadurch unterscheidet sich die ‹Urbeziehung› von jeder anderen und späteren Beziehung. Aber trotzdem ist in ihr der Eroscharakter der Partizipation, des miteinander und aufeinander Bezogenseins so stark, wie es in keiner Beziehung, die ‹Gegensatz› voraussetzt, überhaupt möglich ist.

In der Analytischen Psychologie entspricht der Phase des ‹primären Narzißmus›, des noch ‹objektfreien› Zustandes der frühkindlichen Persönlichkeit, das uroborische Stadium der kindlichen Entwicklung mit all den archetypischen Zusammenhängen, die in der «Ursprungsgeschichte» dargestellt worden sind. In diesem Sinne wird der Begriff des Narzißmus nicht mehr wie zum Teil noch in der «Ursprungsgeschichte» auch positiv gebraucht, sondern für eine bestimmte negative Ich-Haltung und Entwicklung reserviert.

In der Dual-Union der Urbeziehung, in welcher noch keine innerpsychische Gegensatzspannung zwischen Ich und Selbst vorhanden ist, wird die Entwicklung der späteren Ich-Selbst-Achse der Psyche und ihr Mit- und Gegeneinander von Ich und Selbst durch die Beziehung zwischen der Mutter als Selbst und dem Kind als Ich vorbereitet. Dabei steht die Zusammengeschlossenheit von Mutter und Kind, Selbst und Ich, unter der Konstellation des aufeinander Bezogen- und Angewiesenseins, das heißt unter der Herrschaft des Eros. Wenn wir daher von einer ‹Verdoppelung des Selbst› in der Urbeziehung sprechen, handelt es sich um einen Versuch, von unserem polarisierenden Bewußtsein aus den paradoxen Zustand der Urbeziehung darzustellen, gleichzeitig aber die dynamische Beziehung zwischen Mutter und Kind ebenso wie die Entwicklung des kindlichen Ich und seiner Persönlichkeit innerhalb dieser Beziehung zu verdeutlichen.

Die Urbeziehung ist das Erste und die Grundlage aller späteren Angewiesenheiten, Bezogenheiten und Beziehungen überhaupt. Während die Dual-Union in der uterinen Embryonalphase von Natur her garantiert ist, tritt sie nach der Geburt als erstes Bedürfnis des Säugetieres und besonders des menschlichen Kindes auf. Deswegen steht das Angewiesensein des Kindlich-Kleinen auf das große Enthaltende -- bei allen Lebewesen, die ‹in› einem Mütterlichen entstehen – am Beginn aller Existenz.

Die ‹Verdoppelung› erscheint unserem unterscheidenden Bewußtsein darin, daß einmal die psychobiologische Ganzheit des Kindes, sein ‹Körper-Selbst›, die automorphe Grundlage seiner Entwicklung darstellt, zugleich aber das Dasein der Mutter die unbedingte, lebengebende, lebenregulierende und Entwicklung ermöglichende Voraussetzung des früh-kindlichen Seins ist.

Auch hier wieder muß der Begriff der Einheitswirklichkeit eingeführt werden als einer Wirklichkeit, die jenseits und vor der Teilung in Körper und Psyche, Außen und Innen vorhanden ist. Das Psychische ist hier mit dem Körper ebenso wie mit der Welt verbunden, und Psyche, Körper und Welt sind noch nicht voneinander unterscheidbar. In der Urbeziehung des Kindes zum Mütterlichen ist also eine Einheit dessen gegeben, was das Bewußtsein später als Gegensatz ebenso von körperlich und psychisch wie von biopsychisch und welthaft auseinanderzuhalten versucht. Man könnte zunächst meinen, das Körper-Selbst sei der Repräsentant des Organismus und seiner unbewußten Instinktwelt, so wie Freud glaubte, das Unbewußte sei der Repräsentant des Organismus[11], die Mutter aber vertrete die Welt als Umwelt und menschliche Sozietät. Aber für die ursprüngliche Situation ist eine derartige Trennung und Zuordnung unmöglich. Körper-Selbst und Welt hängen ebenso zusammen, wie Mutter und Psyche, und das, was später dem Ich als Unbewußtes erscheint, repräsentiert ebenso die Reaktion des biopsychischen Organismus wie die in dieser Reaktion enthaltene Welt, die hier voneinander noch unabhebbar sind.

Die unser Bewußtsein befriedigende Teilung in ein Innen und Außen vereinfacht die wirkliche Situation, die urtümlich und daher für unser Bewußtsein komplizierter zu verstehen ist. Erst wenn das Kind endgültig geboren ist, am Ende seiner post-embryonalen Entwicklung, lebt es als Individuum mit seinem schon deutlich reagierenden Ich in einer von ihm getrennten, ihm gegenüberstehenden Welt. Erst dann wird die Mutter als Welt zur Umwelt, oder zum ‹Unbewußten›. In dieser Phase ist es aber schon zum ‹Ganzheits-Selbst› des Individuums gekommen, in welchem das ‹Körper-Selbst› und das in der Mutter vorhandene ‹Bezogenheits-Selbst› eins geworden sind.

Das in der Mutter der Urbeziehung inkarnierte Selbst, oder, um es vorsichtiger zu formulieren, der in ihr inkarnierte Funktionsbereich des Selbst, der in der Urbeziehung für das Kind zur prägenden Erfahrung wird, muß mit fortschreitender Entwicklung des Kindes allmählich in dieses ‹hinüberwandern›. Die mit dem Abschluß der innerweltlichen Embryonalzeit beginnende Selbständigkeit des Kindes als Ich und Individuum ist identisch damit, daß es aus dem engsten Bezogenheitsfeld der Urbeziehung ausgetreten und beziehungsfähig geworden ist, als Ich einem Du innen und außen gegenübersteht. Erst jetzt, in der – partiellen – Auflösung der ‹participation mystique› zwischen Kind und Mutter, ist das Kind nicht nur ein ‹Körper-Selbst› sondern eine beziehungsfähige individuelle Ganzheit mit einem ‹Ganzheits-Selbst›.

Mit der ‹eigentlichen› Geburt ist charakteristischerweise das menschliche Individuum nicht nur ein Sonderfall seiner Art, sondern zugleich ein Teil seiner Gruppe geworden. Das Kind ist jetzt nicht nur ‹es selbst›, sondern dieses ‹es selbst› manifestiert sich gleichzeitig als ein Ich-Du nach innen ebenso wie nach außen. Von jetzt an erscheint als ‹inneres› Grundphänomen der Psyche die Ich-Selbst-Achse, die Beziehung des Ich zum Selbst, während nach außen die Ich-Du-, Subjekt-Objekt-Trennung ebenso als Beziehung zum Du wie als Beziehung zur Welt als einem Gegenüber sichtbar wird.

Wir sprechen der Einfachheit halber vom ‹Ganzheits-Selbst›, das erst nach dem Abschluß der Embryonalepoche sich ‹zusammengeschlossen› hat. In ihm ist die Einheit des Körper-Selbst mit dem in der Mutter exteriorisierten Bezogenheits-Selbst vollzogen. Es handelt sich also nicht um ‹Selbst-Teile›, sondern um Manifestationsbereiche des Selbst, die von Anfang an vorhanden sind, aber erst im Laufe der Ich-Entwicklung zu ihrer Sichtbarkeit kommen können.

Die Analytische Psychologie verbindet mit dem Selbst als der Ganzheit des Individuums die Qualität einer gewissermaßen apriorischen Gegebenheit, die sich im Laufe des Lebens entfaltet. Diesem Gegebensein der Individualität entsprechen Begriffe wie die der Entelechie und der Monade ebenso wie die Annahme der Astrologie, daß das durch die Einmaligkeit des Geburtsmomentes gegebene Horoskop der Einmaligkeit des Individuums, seiner konstitutionellen Anlage und den in ihm latenten Möglichkeiten entspreche.

Anscheinend steht die entwicklungsgeschichtlich-genetische Auffassung, nach der die Persönlichkeit ein historisches Produkt ist, das sich erst an den Außenweltsbedingungen seiner Umwelt bildet, im Gegensatz zu dieser Betrachtungsart. Während die eine Auffassung den Akzent auf das Vorhandensein einer Gegebenheit legt, die sich mit der Umwelt auseinandersetzt, akzentuiert die zweite die konstituierende Bedeutung der Umwelt als einer Gegebenheit, welche das Lebewesen formt. Erst die Einheit beider – typologisch einseitigen – Auffassungen ergibt das Ganze der Wirklichkeit.

Ebensowenig wie wir in der Phase der vor- und früh-ichhaften Entwicklung zunächst von einer Identifizierung sprechen können, darf man den Vorgang des ‹Hinüberwanderns› des in der Mutter exteriorisierten Selbst mit einem Introjektionsprozeß verwechseln, obgleich dieser Vorgang das Vorbild aller späteren Introjektionsprozesse ist. In Wirklichkeit handelt es sich um eine Introjektion erst dann, wenn die Ich-Du-, Subjekt-Objekt-, Innen-Außen-Polarisierung bereits soweit vollzogen ist, daß von dem ‹Nach-Innen-Nehmen› eines ‹Außen› gesprochen werden kann. Das trifft zum Beispiel dann zu, wenn das Kind, das bereits ein Ich-Bewußtsein entwickelt hat – also in der patriarchalen Phase – Züge der individuellen personalen Vaterfigur zur Bildung seines Über-Ich verwendet, sie dann wirklich ‹introjiziert›. Aber in der Anfangskonstellation ist alles innen und außen oder weder innen noch außen vorhanden, und es kann daher weder etwas projiziert noch exteriorisiert oder introjiziert werden.

Das ‹Hinüberwandern› des Selbst von der Mutter aus dem Feld der Einheitswirklichkeit geht mit der allmählichen Auflösung der Dual-Union der Urbeziehung zusammen. Wenn sich das Kind dem Ende der postuterinen Embryonalphase nähert und ein artgemäßes menschliches Individuum wird, ist es nicht nur zum Zusammenschluß des Körper-Selbst mit dem in der Mutter exteriorisierten Selbst zum Ganzheits-Selbst gekommen, sondern auch das Ich hat sich nun über seine keimhafte Anlage hinaus entwickelt und zusammen mit dem sich entfaltenden Bewußtsein eine gewisse Kontinuität erreicht.

Mit dieser Konsolidierung des Ich tritt das Kind allmählich in die Entwicklung der Bewußtseinswelt ein, welche in der Polarisierung des erwachsenen Bewußtseins gipfelt. Bis zu diesem Endstadium aber hat das Kind die archaischen Phasen durchzumachen, die wir in ähnlicher Weise in der Entwicklung des Menschheitsbewußtseins verfolgen können. Uns soll aber hier nicht diese allmähliche Entwicklung vom archaisch-magischen zum abstrakt-objektivierenden Denken beschäftigen, sondern die Beziehung des sich entwickelnden Ich zu dem Ganzheits-Selbst, das sich in der Vereinigung des Körper-Selbst mit dem in der Mutter vorgefundenen Selbst etabliert hat.

Wir sprechen von der für die Entwicklung und das gesunde Funktionieren der Psyche entscheidend wichtigen Beziehung des Selbst zum Ich als der Ich-Selbst-Achse. Wenn wir sagen, das Ich ‹fuße› auf dem Selbst, oder das Ich sei eine Filialisierung des Selbst, so ist das auch eine Funktion der Zentroversion, also eine Abkürzung für das Phänomen, daß die Ganzheit der Persönlichkeit, für die ja das Selbst als ein notwendigerweise hypostasiertes Zentrum steht, auch alle die Prozesse dirigiert, kontrolliert und ausbalanciert, welche zur Entwicklung der Ich-Anlage, des Ich-Keims und zur Entwicklung des kindlichen Ich bis zum erwachsenen Ich führen.

Das Bedürfnis des Kindes nach dem Aufrechterhalten der Dual-Union in der Urbeziehung ist mit dem Selbsterhaltungsinstinkt des Kindes fast identisch, da es in seiner Angewiesenheit auf die Mutter in seiner ganzen Existenz völlig von ihr abhängt. Dieses Bedürfnis aber ist keineswegs nur organisch-materiell, keineswegs allein auf die ‹Ernährung› durch die Mutter bezogen, wie wir heute wissen.[12] Der Verlust der Mutter oder einer sie ersetzenden Person äußert sich weniger im Körperlichen als im Seelisch-Geistigen, es äußert sich ebenso im Kontaktverlust zur ‹Welt› wie im Zugrundegehen des Selbsterhaltungstriebes, des Automorphismus und in der Zerstörung der ersten Ansätze einer Ich-Entwicklung.

Daß der Verfall des Kindes, das seine Urbeziehung verloren hat, über Affektsturm zu Apathie und Verblödung, eventuell sogar zum Tode führt, ist erregendster Beweis dafür, daß die Urbeziehung Ausdruck einer totalen Bezogenheitssituation ist. Der Verlust der Mutter ist unendlich viel mehr als der Verlust der ‹Nahrungsquelle›, Trennung von der Mutter ist – bei bester Nahrung – für den Säugling mit dem Verlust des Lebens identisch, und das Vorhandensein einer liebevollen aber ungenügend nährenden Mutter wirkt keineswegs im gleichen Maße katastrophal wie das Vorhandensein einer lieblosen aber Nahrung gebenden Mutter.

Dabei handelt es sich keinesfalls um die ‹personale› Mutter im Sinne irgend einer ‹Bluts-Verwandtschaft›, denn die Mutter ist durch eine affektiv analoge Figur mehr oder weniger ersetzbar. Das heißt, nicht das Personal-Individuelle sondern das artgemäß ‹Mütterliche› ist das existenznotwendige Fundament für das Leben des Kindes. Die Mutter der Urbeziehung ist die ‹gute Große Mutter› als Enthaltende, Nährende, Schützende, Wärmende und als affektiv verbundenes Wesen die Basis nicht nur der physischen sondern ebenso der psychischen Existenz. Sie gibt Sicherheit und macht das Leben in dieser Welt überhaupt möglich. In diesem Sinne ist sie anonym und transpersonal, das heißt archetypisch als der eine Teil einer artmäßig bestimmten Konstellation, welche zwischen ihr und dem Kind spielt. Gerade ihr unbewußt dirigiertes Verhalten, welches es ihr möglich macht, mit dem Mutterarchetyp übereinzustimmen, ist für die artgemäße normale Entwicklung des Kindes lebensnotwendig.

Deswegen wirken allzugroße individuelle Abweichungen von der Norm im Guten wie im Bösen schädlich. Allzugroße ebenso wie allzugeringe Hinwendungen zum Kinde wirken sich in gleicher Weise negativ aus. Schicksalhafte Störungen der Mutter, körperliche Krankheit, seelische Schocks ebenso wie psychische Erkrankungen sind Abweichungen von der artgemäß archetypischen Konstellation der Urbeziehung und können die Entwicklung des Kindes stören und zerstören. Weder ist das Körperliche, wie die Nahrung, nur ‹Symbol› eines Psychischen, obgleich hier jedes Körperliche auch symbolisch bedeutsam ist, noch ist das Psychische, wie Zärtlichkeit, nur Repräsentant eines Körperlichen, obgleich kein Psychisches ohne sein körperliches Korrelat erscheint.

Das Zusammengeschlossensein des Kindes mit der Mutter in der Urbeziehung ebenso wie die Tatsache, daß das Feld, in dem die Urbeziehung spielt, ‹weltausgebreitet› ist, hat nun besondere Konsequenzen für die Persönlichkeits-Entwicklung des Kindes als einer individuellen Ganzheit. Das Feld der Urbeziehung besteht in einem Bezogenheitssystem, dessen Pole durch Mutter und Kind gebildet werden, zugleich bildet dieses Feld in der vor-ichhaften Phase der kindlichen Entwicklung eine von den Polen unabhängige Wirklichkeit. Die Urbeziehung als artgemäß archetypische Konstellation umfaßt in ihrer transpersonalen Wirklichkeit beide Individuen, wobei jeder Pol dem anderen gegenüber als Archetyp erscheint und wirkt, die Mutter ebenso dem Kind wie das Kind der Mutter. Gerade diese archetypisch erfüllte Grundsituation garantiert das normative Funktionieren der Urbeziehung mit den schicksalsmäßig so bedeutsamen Konsequenzen für die kindliche Entwicklung.

Die Ausgebreitetheit des kosmischen Körperbildes, in dem das Kind mit der Mutter und der Welt in einer Einheit zusammengeschlossen ist, ist identisch mit dem Phänomen, daß in dem Einheitsfeld der Urbeziehung keine körperliche Abgrenzung als Symbol der Individualisierung vorhanden ist. Die Verbundenheit beider in der ‹participation mystique› orientiert das eine Wesen über das andere. Das Kind ‹liest› unbewußt das Unbewußte der Mutter, in dem es lebt, ebenso wie – normalerweise – die Mutter unbewußt auf die unbewußte Verhaltensweise des Kindes regulierend reagiert.

Das Psychische ist hier noch nicht wie später in einem individuellen Körper ‹inkorporiert›, sondern in dem Feld der Einheitswirklichkeit, die ein gewissermaßen Vor-Psychisches und Vor-Körperliches, das noch beides zugleich ist, in sich enthält, suspendiert.

Dieses Miteinander-Verbundensein weicht erst langsam, es geht Hand in Hand mit der Entwicklung der Individualität und des Ich-Bewußtseins des Kindes. Wenn C.G. Jung einen großen Teil der Erkrankungen der kindlichen Psyche als Folge einer psychischen Erkrankung der Eltern auffaßt, so bedeutet das, daß normalerweise noch bis zur Pubertät eine partielle unbewußte Verbundenheit zwischen dem Kind und den Eltern, besonders aber der Mutter, wirksam ist.

Diese Situation der ‹participation mystique› äußert sich zum Beispiel darin, daß ein Angstzustand der Mutter sich dem Kinde mitteilt, ohne daß eine direkte oder indirekte Vermittlung zwischen beiden stattfindet.[13] Während diese Konstellation der Urbeziehung in der Identität und die Herausentwicklung des Ich aus ihr in der Analytischen Psychologie eine – und vielleicht die entscheidende – Rolle spielt, wird bei Sullivan im wesentlichen nur die Entstehung der kindlichen Angst durch die der Mutter in Betracht gezogen. Die Wirklichkeit dieser ‹participation mystique› äußert sich auch in einer Anzahl sonst unverständlicher Phänomene, die von an Schizophrenie erkrankten Patienten berichtet worden sind.

Wenn es sich, wie es wahrscheinlich geworden ist, bei bestimmten Formen der Schizophrenie um eine Regression in die Phase der Urbeziehung handelt[14], dann erklärt sich so auch, daß Schizophrene in Erregungszuständen an den inneren Konflikten der Umwelt teilnehmen[15], daß sie, wie allgemein berichtet wird, eine besondere Wahrnehmung des Unbewußten des Therapeuten haben und daß sie oft besser als der Normale imstande sind, bei ihren Mit-Kranken das Unbewußte und seine Symbolik zu verstehen[16]. Das vereinzelte Auftreten echter parapsychologischer Erscheinungen in der Schizophrenie[17] sei nur erwähnt.

Diese auf der ‹participation mystique› beruhenden Phänomene[18] bestätigen uns den Eros-Charakter dieser Phase, in welcher die Zentrierung der psychophysischen individuellen Person des Kindes noch nicht oder in der Regression des Kranken nicht mehr vollzogen ist.

Der Verbundenheitscharakter der Dual-Union ist eine artgemäße Gegebenheit, in der ein noch nicht individualisiertes vor-ichhaftes Wesen mit einem transpersonal archetypisch funktionierenden Wesen in einem Einheitsfeld zusammengeschlossen ist.

Das gerade hat von jeher die Menschen ergriffen und als ein Überpersönliches erfaßt, daß in der Mutter mit dem Kind nicht eine Privatperson mit einem Privatkind, sondern ein der Menschheit gemeinsames lebendiges Urbild erscheint. Zwar ist für das Bewußtsein der Mutter dieses Kind natürlich auch etwas Individuelles, das ihrer eigenen Schicksalsgeschichte zugehört, aber in der Wirklichkeit der gelebten Urbeziehung ist noch jede Mutter ‹die Mutter›, jedes Kind ‹das Kind›, und ihre Beziehung zueinander ist die ‹Urbeziehung›, die sich in einem archetypisch vorgeschriebenen Muster ‹erfüllt›.

Daß die Kontrolle und Regulation der kindlichen Entwicklung zunächst ausschließlich bei der das Selbst vertretenden Mutter liegt, meint nicht die Mutter als Ich und als Individuum. Gerade ihr durchschnittlich artgemäßes und weitgehend unbewußt instinkthaft dirigiertes Verhalten innerhalb der Urbeziehung garantiert erst die artgemäße Entwicklung des Kindes und des kindlichen Ich. Wenn wir von der transpersonalen Rolle der Mutter sprechen, die in der Urbeziehung sichtbar wird, so bezieht sich das auch und gerade auf ihr unbewußt-instinkthaftes Reagieren, denn der Instinkt ist ja eine unindividuelle kollektiv-unbewußte Größe. Die weitgehend instinktiven Reaktionen der Mutter sind die wesentliche Grundlage der Urbeziehung, sie garantieren die Festigkeit und Selbstverständlichkeit der Eros-Bindung der Mutter an das Kind und äußern sich als Zärtlichkeit ebenso wie als Opferbereitschaft und Wille, das Leben des Geborenen zu verteidigen, schon in der Tierwelt.

Die Mutter konstelliert das archetypische Feld und evoziert das archetypische Bild der Mutter in der kindlichen Psyche, wo es evokationsbereit und funktionsfähig ruht.[19] Dieses evozierte archetypische Bild der Psyche setzt dann ein umfangreiches Zusammenspiel psychischer Funktionen beim Kind in Bewegung, welches der Ausgangspunkt wesentlicher psychischer Entwicklungen zwischen dem Ich und dem Unbewußten wird. Diese Entwicklungen laufen ebenso wie die organisch angelegten relativ unabhängig von dem individuellen Verhalten der Mutter, wenn nur die Mutter im Sinne ihrer archetypischen Rolle, also artgemäß, mit ihrem Kinde lebt[20].

Die Auslösung dieser Reaktionen erfolgt dabei auch bei uns selber noch nach dem die Tierwelt weitgehend beherrschenden System der Einschaltung eines Instinktablaufes durch eine spezifische ‹Reizform›.

So hat die Instinktforschung entdeckt[21], daß die typische Form des Baby-Kopfes die Eltern-Instinkte des Menschen in Bewegung setzt. Die Bedingungen sind: «Ein kurzes Gesicht im Verhältnis zu einer großen Stirn, hervortretende Backen, mangelhafte Körperbewegungen.». Wo diese Züge vorhanden sind, lösen sie bei uns – auch wenn es sich um junge Tiere handelt – zärtlich betonte Elterngefühle aus, wo sie fehlen, bleibt diese Reaktion aus. Fraglos werden wir in Zukunft noch viel mehr über diese instinkthaften Einschaltphänomene erfahren, welche immer der Ausdruck eines archetypisch bestimmten Bezuges zwischen artgemäß zusammenhängenden Individuen sind.

Während in der ersten Phase der Urbeziehung die Mutter als enthaltende und nährende ‹Welt› auftritt, ist für die zweite Phase die menschlich charakterisierbare Form des Mutterarchetyps bezeichnend. Hier ist zwar die Mutter auch archetypische, nicht individuell-personale Mutter, das heißt sie ist *Große* Mutter und Muttergöttin, aber doch auch schon menschliche Mutter. Die gleichen Lebensfunktionen, welche vorher die anonym gestaltlose ‹Welt› hatte, in der das noch konturlose Kind ‹schwamm›: Enthaltensein, Genährt- und Gewärmt- und Geschützt-Sein, werden jetzt humanisiert, an der Mutter erlebt, die zunächst in Augenblicken, später kontinuierlich auch menschlich-individuell erfahren und erkannt wird. Erst allmählich erscheint dann dem in seiner Ich- und Bewußtseinsentwicklung langsam Person werdenden Kinde die Mutter als personale und individuelle Figur, indem das Kind selber zum Subjekt wird, wird die Mutter ihm zum Objekt. Auch dann ist sie noch übermächtig, und die Urbeziehung ist immer noch der Lebensbezirk überhaupt, aber mit steigender Individualisierung und Ich-Entwicklung des Kindes kommt es zu einer Ich-Du-Beziehung.

Während die kosmisch-anonyme Phase der Urbeziehung für das Daseinsgefühl in der Welt überhaupt bestimmend ist, beginnt mit der Mutter als übermenschlich-menschlichem Wesen das Dasein des Kindes ein menschlich-soziales Dasein zu werden. Während die uroborische Phase der Urbeziehung im Zeichen der Dual-Union des Kindes mit der Mutter und dem Sein in der Einheitswirklichkeit steht, hängt die weitere Entwicklung des Kindes davon ab, ob die Selbst-Werdung und Ich-Werdung des Kindes in der allmählichen Herauslösung aus der Einheit der Urbeziehung gelingt. Jetzt beginnt die automorphe Eigenentfaltung des Kindes und seiner artgemäßen Anlagen in den Vordergrund zu treten. Dominanz des Mutterarchetyps in dieser Epoche heißt auch hier noch, daß diese natürliche Entfaltung auf die Bezogenheit der Mutter zum Kind angewiesen ist, aber mit der wachsenden Entwicklung tritt das Kind langsam aus dem Schicksalsbezirk des Mütterlichen heraus und verwurzelt sich mehr und mehr in einer allgemein menschlichen Welt.

ZWEITES KAPITEL

Urbeziehung und Entwicklung zur Ich-Selbst-Beziehung

So wie der Körper des Kindes in seinem Gesamtaufbau von der physischen Ernährung durch die Mutter abhängig ist, ist der Aufbau seiner Psyche, seines Ich und seiner Ich-Selbst-Beziehung, auf die psychische Ernährung durch die Mutterfigur angewiesen. In diesem Zusammenhang ist auf vier wesentliche Fundamentalerfahrungen hinzuweisen, die das Kind in der Urbeziehung zur Mutter macht.

In der unabgehobenen Identität des Kindes mit der Mutter steht die Urbeziehung gleichzeitig für die Beziehung zum Du, zum eigenen Körper, zu ‹sich selber› und zur Welt. Die Urbeziehung ist die ontogenetische Basis des ‹Miteinander-Seins›, des ‹In-seinem-Körper-Seins›, des ‹Bei-sich-selbst-Seins› und des ‹In-der-Welt-Seins›.

Die ungestörte Urbeziehung des postuterinen Embryos, in welcher das Selbst, exteriorisiert, noch bei der Mutter liegt, ist, wie wir sagten, ausgezeichnet durch die spannungslose aber lustvoll friedliche Paradiessituation der geglückten und glücklichen Ur-Einheit zwischen Mutter und Kind. In ihr ist das Kind in das sanfte Gefäß des Enthaltenden eingebettet, das Mutter, Welt und Körper und Selbst in einem darstellt. Das natürliche Dasein ist hier schlummernd und friedlich, fast wie in der uterinen Phase. Die mit dieser Phase verbundene Symbolik heißt: gesättigt, gewärmt, geschützt und in der Geborgenheit des mütterlichen Gefäßes noch völlig enthalten sein.

Die einsetzenden Störungen, welche das Ich als Hunger, Durst, Kälte, Nässe oder Schmerz aufwecken, werden von der das Selbst vertretenden Mutter fast sofort reguliert und ausgeglichen, so daß die Sicherheit und schlummernde Harmonie und Identität von Welt-Du und Körper-Selbst immer wiederhergestellt wird.

Durch die Bezogenheit und Unbezogenheit der Mutter auf die biopsychische Einheit des Kindes wird nicht nur diese, sondern auch seine früheste Ichbildung geprägt, denn das Eigenbewußtsein des Kindes und die positiven und negativen Formen seiner Ichreaktion sind mit seiner Körpererfahrung aufs engste verknüpft. Das auf Zärtlichkeit, Sättigung und Lust fußende Gefühl des Angenommenseins und der Sicherheit ist die Basis für das positive Miteinander im menschlich-sozialen Raum, für die Sicherheit des In-der-Welt-Seins, und für die früheste und notwendigste Bestätigung des ‹Eigen›seins. Der Selbsterhaltungstrieb als Nahrungstrieb ist der fundamentalste aller Triebe und äußert sich natürlicherweise am Körper und unter der Dominanz der Körpererfahrung. Daß er im menschlichen Bereich aber mit der Urbeziehung zur Mutter unablöslich verbunden ist, konstelliert die von Anfang an bestehende für die früheste menschliche Entwicklung typische Untrennbarkeit von Automorphismus und Du-Beziehung.

Der Bedeutung des Automorphismus entsprechend werden von Anfang an große Libidomengen auf die Eigenentfaltung gelenkt, und das Interesse des selbständig gewordenen Ich ist auf sie gerichtet, ohne daß darin ein ‹infantiles› oder gar pathologisches Moment gesehen werden dürfte. In der Ausgeglichenheit der normalen Urbeziehung ist von Natur aus, also schon bevor die Ichteile und der Ichkern sich zum Ich des Bewußtseins zusammengeschlossen haben, das produktive Spannungsverhältnis angelegt, aus dem sich die gesunde Persönlichkeit zwischen Ich und Du entwickelt.

An anderer Stelle[1] wurde bereits von der Bedeutung des ‹Körper-Selbst› und der ‹Stoffwechselsymbolik› der uroborischen Phase für die Primitivpsychologie und die Mythologien und Riten der Menschheit gesprochen und darauf hingewiesen, daß diese phylogenetische Phase ontogenetisch ihre Entsprechung in der frühesten Kindheit besitzt. Das Körper-Selbst, die Ganzheit der biopsychischen Einheit, ist eine regulierende Ganzheits-Instanz, welche die bio-psychische Entwicklung mit Einschluß der archetypisch bedingten Phasenentwicklung fast ausschließlich dirigiert. Wie erwähnt, bildet die Mutter als das exteriorisierte Selbst, als Bezogenheits-Selbst, die Ergänzung zum Körper-Selbst in der frühestkindlichen Urbeziehung. Beide sind in der Einheitswirklichkeit der Urbeziehung für das Kind ununterschiedene Größen.

Eine der wesentlichen Entwicklungs-Schwierigkeiten und -Notwendigkeiten des Kindes besteht darin, daß es als Ich erst allmählich in die abgeschlossene individuelle Einmaligkeit seines eigenen Körpers hineinwandern muß. Dieser Vorgang, der mit der Ich-Entwicklung des Kindes Hand in Hand geht, macht die außerordentliche Betontheit aller Körpererfahrung für die früheste kindliche Phase verständlich.

Diesem Prozeß ist auch der des ‹Hinüberwanderns› des Selbst von der Mutter in die Person des Kindes zugeordnet, ein Vorgang, mit dessen Geglücktsein erst die früheste Form der kindlichen Autonomie, das wirkliche menschliche ‹Geborensein› und die Bildung eines ‹Einheits-Selbst›, vollzogen ist.[2] Weil die Erfahrung der kindlichen Persönlichkeit, auch in der Urbeziehung, sich zunächst weitgehend, wenn nicht ausschließlich, auf der Körperstufe, am kindlichen und am mütterlichen Körper abspielt, sind die elementaren Körperfunktionen die eigentlichen Belichtungsstellen des kindlichen Daseins: Atmen, Schreien, Saugen, Schlucken ebenso wie Urinieren und Defäzieren auf der aktiven, Gewärmt-, Gestreichelt-, Gereinigt-, Gebadetwerden auf der passiven Seite. Die Körperoberfläche mit den zentralen Stellen der erogenen Zonen ist die Vorzugsebene der Eigen- und Du-Erfahrung, d.h. auf dieser kindlichen Stufe wird wirklich alles ‹am eigenen Leibe› erfahren. Dabei ist die Haut, in der das kindliche Wesen an das Außen grenzt, das Feld der Welterfahrung, der überstark betonte Nahrungstrakt mit der oralen Aufnahme- und Abgabe- und der analuretralen Ausstoßzone das innere Erlebensfeld. Diese Grenzzonen, in denen der Austausch von innen nach außen und von außen nach innen erfolgt, sind besonders belebte, aber auch besonders stark bewußtwerdende Körperstellen, und vor dem Hintergrund eines allgemein lustvoll betonten totalen Körpergefühls mit einer dem Nahrungstrieb zugeordneten Nahrungslust, die bis zum ‹alimentary orgasm› (Rado) die Körperganzheit erfüllt, heben sich allmählich Körperzonen als Konzentrationspunkte der Erfahrung ab.

Weil die erste Phase der Entwicklung des Kindes unter der Dominanz des Triebes zur Selbst-Erhaltung und Selbst-Entwicklung steht, liegt die Betonung auf der Symbolik der Nahrung, denn Nahrung bedeutet nicht nur konkret das, woraus sich der Körper aufbaut, sondern sie bedeutet gleichzeitig Leben, Lebenssteigerung und Lebensfreude. So ist die ‹Milch› der Mutter weit mehr als das konkret Nährende. Sie ist Symbol der freundlichen Welt und des mit ihr identischen Archetyps der Großen Guten Mutter. Sie symbolisiert das Wesen der positiven Dual-Union und ist Nahrung, Stillung, Sicherheit, Wärme, Schutz, Lust, Nicht-Alleinsein, Verbundensein, Schmerz- und Unlust-Überwindung, Möglichkeit der Ruhe und des Schlafes, Geborgenheit in der Welt und im Leben überhaupt.

Die Psychoanalyse hat mit der Betonung der libidinös besetzten Oral- und Anal-Zone das Gewicht erkannt, das dem Nahrungstrakt mit seinem Eingangs- und Ausgangsbezirk zukommt. Aber die Beschränkung auf Libido-Zonen und die Beschreibung der mit diesen Zonen verbundenen Triebkonstellation als Vor-Phase der Sexual-Entwicklung ist durchaus ungenügend. Erst wenn man die Verbindung der artgemäß angelegten biopsychischen Entwicklung mit der ihr entsprechenden Symbolwelt versteht, kann man den Zusammenhang der archetypisch bedingten Phase mit der Entwicklung des Ich und des Selbst begreifen.

‹Milch› gehört natürlich zum ‹oralen› Bezirk, aber ‹oral› ist hier Symbol des Austausches mit der Welt überhaupt. Im Mund ist ein Zusammenhang kosmisch und später zwischen-menschlicher Art gegeben, der weit über das hinausgeht, was mit ‹libidinöser Schleimhautzone› lokal, konkret und materiell gegeben ist. Auch die Mundzone ist wie der ganze Körper in dieser Phase – und weitgehend auch später – besonders aber die betonten Körperzonen eine Einheit von Physischem und Psychischem. So ist der Mund Teil einer symbolischen Welt und einer symbolischen Weltapperzeption. Nicht zufällig ist auch der Kuß als Ausdruck einer zwischenmenschlichen Situation etwas anderes als eine ‹Schleimhautreizung›. Auch im Kuß ist noch die grundlegende symbolische Erfahrung des Übergangs zum Außen, zur Welt, zum Du und die Verbindung mit diesem das Entscheidende.

Auch das Empfangen und Nach-Innen-Nehmen, ‹Essen› und Verarbeiten ist mit dem ‹Mund› verbunden, ebenso wie in umgekehrter Richtung Atmen und Sprechen. ‹Oral› ist nicht nur Saugen und Lutschen sondern auch Lallen, Sprechen und Singen. Also, wenn man irgend etwas als ‹oral› erkennt, handelt es sich nicht, wie die Psychoanalyse glaubt, um den Ausdruck einer infantilen Libidostufe, sondern um das Auftauchen einer archetypischen Symbolwelt von grundlegender Bedeutung, Zwar beginnt diese Welt natürlich beim Säugling zu existieren und ist mit seinem Dasein wesentlich verbunden, aber diese Symbolwelt behält in allem menschlichen Dasein auch des Erwachsenen, im seelisch-psychischen wie im geistigen Bereich, ihre entscheidende symbolische und nicht auf etwas ‹Infantiles› zu reduzierende Bedeutung.

Wenn wir vom Nahrungs-Uroboros sprechen, besagt das, daß sich für den Säugling die Gesamtheit der menschlichen Erfahrung auf der grundlegenden Stufe des Nahrungstriebes und in der Nahrungssymbolik des Lebens ausdrückt. Es kann nicht genug betont werden, daß Essen und Nahrung, wie die Symbolik der Sprache, des Mythos, des Traumes, des Märchens und der Dichtung immer wieder zeigt, eine Form der Welt-Auffassung, der Welt-Einverleibung bedeutet.

Wie wir sahen, geht der der Mutter seiner Urbeziehung beraubte Säugling nicht primär physisch sondern seelisch-geistig in dem allmählichen Verstummen seines Lebensinteresses zu Grunde und ist nicht durch materielle ‹Nahrungszufuhr› zu heilen sondern nur durch die Wiederherstellung der – seine Totalität nährenden – Ur-Beziehung. Deswegen ist eine Interpretation, für welche das ‹Körperliche› der Urbeziehung etwas Symbolisches, die ganze Welt Umfassendes *ist*, nur der Versuch, die wirkliche und ursprüngliche Einheit von Innen und Außen im Lebendigen zu fassen, die für den frühen Menschen phylo- und ontogenetisch die Wirklichkeit ist. Erst unser polarisierendes Bewußtsein versucht, die Einheitswirklichkeit – oft sehr ungenügend – in Physisches und Psychisches, Konkretes und Abstraktes zu zerlegen.

Für das Ich, das zunächst nur bei besonderer Libido-Spannung ‹erwacht› und aus dem vor-ichhaften Dasein in der Einheitswirklichkeit ‹inselhaft› auftaucht, existieren auch nur inselhaft wahrgenommene Teile der Wirklichkeit. Diese Wirklichkeitsteile müssen besonders stark ‹geladen› sein, erst ihre Geladenheit bringt sie zur Wahrnehmung des Ich. Solche ersten Belichtungsstellen der Wirklichkeit sind die von Freud entdeckten ‹erogenen› Zonen, die aber ebenso auch als ‹gnosogen› bezeichnet werden könnten, denn sie führen nicht nur zur ‹Lust›, sondern sind ebenso auch *Erkenntnis*stellen der Wirklichkeit[3]. Erst wenn man diese Phänomene im Zusammenhang mit der gesamtmenschlichen Situation betrachtet, kann man die kindliche Entwicklung adäquat verstehen. In der Symbolik des Körpers erfolgt auch im Mythos, Ritus und in der bis heute symbolisch gebliebenen Sprache die früheste Darstellung des Welterkennens. ‹Erkennen› als ‹nach innen Nehmen› und ‹Essen›, ‹Erfassen› als ‹in die Hand Nehmen›, ‹Verarbeiten› als ‹Verdauen› und ‹Assimilieren›, ‹Negieren› als ‹Fortstoßen› und körperliches ‹Ausstoßen› – es ließen sich unendlich viele Beispiele für die Körper-Symbolik des ersten und ursprünglichen Welterkennens bringen.[4]

Diese Welt-Erkenntnis und Ich-Entwicklung im und am Körper erfolgt in der Urbeziehung in engster Verschränkung mit der Mutter, und zwar nicht nur mit ihrem Körper, der Nahrung, Wärme und Schutz gibt, sondern auch in engster Verschränkung mit dem gesamten unbewußten Liebesbezug des Kindes zu ihr und mit dem ganzen bewußten und unbewußten Liebesbezug der Mutter zum Kinde und seinem Körper. Weil in der Frühphase der menschlichen Entwicklung Liebes- und Erkenntnis-Moment, Ich-Entwicklung und Du-Beziehung aufs intimste zusammengehören, ist die Urbeziehung zur Mutter auch in diesem Sinne schicksalshaft. Während eine radikale Störung der Urbeziehung faktisch zur Verblödung des Kindes führt[5], bildet eine positive Urbeziehung für die ‹Weltoffenheit› des Kindes als Grundlage seiner späteren Erkenntnisentwicklung eine wesentliche – natürlich nicht die einzige – Grundlage. Auch aus diesem Grunde ist die ‹Große Mutter› als positive Figur nicht nur die Leben und Liebe Gebende, sondern in ihrer höchsten Form die Sophia, die Göttin der Erkenntnis und der Weisheit.[6]

In dieser Phase wird noch das gesamte Körper-Seele-Geschehen in die positive Urbeziehung einbezogen und von der Mutter als Selbst bejaht. Normalerweise existiert noch keine Teilung in einen positiven Kopf-Pol und einen negativen ‹unteren› Pol, der mit allen analen, urethralen und später genitalen Prozessen in die Domäne des Problematischen oder sogar ‹Abgelehnten› fällt. Alle körperlich-psychischen Vorgänge sind hier noch ‹geliebt›, das lustbringende Saugen ebenso wie der schöne Stuhl, und auf diese Weise ist das ganze Körper-Selbst mit allen seinen ero- und gnosogenen Funktionen produktiv und eine lebendige Quelle der Lust und Lebenserweiterung für das Kind.

Die Körpererfahrung hat hier, entsprechend der uroborischen Phase, eine später niemals wieder erreichte Vollständigkeit, weil in ihr Rezeptivität und Produktivität, Aktivität und Passivität, Männlichkeit und Weiblichkeit an beiden Körperpolen erlebt und mit dem Prozeß von Systole und Diastole, der Bewegung nach Innen und von Außen verbunden wird. Dabei ist der orale Pol – ebenso wie der Kopf – an Bedeutung, nicht aber an Bewertung vorbetont. Atmen als Verbindung zwischen Innen und Außen und als erste selbstverständliche Intro- und Extraversions-Bewegung, ebenso wie Schreien als Vorform des Sprechens, ‹dirigiert› die Einheitswirklichkeit, indem das Ich in ihm am frühesten die Erfahrung einer unlustaufhebenden Umwelt macht. Mit Saugen und Schlucken wird die innere Welt, die aber niemals als andere Welt erfahren wird, zum lustvoll warm Sättigenden, so daß hier wieder die Extraversion mit einer im wahren Sinne des Wortes ‹erfüllenden› Introversion verbunden wird.

Auch der anale Gegenpol ist, wie wir seit Freud wissen, überaus bedeutungsvoll. Spannung und Entleerung werden hier aber nicht nur als Lust und Unlust erfahren, sondern mit dem Defäkationsakt ist das erste Anstrengungs-, Leistungs- und Produktions-Gefühl verbunden, und er wird deswegen in unserer Kultur auch von der Mutter stärkstens betont und bietet dadurch eine positive Reizquelle. Wenn auch die Bedeutung des kindlichen Stuhlgangs für die Mutter sicher erst jüngeren Datums ist und viel mit dem Wissen um den kindlichen Stoffwechsel zu tun hat, ist die Säuglingspflege, die mit ihr verbundene Zärtlichkeit und dadurch selbstverständliche Reizverstärkung des Analen fraglos uralt.

Das Anale ist aber seinem Wesen nach auch schöpferisch. Auf der Körperstufe sich ‹auszudrücken› bedeutet immer etwas von sich selber nach außen abgeben, etwas Stoffliches, ein Stück Welt schaffen. Die spätere Verbindung dieses sich Ausdrückens mit dem Gebären wird uns an anderer Stelle beschäftigen. Die Verbundenheit des sich Ausdrückenden mit seinem Produkt ist schon auf dieser Stufe ebenso vorhanden wie später, wenn die Ganzheits- und Körperverbundenheit des Ausdrucks sich auf anderen Ebenen abspielt.

Ernst Cassirer hat nachgewiesen und dargestellt[7], wie beim Primitivmenschen die Erfahrung des Raumes und der Zeit in der Orientierung am Körper erfolgt, und hat auch die Sprachentwicklung, die allgemein menschliche ebenso wie die des Kindes, in den gleichen Zusammenhang gestellt, in die Abhängigkeit von der Grunderfahrung des Körpers, dessen, was wir als ‹Körper-Selbst› bezeichnen:

Es ist, als würden alle gedanklichen und ideellen Beziehungen dem Sprachbewußtsein erst dadurch faßbar, daß sie auf den Raum projiziert und in ihm analogisch ‹abbildet›.
... Schon in den ersten Lallworten der Kindersprache scheiden sich scharf die Lautgruppen mit wesentlich ‹zentripetaler› Tendenz von denen mit ‹zentrifugaler› Tendenz. Das *m* und *n* trägt ebenso deutlich die Richtung nach innen, wie die nach außen sich entladenden Explosivlaute, das *p* und *b*, das *t* und *d*, das entgegengesetzte Streben bekunden. In dem einen Falle bezeichnet der Laut ein Streben, das auf das Subjekt zurückweist; im anderen schließt er eine Beziehung auf die ‹Außenwelt›, ein Hinweisen, Fortweisen, Zurückweisen in sich. Wenn er dort den Gebärden des Greifen-, Umfassen-, Zu-sich-heranziehen-Wollens entspricht, so entspricht er hier den Gebärden des Zeigens und Wegstoßens. Aus diesem ursprünglichen Unterschied erklärt sich die merkwürdige Gleichartigkeit, in der die ersten ‹Worte› der Kindersprache über die ganze Erde verbreitet sind. Und dieselben Lautgruppen finden sich in wesentlich übereinstimmender oder ähnlicher Funktion, wenn man die demonstrativen Partikeln und Pronomina verschiedener Sprachen bis zu ihrem Ursprung und zu ihrer frühesten lautlichen Gestalt zurückzuverfolgen sucht.

Ebenso hat Piaget darauf hingewiesen, daß die Welterfahrung des Kindes zunächst am Körper und in der Symbolik des Körpers erfolgt.

Die außerordentliche Schwierigkeit, die ‹Welt des Kindes›, besonders aber des kleinen Kindes und Säuglings darzustellen, liegt im wesentlichen darin, daß sie als ‹primäre Einheitswirklichkeit› so prinzipiell von unserer polarisierten Bewußtseinswelt abweicht. Wir haben darauf hingewiesen, daß die Welt des Primitivmenschen primär als Körper-Welt-Gleichung erfahren wird[8], und daß auf dieser Stufe der weibliche Körper, der Körper der Mutter, als ‹Weltkörper› erscheint. Das ‹in der Welt›-Sein wird ursprünglich als ein ‹in etwas›-Sein erfahren; dieses Enthaltende ist die Große Mutter, die auch heute noch als das, was wir ‹Natur› nennen, uns zu enthalten scheint.

Die Erfahrung der primären Einheitswirklichkeit ist nicht nur entwicklungsgeschichtlich das unserer Erfahrung ‹Vorhergehende›, sondern sie bleibt als Fundament unserer Existenz auch dann bestehen, wenn unser nach der Systemtrennung selbständig gewordenes Bewußtsein sein ‹wissenschaftlich objektives Weltbild› entworfen hat und entwirft.

Wir haben mehrfach die Notwendigkeit der Bewußtseinsentwicklung betont und dargestellt, ebenso auch wiederholt darauf hingewiesen, daß die ‹Bewußtseinserfahrung› mit ihrer notwendigen Polarisierung in eine subjektive und eine objektive Erfahrung nur eine eingeschränkte Ausschnitterfahrung der gesamten Wirklichkeit darstellt. Das heißt: wir erfassen mit der Schärfe unserer deutlich sehenden Bewußtseinseinstellung einen geringeren Umfang der Wirklichkeit, als er uns bei der Erfahrung der Einheitswirklichkeit durch die psychische Ganzheit zugänglich ist.[9] Die sogenannte Objektivierung des Bewußtseins ist notwendigerweise mit einer Ent-emotionalisierung und Ent-libidinisierung verbunden, durch welche wir letztlich nur tote aus dem lebendigen Zusammenhang herausgelöste Stücke erfassen.[10]

Das Kind aber lebt in der Welt der Einheitswirklichkeit, die noch nicht in die Art der für das Bewußtsein charakteristischen Gegensätzlichkeit geteilt ist. Seine Welterfahrung geschieht in und an der Urbeziehung auch dann, wenn es schon psychisch geboren ist, sein Selbst als Körper-Selbst an sich und nicht mehr in der Mutter erfährt. Piaget sagt: «Das ganze Universum wird gefühlt als ‹in communion› und im Gehorsam zum self.[11]» Dabei ist die – wirklich magische – Bezogenheit zwischen dem Selbst des Kleinkindes und der Welt die einer Identität, einer ‹participation mystique›. Das Selbst des Kindes erscheint als Körper-Selbst, als eigene biopsychische Ganzheit, und die Welt wird in identischer Verbundenheit mit ihm erfahren.

So wie für den Primitivmenschen ist auch für das Kind alles was unser Bewußtsein als Qualitäten und Funktionen auffaßt, körperliches Ding, Substanz, inkorporierte Wesenheit. Deswegen sagt Piaget vom Kinde: «Die Realität ist mit dem Selbst imprägniert und der Gedanke wird so verstanden, als ob er zur Kategorie der psychischen Materie gehöre.» Erst wenn wir diese Körper-Welt-Natur-Gleichung in ihrer natürlichen Zusammengehörigkeit mit der Urbeziehung zur Mutter und in ihrem ganzen Umfange erfaßt haben, ist uns ein echter, nicht reduktiver Zugang zur Psyche des Kindes ebenso wie zu der des Frühmenschen möglich.

Die Welt ist zunächst immer Mutter-Welt, ja anfänglich sogar ‹Mutter-Körper-Welt›. Wenn Melanie Klein von der Welt des Kindes sagt: «Die mannigfaltigen Dinge sind innerhalb des Körpers der Mutter gelegen», und weiter von der Beziehung des Kindes zum Inneren des mütterlichen Körpers formuliert: «Dieser Teil wird zum Begriff der ganzen Person als eines Objektes und symbolisiert gleichzeitig die äußere Welt und die Wirklichkeit[12]», dann ist sie auf die Körper-Gefäß-Welt-Gleichung gestoßen, von der wir sprechen.

Der Irrtum aber, durch den viele ihrer Funde und Anwendungen entstellt werden, besteht darin, daß sie die symbolisch mythologische Frühwelt des Menschen und Kindes konkretistisch mißversteht. Natürlich ‹meint› das Kind seine Welt ‹real›, aber sie *ist* eine symbolische Welt. Deswegen müssen seine Aussagen immer auch symbolisch verstanden und gedeutet, nicht aber vom erwachsenen Bewußtsein aus rationalistisch interpretiert werden[13]. Auch wenn vom Kinde zum Beispiel der Wille, die Objekte der Welt zu haben, zu besitzen und sie zu introjizieren als Akt der Einverleibung, des Essens erfahren wird, ist dieser Akt keineswegs als aggressiv-sadistisch zu deuten. Das Kind will nicht die Mutter auffressen – selbst wenn es sich so ausdrückt –, sondern will die Welt, die in dieser Phase noch nicht von der Mutter unterschieden wird, haben, nach ‹innen nehmen›, ergreifen und verstehen, also ‹essen›.[14]

Daß die Symbolik der ersten Welterfahrung auf der Nahrungsstufe des Körpers steht, bedeutet, daß diese Symbolik vorwiegend dem Nahrungstrieb entstammt und präsexuell und prägenital ist. Fast alles wird in dieser Phase mit Hilfe der Nahrungssymbolik und der Zugehörigkeit zum Nahrungstrakt, vorwiegend oral und anal ausgedrückt.

Wir haben von der Psyche des Kindes gesagt, es ‹apperzipiere mythologisch›, es erfasse die Welt in Kategorien, die wir vom Mythos her kennen. Daß die Ähnlichkeit der kindlichen und der mythologischen Weltauffassung bis zur Identität[15] reicht, gilt besonders für die Auffassung von Schöpfung, Zeugung und Geburt, für den Zusammenhang der ‹kindlichen Geburtstheorien› mit der Schöpfungsmythologie.

So wie später die Symbolik des Nahrungstriebes sexualisiert wird, so geschieht hier das Umgekehrte mit dem Sexualtrieb. Wenn ‹Verschwinden im Körper› mit ‹Essen› übersetzt wird, kann auch der beobachtete oder beschriebene Koitus als ein Essen des Penis durch die Mutter und als ein die Mutter Nähren durch den Vater aufgefaßt werden. Diese zunächst natürlichen Gleichungen der Sprache des ‹Nahrungsuroboros› können bis in die Neurosen und Psychosen hineinreichen, etwa bei der Angstvorstellung, der Penis werde in der Vagina ‹abgebissen›. In die gleiche Ebene der Nahrungssymbolik gehören alle kindlichen – und menschheitlich primitiven – Theorien, welche Befruchtetwerden als ‹Essen› und Geborenwerden als ‹Defäzieren› verstehen.

Die Analsymbolik und ihre Verbindung mit dem Tod – und später der Sünde – wird uns noch beschäftigen. Die Betonung der positiven und engen Verbindung des Analen mit der Erde und der Erdfruchtbarkeit ist ein wesentlicher Untergrund aller Wiedergeburts- und eines Teiles der Fruchtbarkeits-Zeremonien der Menschheit. Wir stoßen hier auf das primäre Gesetz, daß in der Entwicklung fast immer das Personale vom Transpersonalen abgeleitet und in dessen Symbolik verstanden wird. So wie Plato formuliert, «nicht die Erde ahmt das Weib, sondern das Weib die Erde nach», so ist es auch mit der primären Beziehung des Kotes zur Erde. Adolf Jensen hat ausgeführt, daß es zum Wesen einer über die Erde weitverbreiteten Pflanzenkultur – mit in unserem Sinne stark matriarchalem Akzent – gehört, daß die Fruchtbarkeit des Pflanzlichen ein göttliches Sterben und Selbstopfer voraussetzt[16]. Die Mitte dieses Zusammenhanges von Leben und Tod liegt in der Symbolik der Fäulnis, des Dunkels, der Erde, des Unten als dem Quellpunkt des Lebens. Während der Körper in Fäulnis ‹zu Erde› wird, entsteht aus dieser selben Erde das lebendige Wachstum der pflanzlichen Welt, von der die Menschen leben. Das gereifteste Symbol dieses Zusammenhanges, der ursprünglich dem weiblichen Erdbezirk zugehört, ist der Leichnam des getöteten Osiris, des Grünen, aus dem das Korn wächst. Während aber später, hauptsächlich im Patriarchat, die Lichtbedeutung des lebenspendenden Brotes in seinem Zusammenhang mit der Sonne und dem Gold des Weizens im Vordergrund steht, bildet ursprünglich das faulende Dunkel des Todes, der Bezirk der fruchtbaren Erde, die Mutter, den dunklen Schoß der Mysterien. Noch in der Alchemie wiederholt sich in der Wandlung aus der Fäulnis zum Grün und zum Golde der Fruchtbarkeitsmythos der Erde. Analog dazu ist auch der menschliche Körper ein Numinoses, und sein zur Erde gehörender Kot ist beim Primitivmenschen ebenso wie beim Kinde mit der Fruchtbarkeitssymbolik des Dunkels verbunden.

In der kindlichen Psyche ist, wenn sich keine negative Wertung mit dem unteren Pol verbindet, die für die erste Phase der Urbeziehung geltende Erfahrung von der Gleich-Betontheit des oberen und unteren Körperpoles erhalten. In dieser Phase sind die chthonisch-matriarchalen Symbole und Mysterien betont und noch nicht die der Bewußtseins-Betonung und -Überwertung entsprechenden des Himmels und des Väterlichen, die erst in einer späteren Phase dominant werden.

So wie jeder der Sinne eine Welt bedeutet, wie später die ausgreifende Motorik über den Einzelnen hinaus die gesamte Welt der Technik schafft, die ja im Grunde nichts ist als die Fortbildung des ersten Werkzeuges, des Stockes, den der Affe zur Verlängerung seines Armes benutzt, so gehören die oralen und analen Welten zu den Konzentrationspunkten der All-Körper-Welt der frühesten Entwicklungsphase. Die Lust dieser Phase wurde mit Recht als ‹alimentary orgasm› bezeichnet, als eine innere an den ganzen Nahrungstrakt vom Mund bis zum Anus gebundene Lust. Für diese Erfahrung ist Gesättigtsein die ‹Erfüllung an sich›, Hunger die ‹Sehnsucht an sich›, weil hier immer die Bezogenheit zum Mutterarchetyp mit seinen emotionalen, automorphen und sozialen Implikationen mitwirksam ist. Und wenn wir von seelischem und geistigem ‹Hunger› sprechen, so ist Hunger in diesem Sinne ganzheitlich und einheitlich, weil in ihm Physisch-Seelisches und Geistiges noch eins sind und faktisch in der Knospe des Nahrungssymbols die Entfaltung aller dieser Lebensbereiche gemeinsam beschlossen liegt.

Daß die ‹Milch› der Großen Mutter bis in das höchste Symbol der ‹Milch der Sophia› reicht, welche die Philosophen nährt[17], ist weder eine exaltierte Übertreibung noch eine materialistische ‹Konkretisierung›, sondern nur die Entfaltung der für alle Lebensstufen gültigen Symbolwirklichkeit, daß alles Einzelne sich von der Großen Lebens-Mutter nährt, ohne deren strömende Fülle jede Existenz verhungert. Da Essen, Verdauen und Ausstoßen die fundamentalen alchemischen Körpervorbedingungen jedes kindlichen Wachstums und jeder Wandlung sind, wird auf dieser körperlich prägenitalen Stufe Saugen und Schlucken zum ‹Empfangen›, Defäzieren zum ‹Gebären›. Deswegen reicht die Symbolik des ‹Nahrungs-Uroboros› sprachlich bis in die höchsten Stufen des Geistigen. Aufnehmen und Verdauen, Verarbeiten ebenso wie etwas Abstoßen, Wachsen und Gebären ebenso wie unzählige andere Symbole dieser Zone sind aus der Beschreibung des schöpferischen und Wandlungsprozesses nicht wegzudenken.

Diese Körpergrundlage, die für die Urbeziehung und die kindliche Entwicklung entscheidend ist, macht in sich artgemäß angelegte Phasen durch. In der frühesten, uroborisch-prägenitalen Phase dominiert der Nahrungstrieb und seine Symbolik. Auch die beginnende echte sexuelle und genitale Entwicklung wird zunächst noch an diese Symbolik der Nahrung assimiliert. Wir vermeiden es deswegen, diese Phase einer kindlichen Sexualität zuzuordnen, weil es sich bei ihr um eine spezifisch andere Symbolik handelt, die wesentlich einer anderen Triebrichtung, dem Nahrungstrieb der Selbsterhaltung, entstammt. Auch diese Phase ist – wie jede – universal, alles wird in der ihr entsprechenden Symbolik ausgedrückt. Wenn später der Sexualtrieb unter dem Primat der Genitalien dominant wird, kommt es zu einer sexuellen Symbolik, die nun wieder alles von ihrem Symbolstandpunkt aus erfaßt und deutet, also sexualisiert.

Trotz des Nacheinander der Phasen sind sie aber nicht genetisch voneinander abzuleiten. Weder ist die Sexualität eine spätere Differenzierung des Nahrungstriebes noch der Nahrungstrieb eine Vorstufe der Sexualität. Deswegen sind die Übergänge der Phasen verständlicherweise gerade dadurch charakterisiert, daß zunächst die später auftretende Phase, zum Beispiel der Sexualtrieb, noch in der Symbolik des ersten, des Nahrungstriebes verstanden wird. Aber deswegen ist es auch umgekehrt unzulässig, die früheste Oralphase als ‹sadistisch› zu deuten. Ebensowenig wie der ethnologische Kannibalismus ‹sadistisch› ist, ist ein Mensch, der beim Essen etwas abbeißt, sadistisch. Diese Tatsache besteht unabhängig davon, daß auf der späteren Sexualstufe des Kindes auch die Inhalte und Funktionen der Nahrungsstufe sexualisiert werden. Deswegen ist zum Beispiel Essen als ‹Einverleiben› etwas anderes als ‹kastrieren›, und das Bild der guten und der bösen Mutter oder der guten und der bösen Brüste entsteht nicht durch die Projektion positiver oder aggressiver Gefühle des Kindes gegen die Mutter, sondern ist Ausdruck einer objektiven Gegebenheit, die nichts mit Aggression und Sadismus des Kindes zu tun hat, welche *immer* erst sekundär als funktionaler Ausdruck eines Not-Ich entstehen.

Wenn Melanie Klein sagt: «In ihrer Vorstellung ist deshalb der Körper ihrer Mutter eine Art Schatzkammer, welche die Beruhigung all ihrer Befürchtungen enthält[18]», beschreibt sie eine echte objektive Gegebenheit der Ursituation, nicht aber eine kindliche ‹Projektion›. Ebenso ist das Bild der negativen Mutter das sekundär entstandene Angstbild einer lebensgefährdenden Notlage, in welcher das Kind in der Urbeziehung zu kurz gekommen ist, und keine Projektion primärer kindlicher Aggressionen.

Erst wenn wir die Phasenentwicklung und die ihr zugeordnete Symbolik durchschauen und die Symbolik der verschiedenen Phasen unterscheiden, können wir auch zu einer echten Interpretation der normalen und abnormalen psychischen Äußerungen des Kindes und des Erwachsenen gelangen. Wenn in der Phase der Einheitswirklichkeit schon eine Abgrenzung vom Außen und ein aus dem Allausgebreitetsein sich in sich selber Zurücknehmen beginnt, dann ist es verständlich, daß sich an der Haut, der Grenzfläche zum Außen, das beginnende Bewußtsein individuellen Abgesondertseins entwickelt. Aber auch hier formt die Urbeziehung sowohl die Verbundenheit wie die sich entfaltende Selbständigkeit. Die immer wiederkehrende Berührung mit dem Körper der Mutter bringt allmählich das Sein des Körperselbstes dem Ich-Komplex zur Erfahrung und zum Bewußtsein.

Erst allmählich wird – der Anlage der menschlichen Art gemäß – die Motorik entwickelt und die Überlegenheit des Kopfpoles deutlich, welcher Träger der meisten Sinne und deswegen auch ‹Sitz› des Ich ist. Während normalerweise, abgesehen von mit Schmerzen verbundenen Krankheitsstörungen, der Rumpf als Körpergebilde weniger gefühlsbesetzt ist – deswegen malen die kleinen Kinder Kopffüßler – sind Eingang und Ausgang des Nahrungstraktes von Anfang an gefühlsbetont.

Die Basis für die Entfaltungsmöglichkeit des kindlichen Ich bildet die Gestalt der Mutter als eine archetypische ‹Große Mutter›, welche nicht nur Lust sondern Ausgleich, Sicherheit und Geborgenheit vermittelt. Das zunächst meist dämmernde, allmählich mehr und mehr inselhaft auftauchende, aktive und mit der Differenzierung des Kindes von der Mutter immer unabhängiger werdende Ich steht im Zeichen der Integration, welche die Mutter ihm ermöglicht und vorlebt.

Die Grunderfahrung dieser durch die ‹Große Mutter› charakterisierten Phase ist die Geborgenheit in der Kontinuität des Daseins. Das Ich steht, soweit es schon vorhanden ist, zum Selbst in absolutem Vertrauen. Auch die beginnenden Polarisierungserfahrungen etwa von Lust und Unlust, Innen und Außen sind dadurch gesichert, daß sie durch das Mutter-Selbst kompensiert und ausgeglichen werden. Dadurch werden auch die Unlust erzeugenden Spannungen in einem natürlich unbewußten, nicht von einem Ich wahrgenommenen Vertrauen auf ihre Lösung ausgehalten und integriert. Denn nur in seltensten Fällen wird die archetypische Mutter nicht bereit oder imstande sein, die Spannungs-Not des Kindes zu beruhigen.

In dieser Geborgenheitssituation der Urbeziehung sind alle aktiven und passiven Körperfunktionen eingebaut und stehen unter der versichernden Obhut des Mütterlichen. Alle diese Lebensäußerungen des Kindes sind bejaht und nicht nur mit der von innen kommenden biopsychischen Lust von Spannung und Entspannung verbunden, sondern sie werden, in unserer Kultur wenigstens, von der wir ausschließlich reden, zugleich von den zärtlichen Emotionen des Mütterlichen begleitet und dadurch bestätigt, welches als Welt und als Selbst innere wie äußere Sicherung bietet.

Die dominierende Konstellation der Geborgenheit und des Vertrauens äußert sich nicht nur in der selbstverständlichen Gesundheit eines bejahten Körpergefühls, das für die gesunde Entwicklung der Gesamtpersönlichkeit maßgebend ist, sondern zum Beispiel auch in dem normalerweise spannungs- und angstlosen Übergang von Wachen und Schlafen, in dem das Ich mit der natürlichen Selbstverständlichkeit, welche die Basis der Ich-Selbst-Achse auch beim gesunden erwachsenen Menschen ist, sich selber suspendiert und dem Selbst anheim gibt. Es gehört – ohne daß das Ich dies reflektieren muß oder kann – zur Daseinsgrundlage des Ich, daß es auch im Zustand des Nicht-Ich-Seins in der Geborgenheit des Selbst aufgehoben ist. Deswegen sind Schlafstörungen – nicht nur beim Kinde – so häufig Ausdruck einer grundlegenden Angst-Störung der Beziehung zwischen dem Ich und dem Selbst und der Vertrauensgrundlage, welche als unbewußtes Lebensgefühl eine der wesentlichen Voraussetzungen der Gesundheit darstellt.

Die Urbeziehung zur Mutter und das Enthaltensein des Kindes in ihr bildet aber nicht nur die Grundlage seiner Beziehung zu seinem Körper, sondern sie ist auch Grundlage des zwischenmenschlichen Miteinanderseins. Gerade, weil in dieser Phase die Sicherheit der Urbeziehung noch keine zwischenmenschliche ist, sondern die Grenzen von Mutter-Kind in der Einheitswirklichkeit noch nicht voneinander abgehoben sind und erst allmählich als zwei Bezogenheitspole aus diesem Zusammen der ‹Dual-Union› auftauchen, liegt hier die Grundlage aller emotionalen Bezogenheit zum Miteinander des Mitmenschlichen.

Die Bedeutung des Körpers in der Urbeziehung, als die Basis aller künftigen sozialen Beziehungen, reicht weit über den humanen Bezirk hinaus. Adolf Portmann hat darauf hingewiesen[19], daß die elementaren Leistungen des tierischen Körpers als Grundlage der sozialen Beziehungen dienen. Die Atemorgane werden zum Stimmorgan umgewandelt, das Wärmekleid des Haares und der Federn – und noch früher auch die Färbung der Fische – wird zum Ausdruck der Stimmungskundgabe, die Aussonderungen der Hautdrüsen, Harn und Kot haben entscheidenden ‹Mitteilungscharakter›. Dabei sehen wir schon von den direkten Sozialorganen ab, welche zur Orientierung und Umorientierung des Schwarms und der Gruppe dienen.

Die Geborgenheit in der Urbeziehung zur Mutter ist gerade dann, wenn mit sich stärkendem Ich allmählich auch die ‹Exteriorisiertheit› des Selbst in der Mutter zurückgenommen werden muß, die erste und prägendste ‹soziale› Beziehung. Geborgenheit in der Mutter ist nun nicht nur, wie anfangs, Geborgenheit im Selbst, sondern auch die im Du und in der durch dieses Du vertretenen Sozietät, und das Vertrauen zur Mutter ist identisch mit dem Vertrauen zu der von ihr vertretenen Sozietät. Auch das Soziale ist ja hier mütterlich bergende Welt, und die Anpassung an die Mutter, an ihre Lenkung, Ordnung, ihre Gebote und Verbote spielt in der emotionalen Gestimmtheit ihrer Zuneigung und enthaltenden Sicherheit. Diese matriarchale Grundsituation bleibt bestimmend, unabhängig davon, ob, wie wir mit Briffault[20] annehmen, auch phylogenetisch die Soziabilisierung des Menschen in der matriarchalen Familiengruppe von Mutter und Kind erfolgt ist. (Eine solche Annahme steht keineswegs im Gegensatz zu einer primären Familie.)

Die Besonderheit der menschlichen Entwicklung mit ihrer Einbettung des Kindes in die Urbeziehung zur Mutter zeigt die Angewiesenheit der menschlichen Existenz auf die Sozietät mehr als alle späteren Züge der Entwicklung. Wenn Portmann vom Tier sagt: «Zuwendung zum Artgleichen geht aller Entzweiung und Abwendung voraus; Einsiedlertum ist stets nachträgliche Flucht aus einer natürlichen Bindung[21]», dann ist dies gewiß auch für die menschliche Entwicklung wahr. Die grundlegende soziale Bereitmachung des Kindes stellt seine fundamentale – im weitesten Sinne – Fähigkeit zur erotischen Mitmenschlichkeit her, sie fußt auf dem mit der Urbeziehung gegebenen Geborgensein, der Grundlage jedes Heimatgefühls.

Die personale Beziehung zur Mutter, als Basis jeder späteren Liebesbeziehung und der Fähigkeit des Sich-Beziehens überhaupt, steht und fällt mit der Urbeziehung. Erst die Selbstverständlichkeit und Sicherheit des Geborgenseins in der mütterlichen Liebe, welche dem sich entwickelnden und differenzierenden Kinde das Aushalten von unlustvollen Spannungen ermöglicht, ist auch die Grundlage für die mit seinem Hineinwachsen in die Welt und die Sozietät unausweichlich verknüpfte Beschränkung des kindlichen Automorphismus. Nur weil und wenn die Erfahrung besteht, daß die Unlust durch Lösung, Stillung und Beruhigung, durch das Eingreifen der ‹Guten Mutter› aufgehoben wird, erwirbt das Kind allmählich die für den Menschen so nötige und gerade für ihn so charakteristische Eigenschaft, verlängerte Unlustspannungen auszuhalten und sein Ich so zu entwickeln, daß es derartige Spannungen im Annehmen der von der Gemeinschaft dem Ich auferlegten Forderungen durchsteht – im Gegensatz zu der Unlust vermeidenden oder sie möglichst abkürzenden Instinktreaktion. Also nicht, wie die Psychoanalyse in der Verkennung der positiven matriarchalen Urbeziehung meint, Haß sondern Sicherheit, nicht Angst und Liebesentzug sondern die positive Urbeziehung zur Mutter mit ihrem Überwiegen von Sicherheit, emotionaler Zugewandtheit und Liebe sind die Grundlage der menschlichen Soziabilisierung[22]; nur durch die emotional gesättigte Erfahrung von Vertrauen und Sicherheit wird die Fähigkeit erworben, Unlust zu ertragen und Lust zugunsten von Unlust aber zuliebe der mit einem erotisch sozialen Opfer verbundenen Beziehung aufzugeben.

Eine negative Urbeziehung mit einem Übermaß von Liebesentzug und Angst ist mit den durch sie entstehenden Aggressionen die schlechteste Grundlage für ein echtes soziales Verhalten. Es kommt hier zwar durch eine Überbetonung der Gewissensangst zu einem ‹moralischen› Verhalten, aber eine tiefere psychologische Analyse zeigt, daß diese Gewissens-Soziabilisierung gefährlich ist. Ganz im Gegensatz dazu führt die echte und frühe Liebeserfahrung zu einer psychischen Struktur, welche liebesfähiger und damit imstande ist, die Beziehungskomponente der Gemeinschaft gegenüber zu verwirklichen.

Aber nicht nur die Konstellation des Kindes zum Du, das Miteinander, wird durch die Urbeziehung zur Mutter bestimmt, sondern ebenso auch die Beziehung des Kindes zu sich selber. Gerade weil in der uroborischen Phase das Selbst in der Mutter exteriorisiert ist und das Schicksal des Kindes im Guten und Bösen von ihr abhängt, ist die positive Lebenssituation in der unbewußt symbolisch mythologischen Apperzeption des Kindes identisch mit einem von der ‹guten Mutter› Angenommen- und Geliebt-, die negative mit einem von der furchtbaren Mutter Abgelehnt- und Verurteiltwerden. Wir haben dies schon in bezug auf das Verhalten der Mutter zum kindlichen Körper betont. Gerade weil aber der Körper des Kindes mit seinem Körper-Selbst identisch ist, wird Angenommenwerden des Körpers, an dem sich in dieser Phase fast das ganze Lebensschicksal abspielt, zum Angenommenwerden überhaupt.

Die Erfahrungen dieser Phase werden, wenn überhaupt, nur in den Symbolbildern der Mythologie sichtbar, welche immer eine Ganzheit, nicht einen Teilaspekt des Bewußtseins, ausdrücken. In den späteren Entwicklungsphasen des Kindes ist diese Symbolwirklichkeit nachweisbar, für diese frühe Phase der Entwicklung der Menschheit und des Einzelnen läßt sie sich nur andeutend erschließen.

Es gehört zu den grundlegenden Gegebenheiten der menschlichen Entwicklung, daß die Eigenbewertung, die Sicherheit des die eigene Persönlichkeit bejahenden Selbstgefühls, nicht von vornherein gegeben ist, sondern sich – obgleich auch hier konstitutionelle Fakten im Positiven wie im Negativen vorhanden zu sein scheinen – innerhalb der schicksalsmäßigen interpersonalen Beziehung entwickelt, welche die Urbeziehung darstellt.

Alle Gefühle, Haltungen und Wertungen der eigenen Person gegenüber, seien es die der Selbstbejahung, Selbstsicherheit, des Selbstvertrauens und der Selbstverantwortung, also alle die automorphen Haltungen, die sich nicht primär auf ein Du beziehen oder von einer Bewertung durch ein Du ableiten, werden in der alten Terminologie als ‹narzistisch› bezeichnet, wobei immer, trotz aller Versuche, diesen Eindruck abzuschwächen, der Einwand der ‹Selbstbespiegelung› und ‹Eigen-Liebe› in dieser Bezeichnung mitschwingt. Aber ein echtes Verständnis der spezifisch menschlichen Daseinsform läßt sich nur dann gewinnen, wenn wir das dauernde dialektische Verhältnis zwischen der Du-Beziehung und dem Automorphismus durchschauen, der das Individuum zum einmaligen Individuum macht und es seine individuelle Selbstgestaltung als echten Sinn seines Daseins erleben läßt. Die Bedeutung des schöpferischen Menschen für die Gemeinschaft zeigt, wie die Notwendigkeit, dem eigenen Gesetz und der eigenen automorphen Entwicklung zu folgen, mit der Fruchtbarkeit des Einzelnen für das Kollektiv dialektisch sinnvoll verbunden ist[23]. Dagegen kastriert eine Kollektivanpassung, welche die automorphen Notwendigkeiten des Individuums außer acht läßt, nicht nur das Individuum, sondern gefährdet damit auch die Gemeinschaft, indem die pure Kollektivanpassung die Menschen zu Massenteilen und zum Opfer aller Massenepidemien macht, wie die Geschichte der Menschheit immer wieder gezeigt hat.[24]

Die Basis des automorphen Selbstbewußtseins ist die positive Ich-Selbst-Achse, eine zunächst unbewußte Erfahrung von der Übereinstimmung des individuellen Ich mit der Ganzheit ‹seiner Natur›, seiner Anlage, also letztlich mit dem Selbst. Diese Erfahrung tritt aber in der Urbeziehung als Übereinstimmung mit der Mutter auf. Das Selbst-Vertrauen, dessen Störung bei allen neurotischen und zum Teil auch bei den psychiatrischen Erkrankungen nachzuweisen ist, hängt – und auch hier wieder erkennen wir die grundsätzliche Verflochtenheit von Automorphismus und Du-Beziehung – fast ganz von der Urbeziehung zur Mutter ab.

Die Konsequenz einer normal geglückten Urbeziehung ist sowohl eine Vertrauens- und Sicherheitsbeziehung zum ‹Du› der menschlichen Umwelt und zum eigenen Körper als auch ein selbstverständliches Vertrauen zum Selbst. Dieses Vertrauen aber ist die Grundlage für die Festigkeit der Ich-Selbst-Achse, das Rückgrat des individuellen Automorphismus und der späteren Festigkeit des Ich und des Ichbewußtseins. Dabei steht, wie betont werden muß, die Festigkeit und Sicherheit des Ich im Gegensatz zur Starre des Ich, die uns später noch ausführlich beschäftigen wird. Gerade ein ‹sicheres› Ich hat die Fähigkeit, sich auf- und an das Selbst abzugeben, etwa im Schlaf, in der Gefahr, im schöpferischen Prozeß. Im Gegensatz dazu ist das starre Ich gerade das unsichere Ich, das aus Angst an sich festzuhalten versucht.

Die Entwicklung des Ich-Du-, des Ich-Körper- und des Ich-Selbst-Bezuges, die in der Urbeziehung noch unlösbar miteinander verbunden sind, gehört zu den wesentlichen Ereignissen des frühkindlichen Daseins, von ihr hängt Gesundheit und Krankheit eines geglückten oder mißglückenden Lebens weitgehend ab. Von Anfang an ist nicht nur die Ich-Entwicklung, sondern ebenso die totale Lebensfähigkeit davon abhängig, wie sich die Beziehung zum Selbst gestaltet.

Die Ungestörtheit des Mit-sich-selber-identisch-Seins hängt ebenso mit der Kontaktsicherheit zum eigenen Körper zusammen, welche in der frühesten Phase der psychischen Entwicklung erlangt wird, wie die Unsicherheit der mannigfachen ‹Entfremdungs›-Erfahrungen mit der Unsicherheit des Körper- und Selbstgefühls, welche häufig bis in früheste Kindheitserfahrungen zurückreicht. Die in einer positiven Ich-Selbst-Beziehung sich ausdrückende ‹Kontaktfähigkeit›, deren normale Entwicklung auf der Eros-Konstellation der Urbeziehung fußt, ist ‹Kontakt› im weitesten Sinne, nicht etwa nur Kontakt zur menschlichen Umwelt. Die Kontaktnahme beginnt mit der Identität von Mutter-Welt- und eigenem Körper. Aus dieser Einheit differenziert sich dann der Kontakt zur Mutter als zu einem Anders-Du und zum Körper als zu einem ‹eigenen›. Während über den Eros-Kontakt zur Mutter der Kontakt zur Sozietät und zur Welt überhaupt aufgebaut wird, steht der Kontakt zum eigenen Körper und zum Körper-Selbst im engsten Zusammenhang mit der Entwicklung der Ich-Selbst-Achse und ihrer Sicherheit.

So führt eine ‹sicher fundierte› Urbeziehung zur Verbindung der kindlichen Persönlichkeit nicht nur mit dem ‹Teil des Selbst›, den wir als Körper-Selbst bezeichnen, sondern auch zum Hinüberwandern des an der Mutter erlebten ‹Selbst-Teiles›. Die Bildung des Einheits-Selbst, die eigentliche ‹Geburt› des Kindes, das nun ‹es selbst› ist, ist – wie wir sahen – auf die positive Erfahrung der Urbeziehung im ersten Lebensjahr angewiesen. Diese menschlich normale, das heißt archetypisch angelegte Entwicklung geschieht im Zeichen der Guten Mutter und des Vertrauens zu ihr, das aus der ursprünglichen Identität mit ihr sich allmählich entfaltet und differenziert.

Nicht nur die Entwicklung eines gesunden Ich, sondern auch die eines gesunden ‹Einheits-Selbst› und einer gesunden Beziehung des Ich zu diesem ‹seinen› Selbst ist vom Verlauf der Urbeziehung abhängig. Wenn paradoxerweise das Selbst vom Ich sowohl als ‹eigenstes› wie als ‹fremdes› und als Du erfahren wird, so entwickelt sich diese Paradoxie an der Beziehung zum Körper-Selbst und zur Mutter als Selbst.[25]

Von diesem positiven Kontakt der Urbeziehung hängt nicht nur die Sicherheit des Ich und seines ‹Selbst-Gefühls› ab, sondern auch eine gesunde Beziehung, die Kontaktfähigkeit dieses Ich zum Selbst und zum Unbewußten. Denn auch das Unbewußte steht dem Ich und dem Bewußtsein als ein Du-Anderes gegenüber. Ebenso wie die in der Urbeziehung erworbene Kontaktsicherheit eine Beziehungssicherheit zum Du in jeder Form, als menschliches Du und als Welt, als Körper und als Selbst und als Unbewußtes ermöglicht, unterminiert eine in der Urbeziehung erworbene Unsicherheit den Kontakt zu *jedem* Du, zum menschlichen Du und zur Welt, zum eigenen Körper, zu sich selbst und zum eigenen Unbewußten, das ja ebenso ‹eigen› wie ‹fremd›, ebenso ‹andere Welt› wie ‹seelisches Gegenüber› ist.

Die Linie der psychischen Entwicklung verläuft nicht, wie die Psychoanalyse annimmt, von einer objektlosen über eine ‹narzistische› Phase der Eigenliebe zur Objektliebe als dem endgültigen Symptom des psychischen Reifezustandes, sondern von der Urbeziehung bis zur Liebesfähigkeit des reifen Menschen sind automorphe Entwicklungsprozesse, in denen die autonome individuelle Eigenentwicklung der Persönlichkeit betont ist, mit heteronomen Beziehungs-Entwicklungen verknüpft, in denen die Abhängigkeit vom Du im Vordergrund steht.

Deswegen ist die automorphe Entwicklung keineswegs mit ‹Ich-Psychologie› zu verwechseln. Die Ich-Selbst-Achse ist die Mitte eines komplizierten Mit- und Gegeneinanders von Prozessen, die zwischen dem Unbewußten und dem dirigierenden Ganzheitszentrum auf der einen, dem Bewußtsein und dem Ich-Zentrum auf der anderen Seite spielen.

Das Verkennen der grundsätzlichen Bedeutung der Urbeziehung ebenso wie die unzulängliche und negative Begriffsbildung spiegelt sich dann bei der Psychoanalyse in dem Versagen, gerade so entscheidende menschliche Phänomene wie die Liebe oder das Schöpferische zu verstehen. Die für die menschliche Entwicklung grundlegende Vertrauens- und Sicherheitsbeziehung des Kindes zur Mutter wird von der Psychoanalyse mit den Worten: «von den vertrauten Quellen werden narzißtische Beihilfen erwartet»[26] beschrieben, und ebenso heißt es in dieser reduktiven und falschen Interpretation: «Gemütsbewegungen oder vielmehr narzißtische Beihilfen»[27].

Diese Auffassung führt unter anderem dazu, daß das für die psychische Entwicklung jedes Menschen so entscheidende Phänomen der Liebe von der Psychoanalyse nicht verstanden werden kann, weil hier der Gegensatz von Identifizierung und Objektbeziehung ebenso wie die Entgegensetzung von «narzißtischen und sexuellen Bedürfnissen» versagt und unmöglich wird. Selbst wenn die Psychoanalyse anscheinend bescheiden und eigentlich etwas grotesk feststellt: «Die Eigenschaft der Identifizierung, die auf einer höheren Ebene die Liebe ausmacht, ist noch obskur.[28]»(!), bleibt sie dabei, die Liebe allgemein, besonders aber bei der Frau, unter reduzierenden Gesichtspunkten zu betrachten.

Erst wenn die Einheit von Bezogenheit, automorpher Selbstbestätigung und lustvollem Außer-sich-Sein in der Urbeziehung verstanden wird, kann auch die Liebeserfahrung des Erwachsenen und ihre fälschliche – aber naheliegende – Identifizierung mit der Beziehung zur ‹Mutter› erfaßt werden. Gerade weil die uroborische Phase der kindlichen Entwicklung ein Identifiziertsein ist, dessen ‹ozeanischer› Charakter in seinem All-Ausgebreitetsein die Grenzen zwischen Ich und Nicht-Ich noch nicht kennt, wird es zum Prototyp der Liebeserfahrung überhaupt.

Damit, daß diese Liebeserfahrung – bei beiden Geschlechtern – in der Urbeziehung zur Mutter gemacht wird, erweist sich die ‹Große Mutter›, das matriarchale Große Weibliche, als die Hüterin und Spenderin des Liebesgefühls überhaupt.

Eine andere Form der Mißdeutung dieser Frühphase der menschlichen Entwicklung besteht darin, daß dem Vor-Ich der Dual-Union ein ‹Allmacht-Gefühl› zugeschrieben wird, das dann als Grundlage der magischen Bezogenheit des frühkindlichen Ich zur Welt gedeutet wird. Das Nichtunterschiedensein in dieser vorichhaften Phase, die durchaus Szondis ‹A-Dualismus› entspricht[29], macht eine legitime Verwendung des ‹Machtbegriffs› unmöglich. Der Begriff der ‹Macht› und des ‹Machtgefühls› ist immer und ausschließlich mit dem Ich-Komplex und seinen Derivaten zu verbinden, niemals mit einer Persönlichkeitsstruktur, welcher die Erfahrung der ‹Einheitswirklichkeit› möglich ist.

Der Begriff der Macht ist nur da sinnvoll, wo schon ein Ich vorhanden ist, dessen Libidoladung als Wille stark genug ist, um Macht zu wollen, auszuüben und sich eines Objektes zu bemächtigen. Für die subjekt- und objektfreie Phase der uroborischen Vor-Ich-Zeit gilt all dies nicht. Weil diese Phase als ‹auto-erotisch› im Sinne einer objektlosen Selbst-Liebe aufgefaßt wurde, konnte sie als ‹primär-narzißtisch› verstanden werden. Man wird ihrer Wirklichkeit aber nur dann gerecht, wenn man sie paradox formuliert, weil sie als vor-ichhafte Konstellation nicht durch eine Subjekt-Objekt-Beziehung beschreibbar ist. Wenn man also bei ihr von objektloser Selbstliebe spricht, muß man gleichzeitig von subjektloser All-Liebe ebenso wie von einem subjekt- und objektlosen All-Geliebtwerden sprechen. Denn für den lustvollen Zustand des vor-ichhaften Ausgebreitetseins, in dem für das Kind Welt, Mutter und eigener Körper ununterscheidbar sind, ist seine totale Allverbundenheit ebenso charakteristisch wie sein totales Nur-Selbst-Sein.

Wir sprechen von einer Ich-Selbst-Achse, weil die psychischen Entwicklungen und Prozesse zwischen den Systemen Bewußtsein und Unbewußtes und den ihnen entsprechenden Zentren Ich und Selbst[30] sich so darstellen, als ob die beiden Zentren und Systeme sich von einander entfernen und sich einander annähern. Die Filialisierung des Ich vom Selbst ist dabei mit der Entstehung der Ich-Selbst-Achse und mit einer ‹Entfernung› des Ich vom Selbst identisch. Diese Entfernung erreicht in der ersten Lebenshälfte mit ihrer System-Trennung des Psychischen in Bewußtes und Unbewußtes und mit der scheinbaren Autonomie des Ich ihren Höhepunkt. In der Individuation der zweiten Lebenshälfte kommt es umgekehrt zu einer Wiederannäherung des Ich an das Selbst. Aber abgesehen von diesen grundsätzlichen altersmäßigen Schwerpunktsverschiebungen der Ich-Selbst-Achse ist sie normalerweise dauernd in ‹Bewegung›, denn jede Bewußtseins-Veränderung ist gleichzeitig eine solche der Ich-Selbst-Achse. Nicht nur im Schlaf und Traum, bei jedem psychischen Prozeß findet eine Veränderung in der Beziehung vom Bewußtsein zum Unbewußten statt und ebenso eine solche in der Beziehung von Ich und Selbst.

Das Ich löst sich mit seiner Annäherung an das Selbst aber nicht auf, sondern wird suspendiert, so daß es für seine Eigenerfahrung verschwindet. Keineswegs hört aber damit die Persönlichkeitsganzheit auf, ein Erfahrung machendes Subjekt zu sein. Aber das, was nun Erfahrung macht, ist die Ganzheit der Persönlichkeit, das Selbst, nicht mehr das filialisierte Ich.[31]

Die Filialisierung des Ich durch das Selbst besagt, daß das Selbst früher als das Ich und unabhängig von ihm vorhanden ist. Die biopsychische Ganzheitsregulation der Persönlichkeit existiert, bevor Ich und Bewußtsein entwickelt sind, ebenso wie wenn diese – wie im Schlaf – abgebaut werden. Aber auch wenn das Ich sich verselbständigt und das Bewußtsein sich systematisiert und fixiert hat, sind beide weder beständig noch für das Leben der bio-psychischen Ganzheit absolut notwendig. Das Kind existiert ohne sie ebenso wie der Schlafende und der in der Geisteskrankheit oder in der Ekstase ‹abwesende› Mensch. Das aus dieser ‹Abwesenheit› in das wache Bewußtsein zurückkehrende Ich findet sich – potentiell – in der Lage, eine Erfahrung gemacht und mitgebracht zu haben aus einem Zustand, in dem es selber ‹aufgehoben›, das heißt anscheinend nicht vorhanden war.

Wenn das Ich aus dem ‹unbewußten› Zustand der Vor-Ich-Konstellation in den des Bewußtseins zurückkehrt, kann es völlig ‹erinnerungslos› sein, wie nach einem scheinbar traumlosen Schlafe oder bei einer posthypnotischen Suggestion, es kann mehr oder weniger klare Erinnerungsreste besitzen oder bekommen, wie bei einer sofortigen oder allmählichen Erinnerung von Traumstücken, oder es kann eine relativ sofortige oder allmählich totale Erinnerung haben, in der sich die unbewußten Inhalte als erinnerbare, also bewußtseinsfähige Inhalte erweisen.

Aber die essentielle Verbundenheit des Ich mit dem Selbst, welche durch den Begriff der Ich-Selbst-Achse beschrieben wird, ermöglicht dem Ich auf dem Umweg über das Selbst auch von solchen Erfahrungen Kenntnis zu nehmen, welche die Ganzheit der Persönlichkeit in einer Situation geprägt haben, in welcher das Ich – wie beim Kind – noch nicht oder – wie beim Erwachsenen – nicht mehr erfahrungsfähig ist.[32]

Jeder Eintritt in ein ‹archetypisches Feld›[33] führt zu einem ‹Abaissement du niveau mental›, einer Herabsetzung des Bewußtseins, einer Verstärkung der als ‹participation mystique› zu beschreibenden Phänomene, in denen die bei erhaltenem Bewußtsein vorhandenen Grenzen zwischen dem Subjekt und dem Objekt sich verwischen, und es beginnt sich die ‹Einheitswirklichkeit› an die Stelle der ‹normalen› durch unser Bewußtsein gesetzten polarisierten Wirklichkeit zu setzen. Mit jeder Verschiebung des Ich zum Selbst hin beginnt der Aspekt der Einheitswirklichkeit hervorzutreten, mit jeder Verschiebung zum Ich hin zurückzugehen.

Nicht nur die Einheitswirklichkeit innerhalb der kindlichen Urbeziehung, auch die religiöse Erfahrung der Ekstase – von der ‹Großen Erfahrung› der Kunst einmal abgesehen[34] – ist eine Erfahrung der ‹Einheitswirklichkeit›. Am deutlichsten wird dieses Phänomen, wo es sich, wie im Zen-Buddhismus[35], nicht um die Unio mystica mit einem Gott-Bild handelt, sondern wo das mystische Erleben eine veränderte Wirklichkeit freigibt. Derartige Einzel- und Dauer-Erfahrungen sind nicht nur für den Mystiker charakteristisch, sondern auch für den schöpferischen Prozeß, abgesehen davon, daß sie rituell durch Rauschmittel bei fast allen Völkern und in allen Zeiten herzustellen versucht werden. Die Grundlage dieser psychischen Konstellation ist eine Verschiebung auf der Ich-Selbst-Achse in dem Sinne, daß das Ich ins Selbst zurückgenommen und das übliche ichzentrierte Bewußtsein suspendiert worden ist.

Es ist dabei von entscheidender Bedeutung, ob die Ich-Selbst-Achse normal und stabil entwickelt ist, ob die von uns angedeutete Entwicklung des ‹Einheits-Selbst› in der Kindheit wirklich vollzogen ist oder nicht. Ist dies der Fall, so spielt sich die Verschiebung des Ich zum

Selbst innerhalb einer ganzheitlich integrierten Psyche ab, das Ich und das Bewußtsein werden – wie in jeder Nacht – unversehrt wieder aus ihrem Zurückgenommenwerden in das, was wir das Unbewußte nennen, entlassen. Daß der Traum trotz seiner bekannten formalen Ähnlichkeit mit der Psychose keine Krankheit ist, läßt sich dadurch erweisen, daß er in einem kompensatorisch-sinnhaften Zusammenhang mit der Persönlichkeitsganzheit und mit dem Bewußtsein steht, sich also innerhalb einer ganzheitlichen Psyche abspielt. Bei einer defektiven Entwicklung aber, die zu einer Schwächung oder Entwicklungsstörung der Ich-Selbst-Achse geführt hat, wie zum Beispiel bei einer defektiven Bildung des Einheits-Selbst in der frühesten Kindheit, kommt es nicht nur zu einer Störung der Ich- und Bewußtseins-Entwicklung, sondern auch zu einer schweren Störung der Beziehung zwischen Ich und Selbst. Die Unsicherheit der Urbeziehung und die damit verbundene Unstabilität der Ich-Selbst-Achse drückt sich in einer negativen Selbst-Figur und einem verstärkten Ich-Abwehrmechanismus aus. Bei einer Verschiebung der Ich-Selbst-Achse zum Selbst hin kann es deswegen zu einem Persönlichkeitszerfall mit all den Phänomenen der Zerstörung kommen, die für die Psychose charakteristisch sind. Der Überschwemmungscharakter durch das Unbewußte, der normalerweise bei einer Verschiebung des Ich zum Selbst auftritt, wird hier durch eine ‹Zerreißung› der Persönlichkeit ersetzt, die im Bild der furchtbaren Mutter erscheint und die Einheit der Persönlichkeit aufhebt. Die normale Kompensation durch die Ganzheitsfunktion des Selbst versagt, was sich auch darin ausdrückt, daß auch die Träume häufig ihren kompensatorischen, ganzheitsgesteuerten Charakter verlieren.

Erst jetzt kann die volle Bedeutung dessen durchsichtig werden, was mit unserer Behauptung gemeint war, die Urbeziehung sei die ontogenetische Basis auch des ‹In-der-Welt-Seins›. Der emotionelle Beziehungsstrom zur Mutter, die ja anfangs nicht nur Du und Selbst, sondern auch Welt ist, ermöglicht der sich entwickelnden kindlichen Persönlichkeit, sich in einer belebten und zusammenhängenden Welt zu erfahren.

Wie wir wissen, gibt es für jedes Lebewesen an Art und Umfang spezifisch verschiedene ‹Umwelten›, und das, was als ‹Weltzusammenhang› auftritt, ist jeweils von der Konstellation der Psyche abhängig, beim Menschen aber insbesondere von der Konstellation der Ich-Selbst-Achse. Je nachdem ob das Ich oder das Selbst, die Polarisierungskraft des Bewußtseins oder die Einheitstendenz des Selbst dominieren, stehen andere Aspekte der Wirklichkeit im Vordergrund. Daß aber überhaupt ein Wirklichkeits-*Zusammenhang* erfaßt wird, nicht ein totes Nebeneinander von abgetrennten Einzeldingen, sondern die Verbindung der subjektiven und objektiven Erfahrungselemente in einer – wie auch gearteten – Beziehung, das ist durch den Eroscharakter der Libido bedingt, der sich erstmalig in und an der Urbeziehung manifestiert.

Die Analytische Psychologie ist, im Gegensatz zur Psychoanalyse, primär monistisch orientiert. Ihre Libidotheorie nimmt nicht einen spekulativen Gegensatz von Eros und Thanatos an, sondern setzt an seine Stelle die sekundäre Polarisierung der primär einheitlichen Libido, welche als ‹Interesse› alle objektiven und subjektiven Inhalte ‹bindet› und ‹besetzt›, sei es an die Ganzheit der Psyche, sei es an das Ich-Zentrum. Ebenso wie in der kindlichen Wirklichkeit der positive Liebeszusammenhang in der Urbeziehung als etwas Primäres erfahren wird, ist die belebende Libido die Grundlage jeder Lebenserfahrung und die Ermöglichung jeder Erfahrung einer Wirklichkeitserweiterung. Erst im Libidomangel oder -verlust kommt es sekundär in der Störung der Urbeziehung auch zur Erfahrung der Angst und des Todes, die in der positiven Urbeziehung ursprünglich immer vom Selbst, der Mutter, und dem ihr folgenden integralen Ich des Kindes gebunden werden.

Wenn wir mit Jung den allgemeinen Begriff der Libido mit ‹psychisches Interesse› übersetzen, wird sowohl sein Bezogenheitscharakter wie sein Zusammenhang mit der Urbeziehung verständlich. Nur das Eingefügtsein des Kindes in das lebendige archetypische Feld der Urbeziehung ermöglicht ihm die Entwicklung seines Bezogenseins, das ja ebenso die Beziehung zum Körper und zu sich selbst wie zum mitmenschlichen und mit-weltlichen Du umfaßt. Die artgemäße Entfaltung des Interesses am Leben, an sich selber, am Du und an der

Umwelt wird durch das Zugewendetsein der Mutter gespeist, deren Liebe, Zärtlichkeit und Fürsorge die psychische Milch und seelische Libido darstellt, von der nicht nur die physische sondern auch die seelisch-geistige Existenz des Kindes abhängt. Deswegen kommt es beim Ausfall der Urbeziehung gerade zu einem seelisch-geistigen Verfall und Untergang des Kindes. Erst die von der Mutter einströmende Libido belebt und aktiviert die artgemäßen Bahnungen und Vorgegebenheiten, in denen das menschliche Kind zu einem menschlichen Verhalten in einem menschlich apperzipierten Weltganzen gelangt.

So wie am Anfang der menschlichen Erfahrung die unbewußte Ganzheits-Konzeption der Welt als ‹Großes Rundes› steht, ist auch ontogenetisch die Ganzheit der Urbeziehung und der Mutter-Welt-Einheit das bestimmende Moment für das kindliche Leben. Daß für das Kind die Mutter nicht nur die Welt sondern zugleich das Selbst bedeutet, besagt, daß das Kind sich in einem geordneten Zusammenhang vorfindet, in dem es leben und sich entwickeln kann. Sein Geborgenheits- und Sicherheits-Gefühl ist Ausdruck eines Daseins in einer geordneten Welt, Ungeborgenheit und Unsicherheit dagegen sind immer Symptome eines Erlebens, für welches ein solches Ordnungsgefüge nicht existiert oder zerfällt. Es gehört – was wir noch ausführen werden – zum notwendigen Wesen dieser Ordnung, ‹anthropozentrisch› und im eigentlichen Sinne ‹self centred› zu sein, also so erfahren zu werden, als ob das Kind im Mittelpunkt dieses Ordnungsgefüges stehe. Dabei ist die am weitesten außen liegende Form dieses Ordnungsgefüges das durch die Mutter vermittelte, jeweils variierende Kulturgefüge der Gruppe, welches ja das Leben auch schon des Kleinkindes mit dem Brauchtum von Ernährungs-, Pflege-, Schlaf-, Zärtlichkeits- und unzähligen anderen Normen in verschiedenster Weise wesentlich formt. Aber diesem entscheidenden Formgefüge liegt die ganze Welt libidinöser Verhaftungen und Ordnungen zu Grunde, die völlig unbewußt für das Kind und für die Mutter dem Kind die Welt als eine gefügte und geordnete Welt zur Erfahrung bringen. Die ganze artgemäße Entwicklung des Kindes vom vor-ichhaften zum ichhaften Sein, vom vor-sprachigen zum sprechenden, vom passiv ausgelieferten und total abhängigen zum sich in einer Welt bewegenden Kind, ist eingefügt in die lebendige Bezogenheit der Mutter zum Kind, in ihr lebendiges Interesse, das zugleich das Interesse und die Interessenrichtungen des Kindes formt und bestimmt.

Der libidinöse Charakter des Welt-Zusammenhanges ist unabhängig davon, ob er primitiv-kindlich oder modern-erwachsen erfahren wird. Auch für den modernen Erwachsenen gilt noch in hohem Umfange eine anthropozentrische Weltorientierung, in der und mit deren Hilfe er überhaupt imstande ist, Welterfahrung zu machen. Die Erfahrung des Zusammenhanges der Welt in der Einheitswirklichkeit der Urbeziehung mit ihrem von uns betonten Eroscharakter setzt das freie Strömen der Libido zwischen Unbewußtem – Kind – Mutter und Welt voraus. Aus dem Mit-, Zu- und Gegeneinander der Urbeziehung zur Mutter entwickelt sich eine analoge Bezogenheit zur Welt überhaupt. Trotz des anthropozentrischen Akzentes ist diese Welt des integralen kindlichen Ich gemeinschaftsoffen, weil sie allgemein durch Bezogenheiten charakterisiert ist, welche verhindern, daß die zentrale Position des Kindes solipsistisch und narzißtisch wird.

Dieser Zusammenhang von Mutter und Welt macht es verständlich, daß der Archetyp der ‹Großen Mutter› in der Mythologie als ‹Spinnerin› erscheint, welche das ‹Gewebe›, das heißt den wechselseitigen Zusammenhang der Welt und des Lebendigen herstellt und als Hüterin über ihm wacht. Sinnvolles Geordnetsein der Welt und sinnhaftes Bezogensein des Individuums auf sie sind abhängig von dem libidinös-erotischen Interesse für sie, das durch die Urbeziehung geprägt wird. Deswegen ist die ‹Große Mutter› des Anfangs nicht nur die Mutter mit dem Kind, sondern auch die ‹Liebes- und Fruchtbarkeits-›Mutter, denn in dem Aufeinander-Bezogensein der Geschlechter erlebt der erwachsene Mensch am deutlichsten den allgemeinen Eros- und Bezogenheitscharakter der menschlichen und außermenschlichen Psyche.

Wenn wir von dem Ordnungsgefüge und der Ordnungs-Erfahrung dieser matriarchalen Stufe sprechen, dann ist es wichtig zu erkennen, daß ihr Ordnungscharakter nicht der des späteren patriarchalen Logos-Prinzips ist, sondern einem ihm vorhergehenden matriarchalen Prinzip zuzuordnen ist, nämlich dem des Eros, einer Ordnungs- und

Sinn-Erfahrung, welche wesentlich durch das Gefühl bestimmt ist. Dem patriarchalen Geist-Prinzip des Logos ist mythologisch weitgehend die zeugerische Sonne zuzuordnen, zur matriarchalen Welt des Anfangs gehört dagegen als andersartiges Geistprinzip die nächtliche Licht-Welt des Mondes.[36]

Der alte Gott ‹Eros› als ein kosmogonisches Prinzip wird im griechischen Mythos als das Geistprinzip der matriarchalen Stufe deutlich. Aus dem frühgriechischen Schrifttum stammt die folgende Beschreibung vom ‹Anfang der Dinge›[37]: Die Nacht war ein «Vogel mit schwarzen Flügeln. Befruchtet vom Wind legte die Urnacht ihr silbernes Ei in den Riesenschoß der Dunkelheit. Aus dem Ei trat der Sohn des wehenden Windes, ein Gott mit goldenen Flügeln, hervor. Er wird Eros, der Liebesgott, genannt; das ist aber nur *ein* Name... Heißt der Gott Protogonos, so will das sagen, daß dieser Gott der ‹Erstgeborene› unter allen Göttern war. Heißt er Phanes, so drückt dieser Name genau das aus, was der aus dem Ei soeben Geborene alsbald tat: er zeigte und brachte alles ans Licht, was bis dahin im silbernen Ei verborgen lag. Und das war die ganze Welt.»

Das silberne Ei der Nacht ist der Mond, ihm entspricht der beflügelte nächtliche Geistgott, wie später die Phallus-Sonne dem Tages-Geist-Gott entspricht. Dieser der weiblichen Nachtseite entspringende Mond-Geist – Eros – entspricht dem matriarchalen Bewußtsein.[38]

Das ‹matriarchale Bewußtsein› als eine dem Unbewußten nähere Form des Bewußtseins, welche nicht nur eine Vor-Form unseres patriarchalen Bewußtseins ist, ist emotional betont, es entspringt als ‹Lichtqualität› aus einer Erregung, einer Ergiffenheit des Menschen, aus im wesentlichen gefühlsbetonten Konstellationen des Unbewußten. Die wechselnde und in sich nicht konstante Qualität dieses emotionalen ‹Lichtes› steht im Gegensatz zu der konstanten Licht-Logos-Helle der Sonne. Das matriarchale Bewußtsein ist ein Bezogenheits-Bewußtsein[39] der Nähe, seine höchste Form ist eine Weisheit, von der im Gegensatz zu der Abstand nehmenden ‹objektiven› und abstrakten Weisheit des patriarchalen Logos formuliert wurde: «Es ist Weisheit des Unbewußten und der Instinkte, des Lebens und der Bezogenheit.» Deswegen ist die höchste Form der Großen Mutter die Sophia, deren mütterlicher Weisheitscharakter allem Lebendigen verbunden ist.

Dieser Eros-Charakter der unbewußten Instinkt-Weisheit und des Instinktes ist immer auf das Zu- und Miteinander von Lebendigem bezogen, er bestimmt die Urbeziehung und steht normalerweise als ‹guter Geist› und als ‹Gute Mutter› über dem frühesten Dasein des Kindes, das sich in ihm und durch ihn in das Leben und in die Welt ein‹ordnet›. Diese Ein-Ordnung des Kindes setzt Ordnung voraus, und die Mutter ist die große Ordnerin des Lebendigen, die unbewußt und bewußt die Libido des Kindes in ihren Richtungen, Bindungen und Verbindungen determiniert.

Obgleich diese Mutter-Welt der Ordnung zunächst in Analogie zur Körper-Nahrungsstufe aufgefaßt wird, wird sie als einheitliche Ordnung, als eine erste Form kosmischer Umwelt erfahren. Wir betonen nochmals: dieser Kosmos ist chthonisch-körperlich betont und symbolisch-konkret, alles Geistig-Seelische wird in faktisch-körperlicher Substantialität als Greifbar-Volles erfahren. Deswegen ist Geist hier nichts Abstraktes – auch wir ab-strahieren ja erst von einem Konkreten – sondern belebte und belebende Wirklichkeit. Ohne sie ist der ‹Geist› angsterregend; unsinnlicher ‹Geist› ist auf dieser Stufe ein ‹Gespenst›.

Die matriarchale Welt ist phylogenetisch für den Frühmenschen und ontogenetisch für das Kind eine ‹Symbolwelt›, die für das matriarchale Bewußtsein die eigentlich ‹geistige› Welt überhaupt darstellt. Daß das ‹Außen-Wirkliche› noch nicht vom ‹Innen-Wirklichen›, dem Seelisch-Geistigen, abgespalten ist, äußert sich darin, daß es noch in einem ‹Einheitscharakter› erfahren wird als ein nicht nur Vorhandenes, sondern immer auch zugleich als ein Bedeutsames, ein Bezogenes. ‹Symbol›-‹Erfahrung›, zum Beispiel Erfahrung der Milch als ‹Symbol›, bedeutet, daß die Milch unmittelbar als eine Einheit von wesentlichen Bezogenheiten erfahren wird, die weit über das hinausgehen, was die Milch als ‹Außen-Wirkliches›, als Nahrungsmittel bedeutet.

Wenn wir in der ‹Ursprungsgeschichte› von der ‹mythologischen Apperzeption› des Frühmenschen und des Kindes sprachen, dann gehört das in den gleichen Zusammenhang. Erfahrung der Welt im

Symbol und als Symbol ist, beispielsweise bei der Erfahrung der Mutter als ‹Große Mutter›, mythologische Apperzeption. Es existiert noch keine ‹Dingwelt› als unbezogen abstrahiertes Dasein einer Außenwelt, sondern von der anthropozentrischen Mitte aus, in der das Kind sich befindet, reichen Libidoströme als Bezogenheitsverbindungen zu Welt-Inhalten, die alle Symbol sind, denen allen Bedeutung zukommt, so daß sie sowohl faktisch vorhanden wie seelisch-geistig beseelt und in ihrer numinosen Wirkungskraft Teile einer Wirk-Welt sind, die aus einem System von Bezogenheit besteht. Die Entsprechung des animistischen und magischen Weltbildes beim Frühmenschen zu der Welt des Kindes ist bekannt, betont soll hier nur werden, daß und wie auch sie auf dem Bezogenheits- und Eros-Charakter der matriarchalen Wirklichkeit fußt.

Daß das Dasein innerhalb der mütterlichen Ordnung lebt und ihr unterworfen ist, besagt nicht, daß die Welt nur im Bild der Guten Mutter gesehen wird; die ‹Große Mutter› umfaßt Leben und Tod. Aber wie aus dem nächtlichen Dunkel der Tag entsteht, so ist diese große matriarchale Daseinsmacht immer ‹vertrauenswürdig›. Auch wo sie angsterregend ist und tötet, belebt sie als ewige Gebärerin alles Getötete und erhält den ewigen Kreislauf unerschütterlich in ewiger Ordnung.

Angst, Unlust, Versagung sind innerhalb der Urbeziehung eingebaut und werden von dem guten Aspekt des Mütterlichen überwogen, so daß das Kind trotz dieser Negativ-Erlebnisse das Geborgenheits- und Sicherheits-Gefühl, in einer höheren Ordnung aufgehoben zu sein, nicht verliert.

Daß diese geordnete und auch das Negative integrierende Welt des gesunden Menschen und des gesunden Kindes auf der ungestörten Urbeziehung zur Mutter beruht, kann am Gegenbeispiel verdeutlicht werden: Eine gestörte oder zerstörte Urbeziehung scheint zu den wesentlichen Voraussetzungen der Psychose zu gehören, die man als Schizophrenie bezeichnet. Der Ausbruch dieser Krankheit wird häufig durch ein Phänomen eingeleitet, das der Patient als ‹Weltuntergang› deutet. In den Visionen und Träumen des Patienten und später auch in seiner bewußten Erfahrung zerspringt der Einheitszusammenhang der Welt. Die Welt geht unter und zerfällt in tote von einander isolierte Dinge, oder, wenn die Welt noch teilweise belebt bleibt, äußert sich dieser Untergang im Kampf einander feindlicher Dinge und Kräfte.

Normalerweise besteht die Welt aus dynamischen, in sich geordneten und lebendigen Bezogenheiten, die eine Lebenseinheit darstellen und in der, wie in der optischen Perspektive, Dinge vor-, neben- und mit-einander existieren und aufeinander bezogen sind. Sie stehen sich näher oder ferner, beruhen aufeinander und sind hierarchisch über- oder untereinander angeordnet. Alle diese An- und Zuordnungen setzen als Bezogenheiten eine libidinöse Belebung durch die Psyche voraus, die mit der Welt in einem unbewußten Identitätszusammenhang steht. Wenn es aber, aus welchen Gründen auch immer, zu einem Versagen der Urbeziehung kommt, konstelliert sich für das Kind die ‹furchtbare Mutter›, und es kommt zur Störung der für die artgemäße Entwicklung notwendigen Entfaltungen der kindlichen Bezogenheit zu seinem Körper, zu sich und zum Du in allen seinen Gebieten.

Die Zerstörung des Welt-Du manifestiert sich dementsprechend in der Schizophrenie mit ihrer Regression zur Welt der furchtbaren Mutter. Die symbolische Einheitswirklichkeit, die in der Schizophrenie häufig in der Vision und Halluzination regressiv belebt wird, löst sich im Zerfall auf, und es kommt zum Welttod, der entweder als Chaos, das heißt als Auflösung in das sinn- und bezogenheitslose Durcheinander amorpher Stücke oder als leere Zwangsordnung und Starrheit eines unbelebten Systems auftritt, gewissermaßen als ein Koordinatensystem ohne die von ihm geordneten lebendigen Inhalte.

Der Archetyp der furchtbaren Mutter ist verbunden mit Tod, Untergang, Dürre, Hungersnot und Unfruchtbarkeit, und die Welt der Schizophrenie steht in ihrem Zeichen überall da, wo eine allzustarke Trennung von den produktiven Grundkräften des Mütterlichen auftritt oder gar eine Feindschaft ihnen gegenüber herrscht. Diese Desintegration der Welt und der Persönlichkeit durch die Umkehrung des Erosprinzips steht im Gegensatz zu der natürlichen Entwicklung der kindlichen Persönlichkeit, in welcher das Erosprinzip als Übergewicht der ‹guten› über die furchtbare Mutter, als Integration aller der Zusammenhänge erscheint, die zwischen dem Kind als Ich und dem Du als Körper, Selbst, Mitmensch und Welt spielen.

Die normale, durch die Sicherheitssituation der Urbeziehung garantierte Entwicklung des Kindes gipfelt in der Bildung des integralen Ich. Dieses ist in der Identitätsbeziehung zur Guten Mutter entstanden und mit der Fähigkeit ausgestattet, die ‹negativen› Erfahrungen relativ zu verarbeiten oder abzureagieren, und wird allmählich zum Ich-Pol der Ich-Selbst-Achse, in der das Selbst den tragenden Wurzelgrund der eigenen Psyche darstellt.

Im allgemeinen ist die humane Situation so ausbalanciert und durch das Zusammenspiel von natürlichem, biopsychischem Verhalten und der sozialen Reaktion, die durch die Mutter repräsentiert wird, so kompensiert, daß das Kleinstkind wie auch das Kleinkind ebenso selbstverständlich aufwächst wie jedes Kulturwesen, wenn nicht außergewöhnliche Umstände diese Konstellation stören.

Die Entwicklung des integralen Ich beginnt zwar schon in der ersten, der uroborischen Phase der Urbeziehung, aber erst in der zweiten, der im eigentlichen Sinne matriarchalen Phase, in welcher der Mutterarchetyp dominiert, kommt sie zu ihrer zentralen Bedeutung. Also erst in der Zeit nach dem ersten Lebensjahr, der eigentlichen Geburt des Kindes, tritt die Ich-Entwicklung und mit ihr die Entwicklung des integralen Ich ebenso wie die der ‹anthropozentrischen› Stellung des Kindes in den Vordergrund.

DRITTES KAPITEL

Die Störungen der Urbeziehung und ihre Folgen

Ein entscheidender Schritt in der Entwicklung des Kindes innerhalb der Urbeziehung besteht in der Bildung eines ‹*positiv-integralen*› *Ich*, eines Ich, das imstande ist, auch negative Qualitäten der Welt, seien es unlustbringende Faktoren der Außenwelt oder solche der inneren Welt, wie Dränge, Schmerz oder anderes, zu assimilieren und zu integrieren. Die Mutter als kompensierendes Selbst sorgt dafür – soweit sie dazu schicksalsmäßig imstande ist –, daß die negativen Faktoren nicht überwiegen und möglichst schnell von positiven abgelöst und überdeckt werden. Dieser Ausgleich erstreckt sich nicht nur auf objektive äußere Fakten wie Kälte, Hunger und Versagungen, die ja vom Kleinkind alle als Weltfaktoren erfahren werden, sondern allmählich auch auf alle negativen Erfahrungen, die für das Kind ‹von innen› kommen, aber zunächst auch als ‹von außen› eindringend erlebt werden, wie Angst, Wut, Schmerz. Durch die Ausgleich und Beruhigung gebende Stillungsfunktion des Mütterlichen investiert das Kind in seinem Ich ebenfalls die positive integrale Tendenz, welche die Mutter ihm vorlebt und im Kontakt zu ihm immer neu verwirklicht. Auf diese Weise entsteht ein positiv-integrales Ich mit der Fähigkeit, Positives und Negatives so zu integrieren, daß die Einheit der Persönlichkeit gewahrt und nicht in sich widersprechende Teile gespalten wird. So kommt es – um es abgekürzt zu formulieren – zu einer positiven Toleranz des Ich, das auf der Basis der Sicherheits- und Vertrauensbeziehung zur Mutter imstande ist, die Welt und sich selber ‹anzunehmen›, weil es die dauernde Erfahrung der positiven Toleranz und des Angenommenseins durch die Mutter am eigenen Leibe erlebt.

Die normale Urbeziehung mit ihrer Sicherheit im Geliebtsein durch die Mutter, der Entwicklung des positiven integralen Ich und einer stabilen Ich-Selbst-Achse führt allmählich zum relativen Bewußtwerden der *anthropozentrischen* Erfahrung des Kindes, in der das Kind sich als Mittelpunkt ‹seiner›, aber auch als Mittelpunkt ‹der› Welt erfährt. Diese Anthropozentrik, die keineswegs einer magischen Allmacht entspricht, welche erst in einer späteren Phase des kindlichen Lebens in Erscheinung tritt, ist die notwendige Grundlage jeder menschlichen Entwicklung überhaupt. Sie ist Ausdruck des Automorphismus mit seinem Akzent auf dem Individuellen und der Bedeutung des Einzelnen für die Entwicklung der Menschheit.

Der anthropozentrische Akzent ist das Kennzeichen der besonderen Haltung der menschlichen Spezies, welche sie von allen anderen lebenden Arten unterscheidet. Nicht nur ihre Herrschaft über die Welt, sondern auch ihre kulturschaffende Besonderheit fußt auf dieser Selbst-Erfahrung, die als Gefühl der Gott-Ähnlichkeit oder Gott-Ebenbildlichkeit nicht Ausdruck eines krankhaften Narzißmus sondern die Spiegelung der Filialisierung des Selbst im Ich ist und die jeder psychischen Entwicklung zugrunde liegende Verwirklichung der Ich-Selbst-Achse darstellt.

Das menschliche Dasein ist nicht durch Gehorsam der Instinktwelt gegenüber bestimmt, sondern durch die von ihm selbst gesetzte Sinngebung, welche auf der anthropozentrischen Betonung der menschlichen Gruppe und des Einzelmenschen fußt. Überall da, wo die Einzel-Persönlichkeit positiv betont wird, finden wir die Verbundenheit eines Personalen, des Ich, mit einem Transpersonalen, dem Selbst. Dies transpersonale Selbst wird oft projiziert erfahren als Ahnen- oder Gruppen-Selbst, dabei stellt die Verbundenheit des Ich mit der Gruppe in den Riten und Einweihungen die Identität des personalen Individuums mit dem transpersonalen Selbst her. Von der menschlichen Früh-Geschichte bis in die Gegenwart hinein erweist sich die Verflochtenheit von Automorphismus und Du-Beziehung in der von Individuum und Gruppe.

Die anthropozentrische Situation des Kindes ist aber nicht mit einer ego-zentrischen zu verwechseln. In dieser Phase der Eigen- und Selbstwerdung ist noch kein isoliertes, im Gegensatz zum Du von Selbst, Welt, Mitmensch und Unbewußtem stehendes Ich vorhanden. Die anthropozentrische Konstellation ist eingebaut in die Urbeziehung, und die Mutter ist auch in der späteren Phase, in der die Exteriorisiertheit des Selbst aufgehoben und das Selbst ins Kind eingewandert ist, wesentlich mit diesem Selbst verbunden. Ich und Selbst sind jetzt zwar nicht mehr miteinander verknüpft wie Mutter und Kind, aber wenn das Kind auch schon seine eigenen Wurzeln besitzt, so sind doch das Selbst und die Mutter die Erde dieser Wurzeln, in welcher das Kind nicht unterscheiden kann, was zu ihm gehört und was nicht. Mit der verstärkten Ichwerdung und Integration der kindlichen Persönlichkeit kann es nun fortlaufend auch zu größeren Konflikten zwischen Ich und Du und auch zwischen Kind und Mutter kommen, ohne daß diese das Kind zu entwurzeln imstande sind. Die Phase der Entwicklung, in welcher die kindliche Persönlichkeit als Individualität relativ selbständig und das Ich eine kontinuierliche Größe wird, hat deswegen ein besonderes Gewicht, weil in ihr der Automorphismus der Persönlichkeitsganzheit erstmalig zur Erfahrung des Ich wird.

Die relative Unabhängigkeit des Ich ist aber auch gleichzeitig die Basis für die bewußtwerdende Erfahrung der eigenen Abhängigkeit, die nun sowohl in der Beziehung zur Mutter wie in der zur Welt zu einem zentralen Problem wird.

Die ‹Innen und Außen› umfassende Ausgebreitetheit des uroborischen Daseins war paradiesisch-autark, weil für das Kind durch seine Identität mit Mutter und Welt seine faktische Abhängigkeit nicht erfahrbar war. Dieses Nicht-Erfahren eines Abhängigseins ist die Grundlage der als ‹Allmachtgefühl› interpretierten Situation; aber es ist ein eroshaftes Allsein ohne jede Bemächtigung und ohne jede Ichhaftigkeit. Gerade diese ursprüngliche Übereinstimmung der Freiheit des eigenen Seins mit dem bestimmenden und bejahten Selbst der Urbeziehung ist die Konstellation, die vom erwachsenen Ich als ‹Sein im Tao›, nicht aber als Allmacht verstanden wird.

Durch das primäre Verhaftetsein des Selbst an das Du der Mutter ist ihr Sicherheit gewährendes Vorbild das erste prägende Vorbild für die Erfahrung des eigenen Selbst. Durch die integrierende Qualität der Mutter werden die Krisen und Notzeiten der kindlichen Entwicklung normalerweise ausgeglichen. Selbst die durch die Entwicklung bedingte körperliche Trennung von der Mutter in der Entwöhnung ebenso wie die durch das Selbständigwerden des kindlichen Ich gegebene seelische Trennung des Kindes von der Mutter stehen im Zeichen des Angenommen- und Geliebtwerdens durch die selbe Mutter, die sich entfernt oder von der sich das Kind entfernt. Durch diese Trennung wird gewissermaßen nur der Liebes-Raum zwischen Mutter und Kind und die in ihm auszuhaltende Spannung vergrößert, aber die Sicherheit der Liebesbeziehung wird durch diesen entwicklungsnotwendigen Schritt nicht gefährdet.

In einem chassidischen Text, in dem die Rolle der Mutter charakteristischerweise von Gott-Vater übernommen worden ist, wird der Satz des Alten Testamentes «Mit Gott ging Noah» folgendermaßen interpretiert:

Noah hing Gott so sehr an, daß ihm jeder Schritt, den er tat, von Gott geleitet schien, als stünde Gott ihm gegenüber und setze ihm die Füße zurecht und führe ihn wie ein Vater, der seinem kleinen Sohn das Gehen beibringt. Darum, wenn der Vater sich von ihm entfernte, wußte Noah: «Das ist, damit ich gehen lerne.[1]»

Es handelt sich hier nicht nur, wie es zunächst scheint, um die kindlich einfache Haltung des Glaubens und der Zuversicht. Dann würde der Text zu heißen haben: «Gott ging mit Noah.» Daß aber das Umgekehrte hier ausgesagt wird, legt das Schwergewicht auf die Haltung von Noah und bedeutet, daß Noahs Anheftung an Gott unablösbar ist. Sie ist unwiderlegbar, denn Gottes Vorhandensein ebenso wie sein Nicht-Vorhandensein wird von Noahs umfangender Gläubigkeit umschlossen. Auch das Stadium der Gottverlassenheit, der totalen Gottfinsternis, wird von Noah ‹angenommen›. Sein Alleingehen, seine Selbständigkeit steht im Gegensatz zu jedem Gegängeltwerden, aber dadurch, daß Noah auch noch das Allein- und Verlassensein als ‹Führung› erfährt, ist die äußerste Dunkelheit, die mit dem Verlassensein von Gott gegeben ist, überwunden. Das an der Beziehung zu Gott geformte Selbst wirkt selbständig als eigenes Führung gebendes Licht. Wie es in einer anderen chassidischen Geschichte heißt:

Ein junger Rabbi klagte dem Zaddik von Rizin: «In den Stunden, in denen ich mich der Lehre ergebe, fühle ich Leben und Licht, aber sowie ich zu lernen aufhöre, ist alles verschwunden. Was soll ich tun?» Der Riziner gab ihm zur Antwort: «Das ist wie wenn einer in finsterer Nacht durch den Wald geht, und für eine Weile gesellt sich ihm ein anderer, eine Laterne in der Hand, aber am Kreuzweg gehen sie auseinander, und der erste muß weitertappen. Trägt einer jedoch sein eigenes Licht, hat er keine Finsternis zu fürchten.[2]»

Die religiöse Situation, die in dieser Exegese auftritt, ist deutlich die auf Gott übertragene Konstellation der Urbeziehung. Die religiöse Haltung Noahs ist auf höherer Ebene die des an der Beziehung zur Mutter entwickelten integralen Ich, das in der Sicherheit der Urbeziehung die Sicherheit der Beziehung zum eigenen Selbst erworben hat. Der patriarchalen jüdischen Haltung und Entwicklung entsprechend ist hier die natürlicherweise das Gehen lehrende Figur der Mutter durch die Gottes ersetzt.

Die Sicherheit einer geglückten Urbeziehung bewährt sich darin, daß die Krisen der natürlich gegebenen transpersonalen Entwicklungsphasen ebenso wie die individuell-personalen Störungen, welche den natürlichen Ablauf der Entwicklung gefährden, integriert werden können. Das geschieht mit mehr oder weniger starken Schwankungen unabhängig davon, ob die Störungen aus dem Lebensraum des Kindes, dem der Mutter oder aber aus dem unpersönlichen Schicksalsraum erfolgen. In jedem Fall liefert die positive Urbeziehung die größte Chance für das Kind, eine derartige Störung zu überwinden.

In diesem Zusammenhang ist das Problem der kindlichen ‹Verwöhnung› zu besprechen, das – angeblich – von gleicher Bedeutung ist wie das der Angstentstehung in der Urbeziehung. Aber die Schädigungen, die durch eine ‹übertriebene Liebe› der Mutter entstehen, sind keineswegs so gefährlich wie eine negative Mutterbeziehung und eine fehlende Liebe.

Während die lieblose Mutter als furchtbare Mutter in der Urbeziehung die Existenzbasis des Kindes zerstört oder doch fundamental stört, wird die ‹Verwöhnungsstörung› erst wirksam, wenn es zu dem notwendigen Lösungsprozeß des Kindes von der Mutter kommen müßte, der nun durch die ‹Verwöhnung› aufgehalten oder gehindert wird. Dadurch kann es zu einer Fülle neurotischer Störungen kommen, die auf einer allzugroßen Mutterbindung beruhen. Aber die positive Urbeziehung der ersten Lebensphase hat meistens die Entwicklung einer gesunden Lebensbasis ermöglicht, damit aber die Chance für eine Heilung der Störung wie für die Heilung jeder Störung außerordentlich erhöht. Diese gesunde Basis ist mit der Entwicklung einer normalen Ich-Selbst-Achse identisch und garantiert ein relatives Funktionieren der bei schweren Erkrankungen oft fundamental gestörten Kompensationsbeziehung zwischen Bewußtsein und Unbewußtem.

Dabei ist aber der ‹Verwöhnungsbegriff› in hohem Maße kulturrelativ. Eine Mutter, die in einem puritanisch-viktorianischen Kulturmilieu sich archetypisch echt verhält und zu dem Kinde zärtlich ist, wird von ihrem Milieu als ‹verwöhnend› und bei der patriarchalen Tendenz, den Knaben von früh an sadistisch zu ‹stählen›, sogar als ‹verweichlichend› beurteilt werden. Die kulturbedingten Abweichungen von der artgemäßen Urbeziehung sind außerordentlich groß, und der Begriff ‹artgemäße Urbeziehung› ist nur idealtypisch zu verstehen. Wenn wir also von ‹echter› Verwöhnung reden, meinen wir immer ein Hinausgehen nicht über die kulturrelative Wertung, sondern eine Verwöhnung, die das Maß dessen, was wir ‹artgemäße Urbeziehung› nennen, überschreitet.

Die Ursache der echten Verwöhnung liegt sehr häufig in einer individuellen Konstellation oder Situation der Mutter. So ist die Mutter eines einzigen Kindes, die Mutter als Witwe, als nichtliebende oder nichtgeliebte Frau, als Frau eines zu alten Mannes sehr häufig nicht ‹artgemäß durchschnittlich›. Ihre echte Liebesfähigkeit ist unausgefüllt und überströmt nun das Kind in der ‹echten Verwöhnung› einer übergroßen Gebundenheit. Eine solche Verwöhnung kann die Entwicklung des Kindes auf- und festhalten, muß dies aber keineswegs. Wir finden diese Konstellation bei einer nicht geringen Zahl schöpferischer Menschen, bei denen das verstärkte Geliebtsein durch die Mutter, das Gefühl, das ‹Lieblingskind› zu sein, zu einer primären Verstärkung des Daseins- und Sicherheitsgefühls geführt hat. Später äußert sich dies – zum Beispiel bei Goethe – in dem das Leben begleitenden Gefühl, ein Sonntagskind zu sein, von der ‹Natur› besonders begnadet zu sein, und in einer Sicherheit dem Selbst ebenso wie allem Du gegenüber, die zu einer allgemeinen schöpferischen Offenheit führt.

Auch diese ‹echte Verwöhnung› schließt die Gefahr des ‹Festhaltens› des Kindes durch die Mutter in sich. Dabei ist die individuelle Konstellation der Mutter und die altersunabhängige Reife ihrer Persönlichkeit entscheidend. Von ihr hängt es ab, ob sie imstande ist, das ‹über›geliebte Kind freizugeben oder aber es zu ‹fressen›. Man pflegt, teilweise mit Recht, anzunehmen, daß die ungenügenden Versagungen der ‹verwöhnenden› Mutter das Kind in die Situation bringen, später die harte Notwendigkeit der Versagungen, die das Leben jedem Menschen auferlegt, desto schwerer zu ertragen und vielleicht gerade an diesem Versagen zu scheitern. Man überschätzt diese Gefahr der echten Verwöhnung aber ungemein, weil die positive Urbeziehung in jedem Falle zur Bildung eines integralen Ich führt, das fähig ist, Versagungen ‹anzunehmen› im Vertrauen auf das Mutter-Selbst, später aber im Vertrauen auf das eigene Selbst.

Die Verstärkung des Automorphismus durch eine allzu positive Urbeziehung führt zum Konflikt mit dem Du als Gesellschaft, aber die Weltoffenheit des schöpferischen Menschen wird letzten Endes für das Kollektiv dadurch fruchtbar, daß der Einzelne in seiner schöpferischen Leistung dem Kollektiv das ihm Fehlende und von ihm Ausgeschlossene zuführt.

Beim Festhalten des Kindes durch die ‹verwöhnende› Mutter scheint dagegen hinter dem echten ein ‹getarntes› Verwöhnen hindurch. Das ‹getarnte› Verwöhnen ist, mythologisch gesprochen, das der Hexenmutter, welche das Kind von außen mit dem Knusperhaus der Süßigkeits-Verwöhnung anlockt, um es dann innen, als furchtbare Mutter, ‹aufzufressen›. In diesen Fällen handelt es sich aber niemals um einen echten, nicht anders unterzubringenden Liebesüberfluß, sondern um einen Machtwillen, der anstelle von wirklicher Liebe steht und sich als Verwöhnung tarnt.

Es gibt Mütter, deren echte Liebesfähigkeit unentwickelt, verkümmert oder vergiftet ist und die sich nun als ‹Ersatz› zur Kompensation ihrer eigenen negativen Unerfülltheit auf das Kind ‹werfen›, nicht um ein Zuviel zu verschenken, sondern um mit dem Kind eine eigene Leere auszufüllen. Eine derartige Pseudo-Verwöhnung ist unfähig, das ‹geliebte› Kind freizugeben, da dann die Mutter nicht wie bei der echten Verwöhnung mit einem übervollen, sondern mit einem hungrigen Herzen zurückbleibt. Die besitzenwollende ‹Liebe› dieser ‹getarnt› verwöhnenden Mütter verlangt von dem Kinde dauernd, setzt ihre eigene Liebe als Preis, fordert Dankbarkeit, die Liebe wird von ihr als Zahlungs- und Druckmittel benutzt. Sehr oft schiebt eine solche Mutter das Kind auf die Wege ihrer eigenen unbewußten Affekte und Wünsche, die nun vom Kind ‹aus Liebe› erfüllt werden sollen. Daß diese ‹getarnt› verwöhnenden Mütter in Wirklichkeit ‹furchtbare› Mütter sind, ist am besten daraus abzulesen, daß sie den Automorphismus des Kindes schädigen und es nicht nur unschöpferisch sondern impotent, frigid machen.

Von der Liebesunfähigkeit dieser ‹Verwöhnten› ist mit fast vollkommener Sicherheit auf eine ‹furchtbare Mutter› zu schließen, ob diese sich nun direkt oder, bei der getarnt verwöhnenden Mutter, indirekt äußert. Auch hier bestätigt sich, was uns später noch ausführlich beschäftigen wird, daß die Urbeziehung im Guten wie im Bösen über die Beziehung des Kindes zum Du fast entscheidet.

Wenn bei der Verwöhnung der Automorphismus des Kindes gestärkt wird, glückt das ‹Hinüberwandern› des Selbst von der Mutter in das Kind und die Bildung des ‹Ganzheitsselbst›, und das Kind gelangt von der Sicherheit der Urbeziehung auch zur Sicherheit der Beziehung zum eigenen Selbst und allen darauf fußenden Möglichkeiten und Entwicklungen. Wird aber durch die ‹Verwöhnung› der Automorphismus des Kindes geschädigt, so bleibt das Kind in einer seiner Entwicklungsphase nicht adäquaten Unselbständigkeit und Abhängigkeit, und die Mutter erweist sich trotz des Anscheins der ‹Verwöhnung› als festhaltend, fressend und furchtbar.

Ebenso wie die Verwöhnung sind die ‹Hemmungen›, die das Kind in der Phase der Urbeziehung notwendigerweise erfährt, kulturrelativ, sie gehören zu der ‹Unlust›, die das Kind erstmals innerhalb der Urbeziehung erfahren muß.

Wenn C. Meininger zusammenfaßt: «Ein Kind ist – wie jeder Vierfüßer – primitiv, kannibalistisch, asozial und ungehemmt geboren[3]». dann ist diese Formulierung, obgleich sie der durchschnittlich wissenschaftlichen Ansicht entspricht, grundfalsch und einseitig. Das artgemäß menschlich geborene Kind ist kein Vierfüßer, nicht kannibalistisch und in keiner Weise asozial. Es lebt in der Urbeziehung als einer eminent sozialen Existenz, allerdings ist es in allem ‹polyvalent›, ebenso wie es die Anlage in sich hat, jede Sprache der Welt und der Menschheit zu lernen, hat es auch die, sich in jedes nur denkbare menschliche soziale Gefüge einzuordnen. Gerade im Gegensatz zu der im Instinkt, im ‹pattern of behaviour› mitgebrachten festen Reaktionsgebundenheit des Tieres, des Vierfüßers, ist es in seiner Anlage derart offen, daß es jede Art von Verhaltensmuster seiner Gruppe übernehmen kann. Es ist auch ebensowenig kannibalistisch wie der Urmensch, obwohl die Mißinterpretationen Melanie Kleins dies behaupten. Von den ‹kannibalistischen› Gebräuchen des Urmenschen können wir uns bis jetzt nur sagen, daß sie immer rituell, also sozial bedingt waren, keineswegs aber einer ‹Uranlage› des Menschen entstammen. ‹Primitiv› ist das Kind natürlich insoweit, als es sowohl phylo- wie ontogenetisch vor-historisch in dem Sinne ist, daß es immer erst in die historische Sozietät seiner Gruppe hineinwachsen muß. So ist es auch, und das allerdings ist ein wesentlicher Punkt, faktisch ‹ungehemmt›, indem jede Hemmung, die der Entwicklung des Kindes angetan wird, gruppenmäßig, das heißt sozial-historisch bedingt ist. Gleichzeitig ist aber mit ebensolcher Deutlichkeit zu betonen, daß es die artgemäße menschliche Anlage mitbringt, Hemmungen anzunehmen, zu entwickeln und sie sogar für seine Entwicklung nötig zu haben.

Es hat sich gezeigt, daß eine zu geringe Hemmungssetzung für das Kind ebenso katastrophal ist wie eine zu starke. Die Formtendenz ist eine Grundlage der menschlichen Psyche, es ist uns keine menschliche Gruppe bekannt, in der nicht diese hemmungsetzenden Formkräfte im Ritual und in den Sitten eine entscheidende Rolle spielen, etwa in der Exogamie mit ihren grundlegenden Inzestverboten. Die Möglichkeit und Notwendigkeit einer sozialen Kulturbildung gehört zu den wesentlichen humanen Anlagen, in jeder Frühmenschengruppe waren kulturbildende Tendenzen wirksam; Kultur aber setzt Betonung und Hemmung bestimmter Züge des Individuums voraus. Daß nur ‹Grenzfälle› unfähig sind, die jeweilige Kultur einer Gruppe anzunehmen, beweist, daß jedes menschliche Kind die artgemäße Anlage mitbringt,

Hemmungen zu akzeptieren und sich so zu einem vollwertigen Mitglied der Gruppe zu entwickeln. Die hemmungsetzenden Formkräfte, welche überhaupt erst die Abgrenzung des Individuums und seinen Automorphismus ermöglichen, konstellieren den Zusammenhang zwischen der Kultur der Gruppe, in die das Kind hineinwächst, und seiner individuellen Anlage und bestimmen die Bildung und Entwicklung dessen, was wir Psyche nennen, in hohem Maße. So wird dem Individuum zunächst auf der Primitivstufe vom Kollektiv her durch Gebot und Verbot sein ‹Stand› und ‹Ort› gegeben: so und so ‹ist› ein Mann dieses Alters, eine Frau hat diese und diese Funktionen, die Art des Zueinander hat sich so und so abzuspielen. Durch diese Setzungen hebt sich das menschliche Wesen von seinen Mitmenschen ab, und auf diese Weise tritt die für das Kollektiv notwendige Differenzierung ein, welche ja schon bei den Gruppentieren, wie Ameisen und Bienen, hergestellt wird. Die formenden Hemmungen der polyvalenten menschlichen Anlage wurden bei der Frühmenschheit dadurch in gewissem Sinne kompensiert, daß das Leben des Frühmenschen unendlich vielseitiger war als das des überdifferenzierten und beruflich spezialisierten modernen Menschen. Der Frühmensch war Krieger, bildender Künstler, Dichter, Sänger, Tänzer, Ratsmann und mehr in einem, und seine Individualität hat so eine weite Möglichkeit, sich im Rahmen seines Kollektivs auszudrücken.

Die mit jedem Kulturkanon, jeder Kultureinwirkung gegebenen Hemmungen, die anzunehmen die Individualität und Polyvalenz des Kindes gezwungen wird, erfolgen normalerweise innerhalb der Urbeziehung und in den ersten Jahren der Entwicklung. Es ist aber äußerst wichtig, ob das Kind von dem Prozeß der Hemmung direkt keine Kenntnis zu nehmen braucht, weil es gewissermaßen gleitend in den Kulturkanon hineinerzogen wird, oder ob es mit Gewalt und dem ihr entsprechenden psychischen Leiden, vielleicht sogar unter einem das Bewußtsein erreichenden Zwang in den Kanon hineingepreßt wird.

Innerhalb einer positiven Urbeziehung und mit Hilfe des integralen Ich ist das Kind imstande, wesentliche Hemmungen beliebigen Inhalts ohne allzuviel Widerstand, jedenfalls aber ohne Verwundungen und Narbenbildungen innerhalb seiner Persönlichkeit auszuhalten und sich den ihm gestellten Forderungen anzupassen. Daß psychische Inhalte unbewußt und von der Persönlichkeitsentwicklung fern gehalten werden, ist für die Gattung Mensch offenbar gänzlich normal, das heißt Unbewußtsein von Inhalten macht keineswegs an sich das Kind oder den Menschen neurotisch. Gerade wenn wir heute eine große Vielfalt menschlicher Kulturmöglichkeiten, aber auch partieller Hemmungsnotwendigkeiten überblicken, können wir sagen, daß das menschliche Kind ohne Schaden mannigfache Hemmungen aushalten kann und mit ihnen nicht nur innerhalb seiner Gruppe sondern auch innerhalb einer äußerst verschiedenartigen Umwelt lebensfähig bleiben kann.

Ein wesentlicher Teil dessen, was wir als neurotisch bezeichnen, ist kulturrelativ. Er fußt nämlich auf der Über- oder Unterbetonung von Zügen und Anlagen, die in einer anderen Kultur als normal gelten oder sogar zu einem hervorragenden Stand innerhalb dieser Kultur führen könnten. Schon in unserer eigenen Kultur schwankt ja die Wertung, und in Kriegs- und Friedenszeiten gelten entgegengesetzte Charakterzüge als erwünscht oder aber als kriminell.

Dabei scheint unsere, die abendländische Kultur sich durch die Häufigkeit, wenn nicht überhaupt durch das Vorhandensein der psychischen Erkrankungen auszuzeichnen, die wir als Neurosen und Psychosen bezeichnen. Ohne hier auf das Problem einzugehen, ob die Ur- und Frühkulturen diese Erkrankungen in unserem Sinne kennen, scheint es möglich allgemein festzustellen, daß in unserer Kultur die Gegensatzspannung zwischen dem Bewußtsein und dem Unbewußten besonders stark ist und daß alle die für unsere Kultur charakteristischen psychischen Erkrankungen auf ein Versagen zurückzuführen sind, diese verstärkte Gegensatzspannung der Psyche auszuhalten.

Wie geschildert, ist die Voraussetzung für eine relativ störungslose Hemmungssetzung beim Kinde eine Fähigkeit zu integrieren, die Bildung eines integralen Ich und einer positiven Ich-Selbst-Beziehung, die in der positiven Urbeziehung angelegt und dann weiterentwickelt wird. Das heißt innerhalb einer positiven Urbeziehung können wesentliche Hemmungssetzungen und Unterdrückungen ohne entscheidende Störungen des Lebens des Kindes erfolgen, während andererseits beste äußere Bedingungen bei einer negativen Urbeziehung eine Erkrankung des Kindes oder des Erwachsenen nicht aufhalten können. In einem solchen Falle werden die kulturbedingten Hemmungen zu lebensgefährlichen Störungen, und wir müssen an dieser Stelle wenigstens anzudeuten versuchen, wo und wann eine Störung ‹lebensgefährlich› wird.

Jede Kulturanpassung ist Anpassung an eine Einheit von inneren und äußeren Forderungen, die notwendigerweise mit der individuellen Anlage des Einzelnen in Konflikt geraten muß. Hemmungen zu setzen ist ja nur da nötig, wo eine individuelle Tendenz mit dem kulturell Erlaubten oder Geforderten nicht übereinstimmt. Automorphismus und Kulturanpassung stehen von Anfang an in Spannung zueinander, und wenn die Phantasie der Repräsentant des inneren Realitätsprinzips, die Kulturforderung der Repräsentant des äußeren Realitätsprinzips ist, so ist es die Aufgabe des Individuums, seinen progressiven Weg in Anerkennung beider Prinzipen und in einem Ausgleich zwischen ihnen zu finden. Das gilt für beide Einstellungstypen, den extravertierten, der Außenwelt und äußeren Kulturforderung zugewandten Menschen ebenso wie für den introvertierten, welcher mehr der ‹subjektiven› und der objektiven inneren Seite der Psyche zugewandt ist.

Im Ausgleich gegen die Gefahr der Psyche, von außen oder von innen her überschwemmt zu werden, ist die Zentroversion Ausdruck der Tendenz, Instanzen als Zentren zu bilden und damit eine abgegrenzte Persönlichkeit zu ermöglichen. Sie steht im Dienst der Persönlichkeitsganzheit und ist so ein wesentlicher Bestandteil des Automorphismus. Die Zentroversion ist eine allgemeine Tendenz jeder menschlichen Psyche, die zur Bildung eines Ich, einer Ich-Selbst-Achse, zur Betonung der Ich-Zentralität in der ersten und zur Umkehrung in der zweiten Lebenshälfte führt. Dagegen verstehen wir unter Automorphismus die für das Individuum spezifische und einmalige Tendenz, sich selber zu verwirklichen. Je schärfer und einseitiger die Kulturforderung ist, der das Kind ausgeliefert ist, desto mehr Hemmungen werden gesetzt und umso größer wird die Spannung zwischen dem Bewußtsein und dem Unbewußten. Diese Spannung ist auf der einen Seite zwar die Basis für Kulturanpassung, keineswegs aber kann man mit gleicher Eindeutigkeit sagen, sie sei die Basis der für die Kultur schöpferischen Leistung, denn die schöpferische Leistung fußt immer auf der Anerkennung des Individuums, auf dem gerade durch eine übermäßige Anpassung an den jeweiligen Kulturstand gefährdeten Automorphismus.

Schon normalerweise führt die Erziehung das Kind in einen Konflikt zwischen seinem natürlichen Automorphismus und der Notwendigkeit der Kulturanpassung. Dieser Konflikt aber wird gefährlich, ja sogar oft lebensgefährlich, wenn die Urbeziehung negativ und dadurch die artgemäße Fähigkeit zur Integration geschädigt wird. Die Fähigkeit automorph zu reagieren bedeutet, die Sicherheit gegenüber den Forderungen der Welt ebenso wie gegenüber den Schicksalsschlägen zu halten, denen der Mensch unausweichlich ausgeliefert ist. Im kleinen Maßstab sind: Versagen und Mißerfolg, im großen: Unglück, Krankheit und Tod die Prüfungssituationen, in denen nicht die ‹Du-Fähigkeit› des Menschen sondern seine ‹Selbst-Fähigkeit›, seine Möglichkeit, ‹er selbst› und ‹ein Selbst› zu sein, angefordert wird. Das Bestehen dieser entscheidenden Lebenssituationen setzt deshalb den ungeschädigten Automorphismus des Menschen, seine Integrationsfähigkeit und eine ungeschädigte Ich-Selbst-Beziehung voraus.

Die anthropozentrische Stellung des Kindes in der Welt ist im wesentlichen an das Überwiegen des integralen Ich gebunden, welches ermöglicht, daß das negative Ich, also der Teil des Ich, welcher affektiv, aggressiv und destruktiv ist – sei es von Natur her oder reaktiv –, nicht das Übergewicht bekommt. ‹Lebensgefährlich› aber werden die durch eine negative Urbeziehung gesetzten Hemmungen dann, wenn sowohl die Selbst- wie die Du-Beziehung fundamental gestört ist, so daß weder die sozial-kulturelle Anpassung noch die möglicherweise kompensatorische automorphe Entwicklung gelingt.

Wie wir sahen, ist ebenso wie die Selbst-Beziehung auch die Entwicklung der Du-Beziehung von der Konstellation der primären Mutter-Kind-Beziehung weitgehend abhängig. Die anthropozentrische Betonung des Einzelnen, welche auf der Beziehung des Ich zum Selbst als einem inner-äußeren Du beruht, ist die Basis für die schöpferische Entwicklung des Automorphismus, zugleich aber jedes positiven sozialen Verhaltens. Nur der Einzelne, der sich in seiner anthropozentrischen Würde als Einzelner ‹ernst› nimmt und sich selbst als einen Sinn der Schöpfung anerkennt, ist imstande, auch die Würde seines Mitmenschen ernst zu nehmen und ihn ebenso als einen sinnenthaltenden Weltmittelpunkt anzuerkennen. Die in der Urbeziehung erfahrene Liebes-Toleranz mit der Bildung des integralen Ich ermöglicht eine Toleranz, welche sich und den Nächsten mit seinem Guten und Bösen ‹annimmt›.

Dank der engen Verschmolzenheit des Automorphismus mit der Urbeziehung ist das integrale Ich immer auch Ausdruck einer positiven Ich-Selbst-Achse, einer Beziehung des Ich zum Selbst und damit zum Unbewußten, die schöpferisch-frei und der genuinen schöpferischen Anlage des Kindes in seiner Du-Selbst- und Weltorientierung gemäß ist.

Diese ‹Vertrauensgrundlage› der Gesamtpersönlichkeit, die durch das integrale Ich repräsentiert wird, ermöglicht ein ‹offenes› psychisches System, in dem weder zwischen der Welt und dem Ich noch zwischen dem Unbewußten und dem Ich eine unüberwindbare Gegensatzspannung besteht. Das Ich ist allseitig offen wahrnehmend, beobachtend, es reagiert und drückt sich aus.[4] In dieser Phase überwiegen das ‹matriarchal wahrnehmende› Bewußtsein und die im Unbewußten entspringenden Prozesse. Das integrale Ich dieser Phase ist ganzheitlich, seine Stellungnahme ist mit der Stellungnahme der ganzen kindlichen Persönlichkeit identisch. Bei der Herrschaft des integralen Ich sind Erfahrungen des Ich immer auch solche der Ganzheit, weil zwischen dem Ich und dem Selbst nicht die spätere Trennung der gegeneinander abgegrenzten Systeme Bewußtsein und Unbewußtes vorhanden ist. Deswegen sind bei einem ungestörten und durch keine Eingriffe verschüchterten und negativierten Ich seine Stellungnahmen überaus lebendig.

Am deutlichsten wird das ‹matriarchale Bewußtsein› des Kindes in der Bedeutung der Phantasie und des mit ihr engst verbundenen Spieles für sein Leben. Die Phantasie ist keineswegs mit einem wünschenden inneren Lustprinzip identisch, sondern nimmt als ‹inneres

Sinnesorgan› innere Welten und Gesetze wahr und drückt sie aus, wie die äußeren Sinne als der Außenwelt zugewandte Sinnesorgane. Die Spielwelt ist auch für den erwachsenen Menschen aller Kulturen eine entscheidend wichtige und nicht eine ‹zu überwindende› Welt[5], für das Kind aber gilt dies in ganz besonderem Maße. Nur ein in diese symbolische Wirklichkeit eingebettetes Dasein kann sich zu einer vollen Menschlichkeit entwickeln, und es ist eine der entscheidenden Gefahren der modernen abendländisch-patriarchalen Kulturen, mit ihrer Überbetonung des rationalen Bewußtseins und der einseitig extravertierten Realitätsanpassung diese trächtige und tragende Symbolwelt des Kindes – und des Menschen überhaupt – zu beschädigen oder sogar zu zerstören. Das ganzheitliche Eingebautsein in die magisch-mythische Symbolwelt der Phantasie und des Spieles ist mindestens ebenso bedeutsam als Ausdruck des ‹Offenseins› der kindlichen Persönlichkeit, wie es ihre Offenheit gegenüber den Eindrücken der Außenwelt und der Sozietät ist. Beide Formen des Offenseins gehören zusammen, und die eine hält normalerweise der anderen die Waage. Denn in der Normalentwicklung des Erwachsenen spielt das Hineinwachsen in die Kulturerfahrung der Bewußtseinsentwicklung und der Realitätsanpassung keine größere Rolle als das Hineinwachsen in die Werte der Religion, der Kunst, des Ritus und der Gesetze seiner Gruppe, wie verschieden diese sich auch in den einzelnen Gruppen gestalten mögen.

Es kann hier nicht unsere Aufgabe sein zu untersuchen, an welchen Stellen die Entwicklungsstörungen prägend oder nur akzidentell sind, es soll nur darauf hingewiesen werden, daß die Einbettung des Kindes in das Soziale, welche durch die Urbeziehung geschieht, immer auch eine Bewirkung durch den Kulturkanon mit einschließt, in dem die Mutter und die Familie des Kindes lebt. Wenn diese Kultureinwirkung auch erst später, bei einem relativ entwickelten Ich, zum Bewußtsein des Kindes dringt, so ist ihr Einfluß auf die Urbeziehung, auf die Bildung des Ich und der Ich-Selbst-Achse, schon früh als prägend nachzuweisen.

Ob etwa das Geschlecht des Kindes in der jeweiligen Kultur erwünscht oder unerwünscht, als Wert herrschend oder als zu unterdrückender Unwert angesehen ist, wirkt sich entscheidend aus. Die Unterdrückung und Entwertung des Weiblichen im Patriarchat kann bei der Mutter als Trägerin der Urbeziehung zu einem fundamentalen Minderwertigkeitsgefühl und einer Schwäche der Ich-Selbst-Achse geführt haben, welche die Mutter unfähig macht, ihren Platz als Sicherheit gebendes Wesen in der Urbeziehung auszufüllen. Sie kann sich aber in bewußtem oder unbewußtem Protest gegen diese patriarchale Entwertung befinden. Jede dieser Konstellationen drückt sich in der Urbeziehung anders aus, insbesondere wird die Beziehung zum Geschlecht des Kindes dadurch von Anfang an mitbestimmt. Eine durch das Patriarchat in ihrer Selbstbewertung erschütterte Mutter wird dem Sohn gegenüber grundsätzlich anders als der Tochter gegenüber reagieren. Ob sie aber nun den Sohn bevorzugt und die Tochter ablehnt oder umgekehrt in bewußtem oder unbewußtem Protest die Solidarität mit der Tochter betont, den Sohn aber mit dem Vater identifiziert, und ob diese Identifizierung des Sohnes mit dem Vater positiv oder negativ ist – alle diese für die Verwirklichung der Urbeziehung entscheidenden Haltungen sind in jedem einzelnen Falle anders gelagert.

Aber auch hier sind die personalen Varianten nur Spielarten allgemein gesetzlicher Konstellationen, welche sich als für eine Kultursituation in hohem Maße typisch, als transpersonal bedingt nachweisen lassen. Die grundsätzliche Unterscheidung von matriarchalen und patriarchalen sowie bewußten und unbewußten Orientierungen bildet nicht nur den Rahmen für ein Verständnis der Mutter-Kind-Beziehung, sondern zugleich die Möglichkeit für ein Verständnis der Kultur und ihrer Therapie.

Die Bewußtmachung der weiblichen Situation in ihrer Beziehung zum Kulturkanon und ihre Konsequenzen für die Urbeziehung sind von wesentlicher Bedeutung für die Entwicklung der abendländischen Menschheit. Bevor wir uns aber mit dem Eingriff des Kulturkanons in die Entwicklung der Urbeziehung zu beschäftigen haben, müssen wir versuchen, die Konsequenzen einer Störung der primären Urbeziehung des Kindes zur Mutter zu skizzieren.

Wir hatten betont, daß in der positiven geglückten Urbeziehung die notwendig auftretenden negativen Erfahrungen durch das Eingreifen der die Welt und das Selbst stellvertretenden Mutter ausgeglichen werden. Da positive Erfahrung eine Zuwendung, negative eine Abwendung des Ich in sich schließt, werden die diesen Erfahrungen entsprechenden Ich-Haltungen habituell und zu echten Teilstrukturen des Ich. Wie wir sahen, kommt es in der normalen Urbeziehung zur Entstehung eines übergeordneten, positive wie negative Erfahrungen und Haltungen annehmenden und synthetisierenden Ich-Teils, des integralen Ich.

Möglicherweise sind derartige Haltungen und Strukturen auch als Anlage vorhanden und nicht nur Reaktionsbildungen, aber wir wissen noch nicht, wie weit sie konstitutionell sind und wie sehr sie in der Einzelentwicklung entstehen. Uns unverhältnismäßig scheinende Reaktionen positiver wie negativer Art, die Fähigkeit des einen Kindes, außerordentlich viel zu integrieren, eines anderen, relativ klein scheinende Schädigungen nicht unverletzt verarbeiten zu können, veranlassen uns immer wieder, den Notbegriff des ‹konstitutionell Gegebenen› zu verwenden. Abgesehen von solchen fraglos existierenden ‹Grenzfällen› ist aber der Faktor der echten Einwirkung der Urbeziehung auf die kindliche Entwicklung und seine psychische Erkrankung kaum zu überschätzen.

Wenn wir die positive Bedeutung der totalen Angewiesenheit des Kindes in der Urbeziehung realisieren, können uns die katastrophalen Folgen einer gestörten oder zerstörten Urbeziehung nicht mehr erstaunen. Eine negative Entwicklung der Urbeziehung ist aber in der frühesten und entscheidenden Phase der kindlichen Entwicklung keineswegs immer mit einem ‹Versagen› oder einer ‹Schuld› der persönlichen Mutter identisch. Auch hier wird die archetypische Konstellation der Uroboros-Phase, nämlich ihre Bestimmtheit durch die Realität des Mutterarchetyps deutlich.

Die negative Konstellation der Urbeziehung tritt nicht nur bei ungenügender emotionaler Bezogenheit der Mutter dem Kind gegenüber ein, sondern überall da, wo es zum Verlust der Mutter, der kindlichen Existenzbasis, kommt. Dieser Verlust wird durch das psychische Versagen der Mutter oder ihren realen Ausfall durch Tod,

Krankheit oder Trennung konstelliert, aber auch durch eine von der personalen Mutter ganz unabhängige überwältigend negative Erfahrung des Kindes. Die Ursachen einer derartigen Erfahrung können sowohl aus Nahrungsmangel entstehen, sie können aber auch anderen negativen Auswirkungen der Körperebene entstammen, für welche die personale Mutter in nichts verantwortlich zu machen ist. Da aber auf der frühesten Stufe nicht nur Welt und Du, sondern auch der eigene Körper und das Selbst ‹in ihr› lokalisiert, in der Beziehung zu ihr und in ihrem Bilde erfahren werden, treten alle diese negativen Erfahrungen als Störungen der Urbeziehung zur Mutter auf. Deswegen gehört, was wir ‹Konstitution› oder ‹Schicksal› nennen, auf der mythologischen Ebene zur Domäne des Mutterarchetyps. Wenn unsere Sprache sagt, es sei jemand ‹von der Natur schlecht ausgestattet›, so entspricht das ganz der an der Urbeziehung, an der persönlichen Mutter gewonnenen negativen Erfahrung des Kindes.

So wie eine persönliche ‹gute› Mutter durch das Übergewicht transpersonaler negativer Gegebenheiten wie Krankheit und Not für das Kind zur ‹furchtbaren› Mutter wird, kann eine stabile und elastische Konstitution im Physischen und Psychischen als positives Schicksal, als ‹gute› Mutter und als ‹positive› Urbeziehung erfahren und wirksam werden. Deswegen ist eine sich auf personalistische Gegebenheiten beschränkende Anamnese für das Verständnis der gesunden und kranken Entwicklung niemals ausreichend. Daran, daß immer die archetypischen Erfahrungen des Kindes, niemals nur ‹objektive Daten›, ausschlaggebend sind, erweist sich die fundamentale Bedeutung der ‹mythologischen Apperzeption› des Kindes und der archetypischen Interpretation der Analytischen Psychologie.

Die Kluft zwischen der ‹personalen Wirklichkeit› der humanen Umwelt und der schicksalsmächtigen Vorgegebenheit bleibt immer bestehen. Soweit diese humane Umwelt ‹archetypisch› vom Instinkt her dirigiert wird und normal funktioniert, hat sie ihre Aufgabe erfüllt. Aber die schicksalsmäßigen Komponenten, welche im Bild der großen guten respektive furchtbaren Mutter erfaßt werden, bleiben die überlegene Wirklichkeit. Heil und Verderben bringen zwar die transpersonalen Mächte, aber ihre irdische Inkarnation, die personalen Träger ihrer Bilder, sind für die mythologische Apperzeption dieser Stufe mit der überlegenen Gottheit identisch.

In der Situation des Enthaltenseins im Enthaltend-Mütterlichen ist das Kind ohnmächtig, leer, angewiesen und schutzloser Teil, die Mutter aber Leben, Nahrung, Wärme, Schutz, Sicherheit und tröstender Ausgleich aller negativen Erfahrungen. Weil beim Kind die Totalreaktion die Ich-Reaktion überwiegt, ist es in seiner Erfahrung – von uns aus gesehen – ‹maßlos›. Deswegen wird durch das Überwiegen der positiven Faktoren das Bild der positiven, durch jedes Überwiegen der negativen Faktoren das Bild der negativen Mutter konstelliert. Das Überwiegen einer negativen Erfahrung überschwemmt den Ichkern, löst ihn auf oder formt ihn negativ. Das Ich eines solchen durch eine negative Urbeziehung gezeichneten Kindes wird von uns als *Not-Ich* bezeichnet, da seine Welt-, Du- und Eigenerfahrung im Zeichen der Not, wenn nicht des Unterganges steht. So spiegelt sich in der mythologischen Apperzeption des Kindes die positive Urbeziehung im archetypischen Bild des Paradieses, die des Not-Ich der gestörten Urbeziehung in dem der Hölle.

Die Umkehrung der Paradiesessituation ist durch die teilweise oder ganze Umkehrung der natürlichen Situation der Urbeziehung charakterisiert. Sie steht im Zeichen des Hungers, des Schmerzes, der Leere und Kälte, der Ohnmacht und des völligen Ausgeliefertseins an die Einsamkeit, des Verlustes jeder Sicherheit und Geborgenheit, sie ist der Absturz in das Verlassensein und die Angst in einem bodenlosen Nichts.

Das Zentralsymbol dieses Zustandes ist der Hunger. Deswegen werden Hunger und Schmerz in der Symbolik der Nahrungsstufe als nagend und fressend charakterisiert. Die Ohnmacht und Schutzlosigkeit der frühkindlichen Situation konstelliert bei jeder Störung der Urbeziehung die furchtbar-negative Mutter, die auch im Mythos mit allen den Symbolen und Wirkungen ausgestattet ist, welche in dieser kindlichen Situation erscheinen. Sie wird zur Hexe und Höllenmutter der Leiden, des Schmerzes, die verstößt und alleinläßt, krank macht und mit Durst und Hunger, Hitze und Kälte die unglücklichen ihr ausgelieferten, von der guten Mutter verlassenen Wesen plagt. Wenn diese Konstellation allzu früh einsetzt, führt sie zur ichlosen Apathie und zum Untergang. Setzt sie ein, wenn das Ich bereits eine gewisse Festigkeit erlangt hat, so kommt es über die Verstärkung des negativen Ich zum Not-Ich und zum negativierten Ich.

In der Negativierung dieser Phase, in der es entweder nicht zur Bildung des integralen Ich kommt oder seine ersten Ansätze wieder zerstört werden, verschärft sich die negative Situation durch die Reduktion des kindlichen Ich.

Sowohl als Selbstverteidigung und Alarm bei Störungen seines Wohlbefindens durch Hunger, Schmerz, Angst wie als notwendige Reaktion beim Eintreten neuer vorgebahnter psychischer Entwicklungsphasen treten Aggressionen auf. Zum Beispiel bei der partiellen und allmählich stärker werdenden Loslösung von der Urbeziehung, bei dem Konflikt, in welchen in der Phase der Gegensatztrennung das eigene Geschlecht im Gegensatz zum anderen fixiert wird. Innerhalb der Integrationsbeziehung zur Großen Mutter und später zur persönlichen Mutter gelingt normalerweise dem Kinde die Integration der eigenen Aggressionen. Weil es seine Aggressionen als von der Mutter ‹angenommen›, aber eingeschränkt und dirigiert erfährt, lernt es ebenfalls seine Aggressionen anzunehmen, sie einzuschränken und zu dirigieren, also sie dem integralen Ich zu unterstellen.

Eines der wesentlichen Momente der Integration ist der Einbau der kindlichen Aggression in die Ganzheit seiner psychischen Struktur und der positive Stellenwert dieser Aggression in seiner psychodynamischen Einheit. Das affektive Abreagieren des ‹Gestörtwerdens› jeglicher Art durch Schreien und Umsichschlagen ist ein natürlicher Ausdruck des Kindes, der auch von der normalen Mutter als solcher aufgefaßt und angenommen wird, aber selbst wenn sie aus irgendwelchen (Erziehungs-)Gründen auf ihn nicht direkt positiv antwortet, reagiert sie normalerweise affektiv positiv auf ihn mit Mitleid und Beruhigungsversuchen.

Wenn in verschiedenen – auch primitiven – Kulturen diese normale Haltung der Mutter kollektiv gestört ist[6], handelt es sich immer um kulturelle Verbiegungen einer artgemäßen Anlage. Die Mitglieder derartiger Kulturen zeigen dann auch immer Abartigkeiten, die Abartigkeiten bleiben, auch wenn sie kollektiv sind und innerhalb dieser Kultur als normal gelten. Die Erforschung gewisser Kulturen und ihrer Bestimmtheit durch die ‹basic personality›, das heißt die Geformtheit der kindlichen Struktur innerhalb dieser Kultur, bleibt unvollständig, wenn sie nicht den Mut hat, alle derartigen Entwicklungen an einem Idealtyp menschlicher Artentwicklung wertend zu messen. Mütter, die ihre Kinder vernachlässigen, so daß diese ihr Leben lang an dieser Vernachlässigung leiden, bleiben abnormal, weil durch sie die artgemäße Anlage und menschliche Entwicklungsmöglichkeit nicht evoziert wird, auch wenn sie innerhalb ihrer ‹Kultur› als normal gelten.

Die einzelnen Phasen und Formen der dynamischen Verteilung der Aggression auf das integrale Ich, das Über-Ich, den Schatten und das Selbst werden uns später beschäftigen. Die dem integralen Ich zur Verfügung stehende Aggression ist notwendig, soweit sie, nach außen gewandt, die Ich-Behauptung und Ich-Durchsetzung ermöglicht, nach innen gewandt, als Selbstkritik und -kontrolle auftritt. Das dynamische Zusammenspiel von Selbst, Über-Ich, Ich und Unbewußtem ist in jeder Konstellation anders. So ist die vom Selbst gesteuerte Aggression für die Entwicklung des Automorphismus, also der individuellen, im Gegensatz zur jeweiligen Umwelt und Kultur stehenden Entwicklung, ebenso hilfreich wie die dem Über-Ich zur Verfügung stehende Aggression, welche im Gegensatz dazu das Individuum zugunsten der Umwelt und Kulturanpassung einschränkt.

In der natürlich einsetzenden Abhebung des Kindes von der Mutter, im Konflikt zwischen dem Automorphismus des Individuums und der primären Urbeziehung, äußern sich Haß und Aggressionsgefühle als notwendige Instrumente eines beginnenden Selbständigwerdens des Individuums. Diese sekundären negativen Reaktionen werden normalerweise in der Urbeziehung kompensiert und integriert. Erst eine Störung der Urbeziehung mit der dazugehörenden mehr oder weniger starken Störung der automorphen Entwicklung führt zu einer abartigen Entwicklung des Ich.

Wenn die negative Urbeziehung die Entstehung eines negativierten, das heißt verstärkt negativen Ich verursacht hat, treten Aggressionen auf, die nicht mehr vom positiv integralen Ich integriert werden können, und es kommt zu dem Phänomen, das im eigentlichen Sinne als ‹Narzißmus› bezeichnet werden sollte.

Die Ohnmacht und Wut des Kindes in ihrer Mischung aus Versagen und sinnvoll alarmierter Reaktion auf seine lebensgefährdende Not kennzeichnet die ängstliche Aggressions-Verzweiflung des kindlichen Not-Ich. In seinem Ausgeliefertsein an die numinose Übermacht der furchtbaren Mutter ist das Ich, wenn das Kind nicht apathisch wird, alarmiert und erfüllt so die ihm zukommende Funktion des Ausgleichs. Die pathologische Situation eines in seinem Ohnmächtig- und Angewiesensein lebenswidrig verlassenen Lebewesens bricht nun in Wut und Aggression, in der Symbolik der Nahrungsstufe in kannibalistisch-sadistisches Fressenwollen der Mutter aus.

Hier wie so oft sind die Irrtümer der Psychoanalyse Ergebnis ihrer Forschung am kranken Menschen. Weder ist ‹Haß früher als Liebe›[7] noch ist der Säugling primär kannibalistisch-sadistisch. Ebenso ist das Mißtrauen des Kindes[8] nicht primär, sondern eine Notreaktion. Die positiv-schöpferische Seite des Unbewußten und der menschlich-normalen Entwicklung, welche für die Analytische Psychologie im Vordergrund der psychischen Wirklichkeit steht, wird durch derartige Fehlauffassungen verdunkelt. Eine patriarchale Folgeerscheinung dieser komplexhaften Denkungsart äußert sich in einem heimlichen oder offenen Kulturpessimismus.

In ebendem Maße, in welchem das Ich zum ‹Not-Ich› wird, dessen Welt-, Eigen- und Du-Erfahrung durch Hunger, Unsicherheit und Ohnmacht geprägt und charakterisiert ist, wird die gute Mutter zur ‹negativen› und ‹furchtbaren›. Wenn das Ich dieser Phase schon eine gewisse Festigkeit und Selbständigkeit erlangt hat, kommt es kompensatorisch in dieser Not- und Verlassenheits-Situation zu einer verfrühten und verstärkten Ich-Betonung. Normalerweise entwickelt sich das Ich in der Geborgenheit der Urbeziehung und kann sich in der sicheren Vertrauenshaltung auf die gute Mutter und ihre Vorsorge verlassen. In der gestörten Urbeziehung muß sich das Not-Ich allzu früh auf sich selber stellen, es wird vorzeitig geweckt und durch die Angst-, Hunger- und Notsituation zu einer verfrühten Selbständigkeit gedrängt.

Eine fundamental gestörte Urbeziehung, wie wir sie – von der psychotischen Erkrankung ganz abgesehen – bei vielen neurotischen Störungen finden, wird verständlicherweise besonders als Nichtgeliebtwerden erfahren. Deswegen ist dieses Gefühl des Nicht-geliebt-Seins oft mit einer fast unstillbaren, auch den Süchten häufig zugrunde liegenden Sehnsucht verbunden, durch eine lebendige Liebeserfahrung den Liebesmangel der Urbeziehung nachzuholen und auszugleichen. Erst für eine solche Situation gilt die sonst unhaltbare Formulierung Freuds: «Die kindliche Liebe ist maßlos, verlangt Ausschließlichkeit, gibt sich nicht mit Anteilen zufrieden. Ein zweiter Charakter ist aber, daß diese Liebe auch eigentlich ziellos, einer vollen Befriedigung unfähig ist, und wesentlich darum ist sie dazu verurteilt, in Enttäuschung auszugehen und einer feindlichen Einstellung Platz zu machen.[9]»

Der Paradiescharakter der Urbeziehung ist seiner Natur nach konturlos und nicht mit den Kategorien des Erwachsenen-Bewußtseins faßbar. Deswegen kann seine ‹Allausgebreitetheit› als Maßlosigkeit, seine ‹Offenheit› als Ziellosigkeit mißverstanden werden. Aber die normale Entwicklung führt zum Automorphismus, zur Ich-Bildung *und* zur Sozialität, zum integralen Ich *und* zur Anpassung an die Umwelt, welche normalerweise nicht, wie die Psychoanalyse annehmen zu müssen glaubt, durch negativen Liebesentzug erzwungen, sondern durch die Vertrauensbeziehung der Liebe gesteuert wird. Erst das Not-Ich ohne die Erfahrung der Sicherheit, welche die Grundlage jeder Glaubens- und Vertrauenshaltung überhaupt ist, wird gezwungen, zugleich mit seiner Angst und Vertrauenslosigkeit einen Narzißmus zu entwickeln, der Ausdruck eines auf sich selber zurückgeworfenen Ich ist.

Erst die Verlassenheit des negativierten Ich führt zu einer Verstärkung seiner Ichhaftigkeit, welche egoistisch, egozentrisch und narzißtisch ist, weil es sich hier um eine Verstärkung handelt, die reaktiv notwendig und verständlich, aber ihrer Natur nach pathologisch ist, da für dieses Ich der Kontakt zum Du, zur Welt und zum Selbst gestört und in extremen Fällen fast aufgehoben ist.

Während eine Störung der Urbeziehung in einer Frühphase, in

welcher das Ich noch nicht zusammengeschlossen und zu seiner Eigenstruktur gekommen ist, zu einer Ich-Schwächung führt, welche eine direkte Überschwemmung durch das Unbewußte und eine Auflösung des Bewußtseins ermöglicht, ist das negativierte Ich Ausdruck einer späteren Störung, in der das schon zusammengeschlossene Ich und das bereits systematisierte, um dieses Ich zentrierte Bewußtsein nun reaktiv erstarrt und sich auf allen Fronten verteidigt, verbarrikadiert und abschließt. Diese Abschließungstendenz verstärkt wieder die Situation der Verlassenheit und das Gefühl der Unsicherheit, und es beginnt so ein Circulus vitiosus, in dem Ich-Starre, Aggression und Negativismus mit Gefühlen der Verlassenheit, der Minderwertigkeit und des Nicht-Geliebt-Seins abwechseln und sich wechselseitig verstärken. Hier liegt eine der wesentlichen Grundlagen für sado-masochistische Reaktionen und für die mit ihnen oft verbundene pathologisch narzißtische Ich-Starre.

Das negativierte Ich ist narzißtisch aber nicht anthropozentrisch, denn die Grundlage der kindlichen und humanen Anthropozentrik liegt in der Sicherheit der Ich-Selbst-Achse und der damit gegebenen Fundamentierung des personalen Ich in einem Transpersonalen, das als Selbst nicht nur eine individuelle sondern zugleich auch eine allgemein humane Größe ist. Die anthropozentrische Haltung ist, im Gegensatz zur narzißtischen, Ausdruck einer geglückten Liebesbeziehung. Gerade auf der Basis der Urbeziehung und ihres über- und zwischen-menschlichen Charakters entwickelt sich die anthropozentrische Sicherheit des Menschen, welche nicht nur ihm selber eine Sinnbeziehung des Lebens ermöglicht, sondern ihn und seine Sinnbezogenheit zugleich in die Menschheit und in die Solidarität mit ihr einfügt.

Die Ich-Festigkeit der Normalentwicklung, durch welche die Persönlichkeit schließlich instand gesetzt wird, sich mit dem Ich-Komplex als dem Bewußtseinszentrum zu identifizieren, ist die Weiterführung des integralen Ich der Kindheit, das positive und negative Inhalte zu einer produktiven und progressiven Einheit zusammenzuschließen vermag. Die Aufgabe des Ich, die Persönlichkeitsganzheit in ihrer Auseinandersetzung mit der Innen- und Außenwelt zu vertreten und so – wenigstens in der ersten Lebenshälfte – das Exekutivorgan der Zentroversion zu sein, schließt zweierlei sich anscheinend zunächst ausschließende Funktionsweisen ein. Auf der einen Seite muß das Ich die Einheit des Bewußtseins durch Systematisierung und Integration herstellen und sie durch Defense-Mechanismen erhalten. Es muß dafür sorgen, daß das Bewußtsein nicht überschwemmt und aufgelöst wird. Diese Funktion steht im Zeichen des ‹Patriarchats› und der patriarchalen Ichentwicklung, in der Abwehr des Unbewußten und der Stärkung des Ich. Auf der anderen Seite aber haben das Ich und das Bewußtsein die Aufgabe, sich fortlaufend den sich verändernden Eindrücken und Einwirkungen der Welt und des Unbewußten gegenüber als offen zu erweisen, denn nur eine solche Offenheit ermöglicht ‹Bewußtmachung› der Situation und eine Anpassung der Persönlichkeit an sie. Diese Ichhaltung entspricht dem ‹matriarchalen› Bewußtsein, und erst das elastisch-lebendige Nebeneinander beider Haltungen ermöglicht ein wirkungsvolles Funktionieren des Ich und des Bewußtseins.[10]

Dieses lebendige Funktionieren des Ich nach außen und nach innen, in seiner patriarchalen ebenso wie in seiner matriarchalen Art, ist die Voraussetzung der produktiven Integration des Bewußtseins und eines Offenseins der Persönlichkeit, das ihre fortschreitende Wandlung und Weiterentwicklung ermöglicht. Im Gegensatz zu dieser integrationsfähigen Ichfestigkeit entwickelt das negativierte Ich eine Ich-Starre mit übermäßig verstärkten Abwehrmechanismen. Da aber diese Ich-Starre die progressive Entwicklung der Persönlichkeit stört und oft verhindert, stauen sich die ausgeschlossenen Inhalte und Triebkräfte, um schließlich die Barriere zu durchschlagen und in gewalttätigem Einbruch das Bewußtsein zu überfluten. So kommt es im Gegensatz zu der pendelnden Doppelorientierung der integralen Persönlichkeit und des integralen Ich beim negativierten Ich zu einem für die Krankheitsreaktion typischen Abwechseln von Starre und Chaos.

Diese Zusammenhänge bleiben auch beim durchschnittlichen erwachsenen Menschen unbewußt, aber eine Analyse sowohl des kranken wie des gesunden Menschen stößt immer wieder auf den grundlegenden Zusammenhang der Urbeziehung mit der höheren Stabilität der Ich-Selbst-Beziehung, der höheren Offenheit der Welt gegenüber dem Unbewußten und der höheren Soziabilität, während die Störung der Urbeziehung alle diese Bezogenheiten gefährdet und ein in jedem Sinne un-sicheres, un-offenes, un-bezogenes und un-soziales Dasein[11] verursacht.

Die Feststellung einer geschädigten Urbeziehung mit einem hungernd-verlassenen und einsam-verzweifelten Kind ist an sich aber niemals ausreichend, um eine Prognose für das Kind zu stellen. Der Umfang der Schädigung, die Zeit ihres Einsetzens, die Dauer, die Kompensation durch die Umwelt, nicht zuletzt aber die Anlage des Kindes sind entscheidend. Wenn die Schädigung nicht allzu früh erfolgte, so daß am Beginn des Lebens eine positive Urbeziehung verwirklicht wurde, ist eine kompensierende Erfahrung der ‹guten Mutter› als unpersönlicher Archetyp der ‹Natur› auch als Baum, Garten, Wald, Heimat oder Himmel durchaus möglich. Dabei ist daran zu erinnern, daß das Kind in einer symbolischen Welt lebt und ‹mythologisch apperzipiert›. Seine ganze Welt oder Teile seiner Welt sind der ‹Einheitswirklichkeit› nahe, und der Garten vor dem Haus, der nahe Wald oder irgend ein Baum können eine echte und bergende Wirklichkeit darstellen, in die das Kind sich zurückziehen kann. Hier tritt die ursprüngliche archetypische Welterfahrung in ihre Rechte, und der Wald, der Garten, der Baum als Symbole der ‹Großen Mutter› werden sie selber und umfassen das hilfesuchende Kind.

Derartige mythologische Welten leben in jeder Kindheit, und immer sind sie als Zentren der kindlichen Phantasie und Traumwirklichkeit voller Geheimnis. Sie sind die verborgene Quellstatt des Lebens, von dem Kind mit heimlichen Riten umgeben und meist in ihrer Bedeutung vor den Erwachsenen verborgen, falls diese nicht zu den Mitspielern dieser Welt gehören. Die fast zwanghaft anmutende Tendenz, Geschichten in dem selben Wortlaut wiederholt zu hören, entspricht dem Ritualbedürfnis des Kindes, das so in die ‹andere› und ‹eigentliche› Welt eintritt. Deswegen ist der Abend, die Zeit vor dem Schlafengehen die Zeit der Mutter. Hier wird sie mit ihren Geschichten, ihren Liedern, ihren bergenden Zärtlichkeiten die Große Mutter der Urbeziehung, welche Sicherheit und Geborgenheit sie auch als Nacht-

Mutter gibt, als Herrin der Innenwelt, in die sich das Kind nun begibt. Auch hier übernimmt später in unserer Kultur der ‹Vatergott› und das Gebet an ihn die Rolle, welche ursprünglich der Mutter allein zukommt.

Das Zurückgreifen des – natürlich schon älteren – Kindes auf den Archetyp der Mutter als ‹Natur› kann zwar hilfreich, in manchen Fällen sogar rettend sein, aber er entspricht nicht ganz einer gesunden Entwicklung. Wenn die Du-Bezogenheit nicht an einer menschlich mütterlichen Figur erlebt werden kann, sondern auf die welthaft kosmische Natur des Mütterlichen angewiesen ist, kann die Bezogenheit zum menschlichen Du geschädigt werden. (Natürlich gilt dies nur, wenn dieses Natur-Erleben an die Stelle der Mutterbeziehung tritt, jedoch nicht, wenn es sich neben ihr verwirklicht.)

Eine frühe und starke Belebung des Mutterarchetyps ist auch bei einer schöpferischen Anlage mit einer genuinen Belebtheit der archetypischen Bilderwelt möglich. So wie die Welt der Kindheit als Symbolwelt und als Erfahrung der Einheitswirklichkeit unvergessen und schöpferischer Besitz bleibt, nimmt dann das innere Bild des Mutterarchetyps einen entscheidenden Platz in der psychischen Entwicklung des Kindes – und des Erwachsenen – ein. Im ungünstigen Falle aber kann umgekehrt eine den Ausfall der wirklichen Mutter kompensierende Belebung des kollektiven Unbewußten die Gefahr der Psychose ergeben. Das geschieht besonders, wenn keinerlei schöpferische Möglichkeiten für den Ausdruck der inneren Bildwelt vorhanden oder entwickelt worden sind.

Das negativierte Not-Ich des Kindes ist Ausdruck eines Vertriebenseins in ein pathologisch verstärktes Ich, das sich auf sich selbst stellen muß, ohne seiner Natur und Entwicklungsstufe nach dieser Aufgabe gewachsen zu sein. Hinter seiner gewaltsamen und gewalttätigen Selbst-Behauptung, die in Wirklichkeit nur eine Ich-Behauptung ist, stehen immer Angst, Verlassenheit und eine Vertrauenslosigkeit, welche den gesamten Bezirk dessen beinhaltet, was von der Urbeziehung normalerweise umfaßt wird, die Beziehung zum Du, zur Welt und zum Selbst, zur eigenen Tiefenschicht. Die besondere Art der Gefährdung liegt darin, daß die kompensatorische Wirkung der Psyche, die die Abwegigkeit des Ich und seine Anpassung ausgleicht, was normalerweise mit Hilfe der Ich-Selbst-Achse erfolgt, in diesem Falle mehr oder weniger versagt.

Das negative Ich ist in einer Weise fundamentlos, die seine eigene Verzweiflung durchaus verständlich macht. Seine Angst und seine grundlegende Unsicherheit in der Welt ist Ausdruck eines Isoliertseins, das im Bezirk der eigenen Psyche die Grundlage der automorphen Entwicklung, die Basierung des Ich im Selbst, der umfassenden eigenen Natur, erschüttert.

Die Entstehung des ‹Ganzheits-Selbst› durch das Herüber-Wandern des in der Mutter exteriorisierten Selbst in das Kind stellt die Verbindung des von Natur her vorhandenen ‹Selbst› mit dem ‹Sozialen› dar, welches unter anderem auch in der Urbeziehung lebendig ist.

Die Folgen der gestörten Urbeziehung sind ein Beweis dafür, daß wir uns den Archetyp, zum Beispiel das Selbst, nicht einfach wie eine von selber funktionierende Organ-Anlage vorstellen dürfen. Das psychische Inkrafttreten der Archetypen oder wenigstens einer bestimmten Gruppe unter ihnen, nämlich der ‹humanen› Archetypen wie Mutter, Vater, Alter Mann, setzt die primäre und entwicklungsmäßig adäquate Evokation des Archetyps, sein erstmaliges Inkraftgetretensein durch eine Erfahrung in der Welt, voraus.

Die Evokation der Archetypen und die damit verbundene Auslösung artmäßig angelegter psychischer Entwicklungen ist nicht ein innerpsychischer Prozeß, sondern geschieht in einem Innen und Außen umschließenden archetypischen Wirklichkeitsfeld, das immer auch einen auslösenden ‹Außenfaktor›, einen Weltfaktor, enthält und voraussetzt.

Die Wolfskinder, das heißt die von Wölfinnen großgezogenen menschlichen Säuglinge, von deren Leben wir wissen, kommen zu keiner artgemäßen menschlichen Entwicklung, kein Mutterarchetyp des kollektiven Unbewußten stellt sich ein und kompensiert den Ausfall der Mutter, wie es bei einem organ-artig autonomen Sich-in-Bewegung-Setzen der Kompensation durch den Archetyp erwartet werden müßte. Ebenso sind die in Psychosen und auch in manchen Neurosen deutlichen Ausfälle der Kompensation durch das Unbewußte erklärungsbedürftig. Jedenfalls widersprechen sie der zu einfachen These einer allgemeinen und bedingungslosen Kompensation des Bewußtseins oder der Gesamtsituation der Persönlichkeit durch das Unbewußte. Derartige Ausfälle werden dagegen genetisch verständlich, wenn wir annehmen, daß in den entscheidenden Entwicklungsphasen der Psyche der personale Weltfaktor des Archetyps – die personale Mutter, der Vater – adäquat, artgemäß evoziert und in Bewegung gesetzt werden muß, daß aber gerade dieser personale Faktor bei den erkrankten Menschen ausgefallen ist oder versagt hat, wodurch die archetypische Strukturanlage der Psyche in ihrem Funktionieren fundamental gestört worden ist.

Wenn wir von einer ‹Doppelfüßigkeit› des Archetyps sprechen, besagt das, daß nicht nur eine innerpsychische Anlage sondern auch ein Weltfaktor zum Archetyp gehört. Das ‹Einschaltphänomen› seiner Evokation besteht darin, daß die artgemäße archetypische Anlage der Psyche durch einen zu ihr gehörenden Weltfaktor ausgelöst werden muß.

Wir lassen es durchaus dahingestellt, ob diese Auffassung für alle Archetypen gilt und beschränken sie zunächst auf die ‹humanen› Archetypen, in denen eine menschliche Figur im Mittelpunkt des archetypischen Symbolkanons steht, wie beim Mutter- und Vaterarchetyp, dem alten Mann, der alten Frau, dem Puer aeternus, der Anima, dem Animus, dem Kindarchetyp. Sie alle sind als archetypische Bild-Anlage im kollektiven Unbewußten jedes Menschen vorhanden, und mit dem Auftauchen des archetypischen Bildes und der zu ihm gehörenden Symbole sind immer spezifische psychische Prozesse verbunden. Bei den ‹humanen› Archetypen ist die erscheinende Welt eine im engeren Sinne human-soziale Welt, aber dieses Human-Soziale ist nicht mit einem Personalen und Privaten zu verwechseln, sondern bedeutet ebenfalls ein Transpersonal-Archetypisches. So ist die Urbeziehung mit ihrer Zusammengehörigkeit von Mutter und Kind artgemäß, sie gehört zu den essentiellen, kollektivunbewußten Bedingtheiten der Menschen. Zwar ist die Mutter für das nachgeburtlich-embryonale Wesen auch die erste, zwischen-menschliche, soziale Bindung, aber wie wir sahen, taucht auch dieses Sozial-

Zwischenmenschliche, das die Mutter ist, anfangs als ein Anonymes und Archetypisches auf. Wie die Symbolik des Mutterarchetyps verrät, erscheint dieses Archetypische sogar zunächst, der Weltausgebreitetheit der Urbeziehung entsprechend, welthaft-kosmisch, und nimmt erst allmählich, mit steigender Ich-Entwicklung und Person-Werdung des Kindes, allgemein menschliche, noch später individuell menschliche Züge an.

Aber gerade weil es zur menschlichen Art gehört, daß jedes Kind seine nachgeburtlich-embryonale Entwicklung mit und an seiner Mutter durchmacht – und nur in seltenen perversen Ausnahmefällen diese Bedingung nicht erfüllt wird –, ist es verständlich und selbstverständlich, daß die Auslösung der angelegten psychischen Disposition, hier des psychischen Bildes vom Mutterarchetyp, durch den Weltfaktor der personalen Mutter zu geschehen hat.

Die Urbeziehung erweist sich als eine artgemäße Zuordnung zweier Lebewesen, deren instinktives ‹Appetenzverhalten›[12] zu einer gegenseitigen Erfüllung drängt und, ebenso wie bei der instinktiv dirigierten Vereinigungstendenz des Männlichen und Weiblichen, aufeinander bezogen und eingestellt ist. Das schlüssel-schloß-artig aufeinander Zugepaßtsein der Instinkte, das die Biologie für die Tierwelt festgestellt hat, gilt auch – in veränderter Weise – für das menschliche Leben. Was uns wichtig erscheint, ist nicht nur, den transpersonal-überindividuellen und artmäßig bedingten Charakter dieses Zusammenhanges zu betonen, sondern ihn als ein Grundphänomen der archetypischen Wirklichkeit zu erkennen.

In der Urbeziehung ist ein über das Psychische und die Person hinausgehender archetypischer Zusammenhang am deutlichsten nachweisbar. Gerade hier können wir deswegen vielleicht auch am ehesten etwas über das ‹Ursprungsproblem› dessen, was ein Archetypus ist, erfahren.

Weder bestreiten wir die Autonomie des Unbewußten, noch das spontane Auftreten archetypischer Bilder, noch meinen wir – um einem Mißverständnis vorzubeugen – daß der Archetyp beim erwachsenen Menschen, das heißt, bei der vollentwickelten Psyche, durch ein Außen ausgelöst werden müsse. Spontaneität der Psyche und Auftauchen spontaner archetypischer Bilder des Unbewußten sagt aber noch nichts über den ‹Archetyp an sich› aus. Er wurde ursprünglich von der Analytischen Psychologie einmal als Entsprechung zu einer äußeren Erfahrung – Nachtmeerfahrt, Sonnenlauf – aufgefaßt, oder aber als ‹Niederschlag›, ein anderes Mal als Kategorie der Erfahrung, als Urbild, mit dessen Hilfe überhaupt Erfahrung möglich ist.

Bisher haben wir uns in der Analytischen Psychologie im wesentlichen damit begnügt, von der kompensatorischen Wirkung des Archetyps in der Psyche zu sprechen.

Es wurde von Jung immer wieder – mit Recht – darauf hingewiesen, daß in bestimmten Notsituationen der Persönlichkeit das archetypische Bild der hilfreichen Mutter auftauchen und die Ganzheit des Menschen zu einer Reaktion und bestenfalls zu einer Neuorientierung in der Situation bringen konnte. Das heißt es wurde im wesentlichen vom archetypischen Bild und von den Urbildern der Psyche und des kollektiven Unbewußten gesprochen. Wir beschränken uns zunächst auf den Bezirk des ‹humanen› Archetyps und maßen uns keineswegs an, diesen ungemein schwierigen Problembezirk klären zu können, hoffen aber, die Diskussion durch unsere Ausführungen wenigstens in Bewegung zu setzen.

Die Weltbezogenheit des Archetyps und seine Zweifüßigkeit – weil immer auch ein Weltfaktor zu dem psychischen Bild dazugehört – bedeutet, daß der Archetyp an sich ein lebendig dynamisches Bezugs-Feld der Einheitswirklichkeit ist, aus dem sich erst sehr viel später das herauslöst und entwickelt, was wir ‹Psyche› nennen. Während das archetypische *Bild* der Repräsentant dieses Bezuges und der Auslöser von verschiedensten psychischen Reaktionen ist, ist der Archetyp dieser Bezug selbst.

Dieser Bezug selbst ist – etwa in der Urbeziehung – das archetypische Feld, das von Mutter und Kind normalerweise artgemäß mit ihrem physischen wie ihrem psychischen Verhalten ausgefüllt wird. Dieses *Feld* ist im Nähren der Mutter und ihrer faktischen Wärme ebenso vorhanden wie im Saug-Instinkt des Kindes und der affektiven Bindung beider. Die Milch der Mutter ist ebenso Teil des Archetyps – wenn man hier von Teil reden könnte – wie ihr Lächeln und ihre liebende Bezogenheit. Nicht nur für den Säugling besteht die Gleichung Milch = Mutter, zwischen allen von unserem Bewußtsein aus als physisch oder psychisch angesehenen Funktionen des Mütterlichen besteht eine Kontamination und Partizipation, die dann später von der im Bild fassenden und mythologisch apperzipierenden Psyche als Symbolkanon des Archetyps der Großen Mutter beschrieben wird.

Erst dieses das Psychische überschreitende archetypische Feld garantiert normalerweise das fast paradoxe Zustandekommen einer lebendigen psycho-physischen Symbiose zwischen zwei Lebewesen, die in diesem Feld aneinandergeschlossen sind, so wie es für die Erhaltung und Entwicklung der Art notwendig ist. In diesem Sinne ist das archetypische Feld – und das gilt allgemein für die humanen Archetypen, nicht nur für die Urbeziehung – der Ausdruck dessen, daß die Menschheit eine psycho-soziale Einheit ist.[13] Kein menschliches Wesen kann überhaupt als Einzelnes existieren und sich artgemäß entwickeln. Menschliche Existenz ist nur als zwischen-menschliche Existenz möglich. Die humanen Archetypen sind deswegen Ausdruck eines Miteinander und Ineinander menschlicher Lebewesen. Dieses Miteinander ist präpsychisch, die sich in der Einheitswirklichkeit differenzierende Psyche bildet dann langsam Bildrepräsentationen aus, in welchen dieser vor-psychische Tatbestand sich erfaßt und so faßbar wird. Erst mit der Bild-Repräsentation der Einheitswirklichkeit bildet sich die Psyche in ihrer Abgehobenheit vom Körper und löst nun mit entstehendem Bewußtsein die Einheitswirklichkeit in eine polare Subjekt-Objekt-Wirklichkeit auf.

Gerade weil das Appetenzverhalten der Instinkte der miteinander verschränkten Lebewesen und das ihm entsprechende ‹Einschaltphänomen› doppelseitig ist, also von zwei Individuen erfüllt werden muß, überschreitet es als ein Transpersonales sowohl das Individuelle wie als Einheitswirklichkeit das ‹nur Psychische› als eine extrane Wirklichkeit, die jenseits aller Grenzsetzung durch den Körper und die psychische Individualität existiert. Wenn diese zwischenmenschlich-transpersonale Wirklichkeit und Bedeutung der Zweifüßigkeit des Archetyps einmal durchsichtig geworden ist, wird auch verständlich, daß die Evokation des Archetyps nicht auf Grund einer innerpsychischen Spontaneität erfolgen kann – so daß bei den von der Mutter verlassenen Säuglingen der Mutterarchetyp auftaucht und sie sich entwickeln, statt zu sterben oder zu verblöden.

Da der humane Archetyp seinem Wesen nach Ausdruck einer symbiotischen Feldsituation ist, muß dieses symbiotische Feld einmal hergestellt worden sein, damit das archetypische Bild, das Repräsentant dieser Feldsituation ist, ausgelöst werden kann. Nachdem die Evokation des Archetyps erfolgt und die frühkindliche Entwicklung der Urbeziehung abgeschlossen ist, ist der Archetyp autonom, wirkt wie ein Organ und erscheint nun mit all den transpersonalen Symbolen und Qualitäten, die für den Archetyp – nicht für die auslösende personale Mutter – charakteristisch sind.

Ein wesentliches Sympton der gestörten Urbeziehung, das für die psychischen Störungen des abendländischen Menschen besonders bezeichnend ist, ist das *primäre Schuldgefühl*.

Der Liebesmangel der gestörten Urbeziehung und das Bedürfnis ihn zu stillen, führt auffälligerweise nicht zu einem Vorwurf des Kindes den Menschen und der Welt gegenüber, sondern zu einem Schuldgefühl. Dieses Schuldgefühl ist – der frühen Phase seines Auftretens entsprechend – archaisch und nicht mit dem späteren, mit der Weltelterntrennung verbundenen Schuldgefühl des ‹Ödipus›-Komplexes zu verwechseln oder gar von ihm abzuleiten. Das primäre Schuldgefühl wird natürlich nicht in dem kindlichen Bewußtsein reflektiert, aber es führt zu der das Dasein und die Entwicklung des Kindes bestimmenden Überzeugung, Nicht-Geliebt-Sein sei identisch damit, nicht normal, krank, ‹aussätzig›, außerdem aber ‹verurteilt› zu sein.

Die ‹mythologische Apperzeption› des Kindes, das noch kein entwickeltes Ich-Bewußtsein besitzt, erfährt eine Abwendung der personalen Mutter nicht als Ungerechtigkeit, sondern sein Verlassensein von der Mutter wird durch ihren mythischen Charakter geprägt, der das Wesen des Archetyps ausmacht. Die Abwendung der Mutter bedeutet, da sie Mutter, Du, Welt und Selbst in einem ist, daß die Welt zum Chaos und Nichts wird, das Du aber entweder verschwindet und das Kind in der totalen Einsamkeit und Verlorenheit des Nichts zurückläßt oder aber zum verfolgenden Feind wird, während das eigene

Selbst zum Repräsentanten der furchtbaren Mutter sich wandelt. Es ist so eine mythologische Situation eingetreten, in welcher das Leben sich in Gestalt der Großen Mutter abgewandt hat und nur noch der Untergang übrigbleibt. Ebenso wie vom Kind ‹Fortsein› und ‹Totsein› als identisch erfahren werden, geschieht hier dem Kinde im Nichtdasein der Mutter der eigene Tod. Die Große Mutterfigur der Urbeziehung entscheidet als Schicksalsgottheit nicht nur durch ihre Gunst oder Ungunst über Leben und Tod, positive oder negative Entwicklung, sondern ihre Haltung ist darüber hinaus ein ‹Spruch›, ein höchstes Gerichtsurteil, und ihr sich Abwenden ist mit einer namenlosen Schuld des Kindes identisch.

Das primäre Schuldgefühl reicht in eine Phase zurück, die man als Vor-Ich-Phase bezeichnen muß. Deswegen erscheint es dem erwachsenen Ich, als ob es von Anfang an mit diesem Schuldgefühl behaftet sei. Diesem primären Schuldgefühl entstammt das Verhalten des Kindes, als sei die Störung der Urbeziehung mit einer ‹Ur-Schuld› verbunden, die als eine Art Erbsünde auftritt. Weil die Selbst-Werdung noch nicht vollzogen, die Selbständigkeit der Ich-Selbst-Achse nicht erreicht und die Übermacht des sich abwendenden Gegenüber so gottähnlich ist, daß es gegen ihr Urteil keinen Appell gibt, wird die Verurteilung als ein höheres ‹Urteil› erfahren und angenommen. Ursache für dieses Unglück ist auf dieser Stufe nur eine: die eigene Schuld. Wenn, wie häufig, auch die spätere Entwicklung der Beziehung zum Vater diesen Schaden nicht rückgängig machen kann, bestimmt dieses Gefühl der Schuld als unterminierender Komplex oft das ganze weitere Leben, wenn es nicht durch eine spätere Bewußtmachung und Verarbeitung aufgelöst wird.

Das von einer gestörten Urbeziehung abgeleitete primäre Schuldgefühl der matriarchalen Phase ist nach der Formel gebildet: ‹Gutsein heißt von der Mutter geliebt werden, du aber bist böse, denn die Mutter liebt dich nicht.› Durch die negative Urbeziehung in der frühkindlichen Entwicklung wird eine totale, nicht nur eine partielle Störung verursacht, und das aus der Urbeziehung herausfallende Kind fällt aus der natürlichen Weltordnung heraus und wird sich in seiner eigenen Existenzberechtigung fraglich.

In der primitiven Psychologie müssen Krankheit und Unglück eine ‹Ursache› haben, diese Ursache aber ist nicht in unserem Sinne ‹natürlich›, sondern immer magisch-moralisch. Sie ist durch Böses – einen bösen Zauberer, bösen Geist oder eben durch ein moralisches Vergehen – ‹verschuldet›. Eine solche Zuordnung von Unglück, Leiden und Schuld beherrscht nicht nur das Hiobsbuch, sondern reicht tief in das religiöse Bewußtsein auch des modernen Menschen hinein. Das vorichhafte primäre Schuldgefühl wird zwar später rationalisiert und auf die Entwicklung des negativierten Ich und noch später auf den Ödipus-Komplex bezogen, aber die Analyse lehrt, daß dieses Schuldgefühl die Tendenz hat, sich wie ein unanalysierbares Kernelement der Psyche allen Erklärungen und aller Bewußtwerdung gegenüber als resistent zu erweisen. Es scheint daß in der ersten Lebenshälfte fast nur eine in der Übertragungssituation geglückte Herstellung der Urbeziehung, in welcher die geschädigte Ich-Selbst-Achse regeneriert wird, zu einer Reduzierung oder Auflösung dieses primären Schuldgefühls und seiner Folgen führen kann. Eine andere Möglichkeit besteht darin – allerdings nur bei einer weniger geschädigten Struktur – daß in einem innerpsychischen Entwicklungsweg, der meistens erst in der zweiten Lebenshälfte möglich ist, die Gestalt der Großen Guten Mutter auftaucht und das Negative der gestörten Urbeziehung überwindet.[14]

Alle späteren Ich-Entwicklungen und Rationalisierungen sind schon deswegen nicht oder nur sehr schwer imstande, das primäre Schuldgefühl auszulöschen, weil das Individuum wirklich durch die Störung der Urbeziehung geschädigt und zu einer Fehlentwicklung gedrängt wird, aus der sich ausreichende Begründungen für die eigene Schuldhaftigkeit ergeben. Die Fehlentwicklung, die – bei aller objektiven Schuldlosigkeit des Kindes – zum negativierten Ich führt, ist mit einer anormal gesteigerten Affektivität, verstärkten und nicht integrierten Aggressionen und egozentrisch-narzißtisch-asozialen Haltungen verbunden, die dem reflektierenden Ich nicht verborgen bleiben. Dieses nicht durch Toleranz innerhalb der Urbeziehung geformte und integrationsfähig gewordene Ich ist gegen sich selber nicht toleranter als gegen irgend ein anderes Du und bildet bei der normalen Entwicklung des Über-Ich eine zusätzliche moralische Aggression gegen sich selbst aus.

Bei diesem Versuch, von der Analytischen Psychologie aus zu einem Verständnis der psychischen Struktur und ihrer inneren Dynamik zu gelangen, stoßen wir hier auf ein strukturelles und ein genetisches Problem zugleich. Es muß an dieser Stelle der Versuch gemacht werden, die Beziehung des Ich zum Selbst auf der einen, die zum Über-Ich auf der anderen Seite zu klären, denn die Problematik der Angst und des Schuldgefühls, die so oft im Zentrum des kranken Seelenlebens steht, ist ohne ein Verständnis dieser Zusammenhänge nicht zu lösen.

Die Loslösung aus der Urbeziehung zur Mutter, der matriarchalen Phase der psychischen Entwicklung, und das Eintreten in die patriarchale Phase, in welcher der Vaterarchetyp dominiert, ist nicht von der Genese und Bedeutung des Über-Ich zu trennen. Während die matriarchale Phase weitgehend im Zeichen der ‹Natur› steht, bringt die Ausbildung der patriarchalen Phase die Systematisierung des Bewußtseins, die Trennung in Bewußtsein und Unbewußtes und den prägenden Einfluß der ‹Väter›, des jeweiligen Kulturkanons, die der zeit- und kulturgebundene Ausdruck des gesetzgebenden Vaterarchetyps sind.

Diesen beiden Phasen entsprechend, finden wir zwei verschiedene Schichten des Schuldgefühls. Auch in der Normalentwicklung beginnt das patriarchale Schuldgefühl schon relativ früh eine Rolle zu spielen. Dieses Schuldgefühl aber, als Reaktion des Kindes auf die Einwirkung des jeweiligen Kulturkanons auf die kindliche Erziehung, ist als sekundär zu bezeichnen und in seinen Ursachen und Folgen sehr viel leichter zu durchschauen und zu beheben. Das ihm vorhergehende primäre Schuldgefühl dagegen ist matriarchal und in seiner zu einem frühen Ich zugeordneten Irrationalität ebenso schwer zu verstehen wie zu heilen.

Wenn Freud von einer «negativen therapeutischen Reaktion» spricht[15] und von einem «Schuldgefühl, welches im Kranksein seine Befriedigung findet und auf die Strafe des Leidens nicht verzichten will» und meint: «Was hier beschrieben wurde, entspricht den extremsten Vorkommnissen, dürfte aber in geringerem Ausmaße für sehr viele, vielleicht für alle schwereren Fälle von Neurosen in Betracht kommen», so scheint er damit auf das ‹primäre› Schuldgefühl gestoßen zu sein.

Fälschlicherweise leitet Freud das Über-Ich vom Ödipus-Komplex ab, und zwar im wesentlichen vom Vater, und sieht es als eine durch Introjektion aufgenommene später gebildete Instanz an. Wie häufig bei Freud, entsteht eine besondere Verwirrung dadurch, daß er gleichzeitig dem Über-Ich ein phylogenetisches Fundament geben will, das – wie die ganze Totem-Vatermord-Spekulation – eine Vererbung wiederholter individuell erworbener Erlebnisse voraussetzt. Bei Freud erscheinen die Frauen dabei in einem merkwürdigen Licht, da die ‹Genese› der Moral mit ihrer Entwicklung eigentlich gar nichts zu tun hat.[16] (Daß und in wieweit die Entdeckungen Freuds, wenn man sie nicht als personalistische Erfahrungen sieht, eine neue Bedeutung erlangen, wird uns später beschäftigen.)

Wenn wir die Genese der ‹Moralität› von ihrem Ursprung verfolgen, also von der matriarchalen Phase aus, stoßen wir nicht nur auf das primäre Schuldgefühl einer gestörten Urbeziehung, sondern auch auf das diesem Negativen zugeordnete Positive, nämlich auf die ‹*primäre Moralerfahrung des Matriarchats*› in der geglückten Urbeziehung, die analog zu der phylogenetischen Moralerfahrung der Menschheit im Matriarchat ist. Die Erfahrung des Selbst an der Mutter in der Urbeziehung ebenso wie die Bildung des integralen Ich führt neben dem Erlebnis der eigenen Schwäche, Abhängigkeit und Ohnmacht zu dem der Sicherheit und des Vertrauens in einer geordneten Welt. Daß die eigene Grundlage, das Selbst, welches das Ich erst fundiert, in der Einheitswirklichkeit des Vertrauens an der Mutter und in der Einheit mit ihr erfahren wird, bildet nicht nur die Grundlegung des Glaubens an das Du und an sich Selbst, sondern auch an den geordneten Zusammenhang der Welt. Die Übereinstimmung mit dieser natürlich gegebenen Weltordnung ist die primäre Moralerfahrung der matriarchalen Epoche – charakteristischerweise erweist sie sich auch für die erwachsene Frau als die maßgebende Moral.

Die infantile Formel: ‹So wie die Mutter dich liebt, sollst du sein und› – in der geglückten Urbeziehung – ‹so bist du auch› ist die Basis einer Welterfahrung, in welcher das anthropozentrische Daseinsgefühl nicht von dem natürlichen Eingebettetsein in den umfassenden Wirklichkeitszusammenhang losgelöst ist. Das Gesetz der instinktiven Ordnung und das Dem-inneren-Gesetz-Folgen ist die – unbewußt – dirigierende Moral. Der Automorphismus der unbewußt dirigierten Selbstgestaltung, der auf der geglückten Urbeziehung mit ihrer Eros-Komponente des Geliebtwerdens und Liebens fußt, stimmt mit dem inneren und äußeren Moralgesetz überein. «Religion, Moral und soziales Empfinden», in der Formulierung Freuds, sind noch eins und haben in der Urbeziehung ihre positive Wurzel, von ihrem Glücken hängt die Entwicklung dieser «Hauptinhalte des Hohen im Menschen» ab. Phylogenetisch ist die Ordnungs-Moral der ‹Großen Mutter› bedingt durch die Erfahrung des geordneten eigenen Körpers und des kosmischen Rhythmus von Tag und Nacht ebenso wie den der Jahreszeiten. Dieser Rhythmus bestimmt das Leben der gesamten organischen Welt, mit ihm setzen sich die führenden Rituale der Menschheit in Übereinstimmung, in ihn ‹eingebaut› zu sein, bedeutet auf der matriarchalen Stufe im Ganzen und im Einzelnen ‹in Ordnung› zu sein.

Das gleiche geschieht normalerweise ontogenetisch in und an der Beziehung zur Mutter, wenn diese nicht gegen den natürlichen Rhythmus des Kindes verstößt, sondern sich ihm anpaßt. In der Übereinstimmung des eigenen Rhythmus mit dem der Mutter, die in der Urbeziehung als identisch erfahren wird, wird das Bild der Mutter zu der Repräsentantin der inneren und äußeren Ordnung zugleich. Solange die Mutter in ihrer liebenden Bezogenheit zum Kind weiß, was das Kind braucht und tut, was ihm nötig ist, stimmt die vom Selbst des Kindes angelegte, mit der von der Mutter erfüllten Ordnung überein. Die Erfahrung der liebenden Übereinstimmung mit einer höheren und gleichzeitig der eigenen Natur entsprechenden Ordnung ist die tiefste Grundlage einer Moralität, welche nicht vergewaltigt, sondern das Individuum vom Unteren zum Oberen langsam wachsend sich entwickeln läßt. Damit bildet sich das Fundament für eine Innen und Außen umfassende Ordnung der Welt, welcher das

Kind angehört, ja in welche es eingebettet ist wie in die umfassende Mutter.

Die Wurzel der frühesten und grundlegendsten matriarchalen Moral besteht demnach in der Übereinstimmung der noch ungespaltenen kindlichen Gesamtpersönlichkeit mit dem Selbst, das an und in der Mutter erfahren wird. Diese Fundamentalerfahrung der Übereinstimmung mit dem Selbst bleibt die Grundlage des Automorphismus, sie taucht in der zweiten Lebenshälfte wieder auf als das ‹moralische› Problem der Individuation. Ganz-Sein und Ganz-Werden ist nur möglich in der Übereinstimmung mit der ‹Ordnung› der Welt, dem, was die Chinesen als ‹Tao› bezeichnen. Daß diese matriarchale Moral nicht auf dem Ich sondern auf der Ganzheit der Persönlichkeit beruht, unterscheidet sie – notwendigerweise – von der sekundären Ich-Moral der patriarchalen Bewußtseinsstufe.

Diese matriarchale primäre Ordnungserfahrung, welche das Leben des Kindes prägt, ist die positive Basis seines sozialen Empfindens, dessen Ableitung von der Mutter-Kind-Beziehung in der Menschheitsgeschichte wir Briffault[17] verdanken. Auch hier irrt Freud, weil er infolge seines patriarchalen Vorurteils und der Überbetonung des Vaterarchetyps annimmt, « die sozialen Gefühle entstehen noch heute beim Einzelnen als Überbau über die eifersüchtigen Rivalitätsregungen gegen die Geschwister »[18].

Der Teil des sozialen Gewissens, der auf Verdrängen und Unterdrückung negativer Regungen fußt, entsteht zwar in dieser Weise, aber diese ‹Gewissens-Moral›, die keinem «sozialen Gefühl» entspricht, sondern einer Anpassungsleistung des Ich an die hemmenden Gebote der Sozietät, ist eine sekundäre Stufe. Ihr voraus geht das echte soziale Gefühl, das sich in der positiven Urbeziehung entwickelt und als Grundlage der Du-Beziehung überhaupt anzusehen ist. Es entspricht einer primären Ordnungserfahrung und ist kein «Überbau».

Es könnte sich hier die Frage erheben, ob die Ordnungserfahrung der matriarchalen Stufe überhaupt schon etwas mit ‹Moral› zu tun habe oder nicht nur ein natürlich harmonisches, aber gewissermaßen außer- oder vormoralisches Daseinsgefühl sei. Aber weil bei der Umkehrung der positiven Ordnungserfahrung innerhalb der Urbeziehung das primäre Schuldgefühl entsteht, müssen wir hier auch positiv von einer moralischen Erfahrung sprechen.

In der Bewußtseinsentwicklung, die vom Mutter- zum Vaterarchetyp und von der Einheitswirklichkeit zu der polarisierten Wirklichkeit des Bewußtseins führt, kommt es zu einer allmählichen Selbständigwerdung des Ich, das seine Eigenexistenz zu führen berufen ist und nicht mehr in dem Umfaßtwerden durch die Urbeziehung und das Selbst existieren darf. Während die erste Phase der Entwicklung noch unter der Obhut der Urbeziehung zum ‹Hinüberwandern› des Selbst in das Kind und zur Bildung des integralen Ich führt, setzt nun ein Entwicklungsprozeß ein, in dem es allmählich mit der Entwicklung der Systemtrennung auch zu einem Gegensatz zwischen Ich und Selbst kommt.

Solange das Ich im Selbst der Mutter enthalten ist, ist dieses Selbst als ordnungsgebendes Prinzip auch die einzige Moral-Instanz. Erst wenn zwischen dem sich differenzierenden Ich und dem Selbst Konflikte auftreten, kommt es auch zum Konflikt verschiedenartiger Moralinstanzen innerhalb der Persönlichkeit. Derartige Konflikte spielen in der normalen ebenso wie in der pathologischen Entwicklung des Ich eine entscheidende Rolle.

In der «Ursprungsgeschichte des Bewußtseins» wurde ausgeführt, daß das Ich keineswegs, wie Freud annahm, nur «Repräsentant der Außenwelt» ist und dem Unbewußten, dem blind nach dem Lustprinzip orientierten Es, die Außenwelt nach dem Satz zugänglich macht: «Das Es erlebt nur durch das Ich die Außenwelt.[19]» Für die Analytische Psychologie ist das totale psychische System des Menschen, von dem das Unbewußte ein Teil ist, nicht von der Außenwelt abgeschnitten, sondern ist umgekehrt an der Welt entstanden und hat sich an und in ihr entwickelt. Auch die instinktive Welt des Unbewußten mit ihren Reaktionen und Regulationen ist, wie beim Tier, welthaft und führt keine abseitige Sonderexistenz, welche durch Ich und Bewußtsein erst zur Realitätsanpassung gebracht werden muß. Diese dauernde und fortlaufende Angepaßtheit der Instinkte an die Welt ist die Voraussetzung und Basis für die tierische und menschliche Entwicklung.

Die Rolle des Ich-Bewußtseins besteht darin, die auf die Welt eingestellten artgemäßen kollektiven Reaktionen des Unbewußten mit den abweichenden Notwendigkeiten der einmaligen objektiven und subjektiven Situation des Individuums in Übereinstimmung zu bringen. Auch das kollektive Bewußtsein des Kulturkanons, die jeweils vom Kollektiv gesetzten Werte und Forderungen, ist als kollektiv objektive Bedingung anzusehen. Das Ich hat, solange es als integrales Ich seine synthetische Aufgabe voll erfüllt, die miteinander in Konflikt geratenden Forderungen des Innen und Außen, des Kollektivs und des Individuums, in Ausgleich zu bringen.

Das Ich, das allmählich seine Rolle in der Welt übernimmt, gerät in einen Konflikt, von dem es fast während seines ganzen Daseins bestimmt ist. Wenn es nur Exponent der Ich-Selbst-Achse und Exekutionspol des Automorphismus sein könnte, gäbe es nur die Auseinandersetzung mit der ‹Natur›. Sein – allerdings bewußtes – Dasein würde sich wie beim Tier unter der Devise der Selbsterhaltung und -erweiterung in seiner Umwelt abspielen. Die Situation wird aber durch die humane Sozial-Konstellation wesentlich kompliziert und bereichert.

Das menschliche Ich wächst von Anfang an in eine menschlich bestimmte Umwelt hinein, und auch seine unbewußten archetypischen Bedingtheiten sind schon ‹human›. Wenn wir vom kollektiven Unbewußten und von Archetypen sprechen, welche das menschliche Reagieren prägen und vorbestimmen, handelt es sich in hohem Maße um Bedingungen, welche die menschliche Art als solche kennzeichnen, das heißt sie von den Tieren unterscheiden oder zum mindesten eigenartig disponieren. Das Hineinwachsen des Ich in die Kollektivbestimmtheit seiner Kultur gehört bereits zu seiner Art-Entwicklung. Es sind vorgegebene Dispositionen zu erfüllen, bei deren Aktualisierung die personalen Figuren der Eltern zwar eine auslösende und mitprägende Rolle spielen, nicht aber die Situation entstehen lassen. Die humane Art-Anlage bedingt eine archetypisch bestimmte Phasenentwicklung, in welcher in der ersten Phase der Mutterarchetyp in seiner naturhaften, in der zweiten Phase der Vaterarchetyp in seiner kulturhaften Bedeutung dominieren. Die mitbestimmende Inkarnation der Archetypen fällt meistens den personalen Eltern zu, aber es handelt sich bei der Entwicklung des Kindes in den Phasen nicht nur um seine Familiengeschichte, sondern gleichzeitig und darüber hinaus um die Variation der Entwicklung der Menschheit, die vom Sein in der Natur bis zum Sein in Natur und Kultur vorstößt. Das aus der Urbeziehung heraustretende und in die Sozietät hineinwachsende Kind hat dementsprechend die Aufgabe, die der phylogenetischen Entwicklung zugeordnete psychische Entwicklung zu leisten, sich vom Enthaltensein im Unbewußten zu befreien und in das Doppelsein der erwachsenen menschlichen Psyche einzutreten, die unbewußt und bewußt zugleich ist.

VIERTES KAPITEL
Vom Matriarchat zum Patriarchat

Die notwendige Entwicklung des Kindes, durch die es aus der Urbeziehung herausgelöst und zu einer weiteren Selbständigkeit geführt wird, steht in unserer Kultur – aber keineswegs nur in ihr – im Zeichen des Übergangs vom psychologischen Matriarchat mit der Dominanz des Mutterarchetyps zur Patriarchatsherrschaft mit der des Vaterarchetyps.

Wir haben die allgemeine Notwendigkeit dieses Übergangs für die Entwicklung des Bewußtseins in der ‹Ursprungsgeschichte› aufgezeigt. Während dort aber der Akzent auf dem Allgemein-Menschlichen und Symbolischen lag, soll jetzt versucht werden, einige der ontogenetischen Prozesse zu skizzieren, welche diesem Übergang beim Kinde entsprechen.

Diese Entwicklung ist allgemein darstellbar, weil in unserer Kultur das Fortschreiten vom Matriarchat der Urbeziehung zum Patriarchat zunächst für Knaben wie für Mädchen gilt. Während die Ablösung des Männlichen von der Mutter in der Ursprungsgeschichte ausführlich dargestellt worden ist, soll die Abweichung der Entwicklung des Mädchens von der männlichen in einem späteren Abschnitt wenigstens gestreift werden, da der Beziehung Mutter–Tochter als der ersten Phase der spezifisch weiblichen Entwicklung besonderes Gewicht zukommt.

Die uroborische Phase der Urbeziehung läßt im Mütterlichen aktive und passive, zeugende und empfangende Attribute nebeneinander aufleuchten als Vorstadien dessen, was später in dem Gegensatz von Mutter und Vater apperzipiert wird. So kann das Einströmende, das sich von der mütterlichen Brust in das Kind ergießt, als zeugend-väterlich erfahren werden, obgleich sich in der umhüllenden Umarmung das Enthaltend-Mütterliche offenbart. In der umfassenden Wirklichkeit des Uroborischen ist noch die Einheit der miteinander vereinigten Welteltern lebendig, und die früheste uroborische Erfahrung der Mutter wäre, wenn sie zum Bewußtsein kommen könnte, die eines doppelgeschlechtlichen Anfangswesens. Nicht nur das Mütterliche und das Väterliche, auch das Weibliche und das Männliche ist in dem uroborischen Großen Runden der Mutter enthalten und wird nicht nur in der unbewußten mythologischen Apperzeption des Kindes symbolisch, sondern auch faktisch an dem mütterlichen Verhalten erfahren.

Die Analytische Psychologie interpretiert den Menschen als ein ‹Doppel-Wesen›, in dem, unabhängig vom physiologischen Geschlechtscharakter, immer auch wesentliche psychische Elemente des Gegengeschlechts vorhanden sind, die Anima beim Mann, der Animus bei der Frau.[1] Diese auch für die Mutter der Urbeziehung geltende Grundgegebenheit, das heißt das Lebendigsein eines Männlichen in ihrer Psyche als ‹Animus›, ist nicht nur für die Urbeziehung des Kindes, sondern auch für die Loslösung von ihr entscheidend.

Der patriarchale Uroboros und das Weibliche

Jung hat in der «Psychologie der Übertragung»[2] für die Bezogenheit zweier erwachsener Menschen die Grundkonstellation der Quaternio, das heißt einer vierfachen Bezogenheit, nachgewiesen. Beim Erwachsenen mit seiner psychischen Systemtrennung in ein Bewußtsein und ein Unbewußtes verbindet und befruchtet sich das männliche Bewußtsein und das weibliche Unbewußte des Mannes in jene tiefgehende Beziehung mit dem weiblichen Bewußtsein und dem männlichen Unbewußten der Frau und bildet so eine überkreuzte vierfache Form der Beziehung und Vereinigung. Beim Kinde, bei dem die Gegensatzstruktur von männlich und weiblich, bewußt und unbewußt noch nicht konstelliert ist, schafft erst die weiblich-männliche Gegensatzstruktur der Mutter die Grundlage für die Gegensatzdifferenzierung im Kinde selber. Das heißt das Kind entwickelt in der Partizipation der Urbeziehung seine eigenen aktiven und passiven, weiblichen und männlichen Reaktionsweisen an und in der Beziehung zum Weiblichen sowie zum Männlichen der Mutter. Bevor ihm das Männliche als ‹Vater› gegenübertritt, erfährt es das Männliche als unbewußte Seite der

Mutter. Während das Weibliche in seiner bewußten Hinwendung zur Welt und zum Menschen, soweit es nicht mit der männlichen Wertwelt völlig identifiziert ist, weitgehend vom ‹Eros-Prinzip› der Bezogenheit beherrscht wird, repräsentiert die unbewußte männliche Welt in ihm das Logos- und Nomos-, das Geist- und Moral-Prinzip, welches in der Analytischen Psychologie als Welt der ‹Animusse› bezeichnet wird.

Die Animus-Seite der Frau besteht in den unbewußten Überzeugungen, Haltungen, Auffassungen und Meinungen, die, soweit sie nicht zu ihrer eigenen unbewußten Struktur gehören, durch die sich ihr ‹weiblicher Geist› von dem des Mannes unterscheidet, der Kultur entstammen, in der sie lebt. In unserer Kultur leben die patriarchalen Werte und Auffassungen als unbewußte Prägungen, welche das Weibliche seit frühester Kindheit vom Kulturmilieu aufnimmt. Deswegen gehört es zu den schwierigsten Problemen der Entwicklung des Weiblichen, die Voreingenommenheit durch die Werte der patriarchalen Kultur loszuwerden und die Schicht der patriarchalen Animusse soweit zu überwinden, daß der Zugang zu der für die weibliche Natur spezifischen Geist-Seite frei wird. Das heißt nicht nur das kulturangepaßte Bewußtsein der Mutter, das mit seinen Urteilen, Wertungen und Überzeugungen das Ich und Bewußtsein des Kindes entwickelt und formt, ist durch den Kanon der Kultur geprägt, in welcher die Mutter lebt. Auch die oberste Schicht ihres Unbewußten mit seinen unbewußt wertenden und urteilenden Haltungen wird durch den – bei uns patriarchalen – Kanon der Kultur bestimmt. Diese Haltungen entstehen durch personale Erfahrungen des Weiblichen, durch introjizierte Figuren und Auffassungen seiner männlichen Erlebniswelt. Vater, Bruder, Onkel, Lehrer, Mann usw. formen ohne ihr Wissen die weibliche Reaktionsweise. Alle diese ‹männlichen› Größen wirken als Mächte, welche in die Pflege und Erziehung des Kindes als Urteile und Vorurteile der Mutter eingreifen und es damit zugleich für die Anpassung an die ihm bestimmte Kultur vorbereiten.

Unter dieser vom Patriarchat geformten Animus-Schicht liegt aber auch in der modernen Frau die Welt des ‹matriarchalen Bewußtseins›, in welcher die zum Mutterarchetyp gehörenden männlichen Kräfte und der ‹patriarchale Uroboros› als eine dem Weiblichen spezifisch zugeordnete ‹männliche› Geistseite dominieren. Dabei haben wir eine hierarchische Ordnung zu unterscheiden, in welcher die Animusse, die zur – meist patriarchalen – Kulturschicht gehören, den obersten, bewußtseinschützenden Platz einnehmen. Der ‹alte Mann› als Archetyp des Sinnes gehört nicht mehr zur Schicht der Animusse des Weiblichen, da er eine allgemein-menschliche Größe ist. Aber trotzdem vertritt er seiner Natur nach nicht ‹den› Sinn, sondern dessen männliche Ausformung. Die ‹alte Frau›, die archetypisch, das heißt als allgemein-menschliche Größe im Männlichen wie im Weiblichen wirksam ist, vertritt ebenso eine ‹Sinn›-Bedeutung des Menschlichen, aber in ihr ist die weibliche Akzentuierung wirksam. So wie der ‹alte Mann› als Figur dem männlichen Selbst ‹nahe› steht, so die ‹alte Frau› dem weiblichen. Die Geistkräfte dieser ‹alten Frau›, welche die menschliche Stufe des matriarchal bestimmten Daseins inkarniert, sind ebenfalls ‹männlich› als Animusse der matriarchalen Schicht, sie gehören zur weiblichen Geistseite und sind wie diese meist von den patriarchalen Animussen überdeckt und unterdrückt. Charakteristischerweise treten diese matriarchalen Animusse als Begleitfiguren der ‹alten Frau› häufig als weise sprechende und zauberkräftige Tiere, aber auch als Zwerge, Kobolde, Teufel und Dämonen auf, Symbole der mit der Natur, der Instinktseite des Lebens verbundenen Weisheit des Weiblichen.

Auch die an das Gestaltlose grenzende Figur des ‹patriarchalen Uroboros›, die zu der tiefsten archetypischen Schicht des im Weiblichen wirksam werdenden Männlichen gehört, hat diesen engen Bezug zum Naturhaften. Aber dieser Geist der Natur ist ins Kosmische ausgeweitet. Während er in seiner ‹unteren› Manifestationsform auch noch in Tiergestalt erscheinen kann, als Schlange und als Vogel, als Stier und als Widder, bedient er sich als einbrechendes Dämonisches oder Göttliches, welches das Weibliche heimsucht und es innerlich-geistig befruchtet, vorzugsweise der Symbolik von Wind, Sturm, Regen, Blitz und Lichtstrahl. In seiner höchsten Form manifestiert er sich als Rausch, Ekstase und Sinnerfülltheit bringende Macht einer das Irdische übersteigenden Musik, als Verzauberung einer höchsten Klarheit und Harmonie, einer Conjunctio mit dem Dasein, von der das Weibliche überwältigt ist. Dabei bewahrt die Sprache sowohl im ‹Erfülltsein› wie in der ‹Überwältigung› und ekstatischen ‹Auflösung› noch die Bildgewalt der sexuellen Symbolik, welche für den Einbruch des ‹patriarchalen Uroboros› in das Weibliche zuständig ist. Aber trotz dieser ‹männlich-patriarchalen› Seite geht die Symbolik des ‹patriarchalen Uroboros› über die Gegensätzlichkeit der Geschlechtssymbolik hinaus und enthält als ein in sich Geschlossenes die Gegensätze, so wie die Musik das weibliche Moll und das männliche Dur.

Das ‹Große Weibliche› ist auf dieses transpersonale Männliche als auf seinen ‹Herrn und Befruchter› bezogen als einen Geist, von dem es überwältigt wird und der sich in ihm ausspricht. Dieser patriarchale Uroboros ist als ‹Mond-Geist› sowohl ein unteres chthonisch Männliches, das im mythologischen Bereich als Herr der Sexualität, der Triebe, des Wachstums und der Fruchtbarkeit phallisch zeugt, wie auch ein oberes geistiges Prinzip, welches in Ekstase und Schau die Seherin und Muse, die Prophetin und Besessene erfüllt. Wie alle mythologischen Mächte ist der ‹Mond-Geist› als eine Grundkonstellation der Psyche auch im heutigen Menschen wirksam, in der Frau ebenso wie im Kinde und in der den weiblichen Grundkräften zugehörenden Tiefenschicht des Männlichen.

Wenn dieses Männliche wie im Urzustand noch mit dem Weiblichen ununterschieden zusammengehört und nicht nach außen auf einen Geistträger projiziert wird, wird das Weibliche als parthenogenetisch erfahren, als ‹Mutter des eigenen Vaters›, als Gebärerin des Männlichen, dem das Weibliche vorausgeht.

Solange das Weibliche noch ‹Große Mutter› ist, ist das Männliche ihm als Gestaltlos-Geistiges eingeordnet, als gestaltete Figur aber meist unter- oder nebengeordnet. So kann das Männliche als Unsichtbares, als Wind, oder als Sichtbares, als Strahl des Lichtes, nicht nur körperlich sondern auch geistig befruchten. Aber die Leben und Tod enthaltende Große Göttin hat später die ‹männlichen Begleiter› neben sich, das Phallus tragende, zeugende Männliche als Lebensgottheit, das waffentragende, todbringende Männliche als Todes-Gottheit. Der Mond ist die häufigste alle diese männlichen Aspekte in sich vereinigende Gestalt. Er ist als Symbol des patriarchalen Uroboros sowohl das vom Weiblichen geborene wie das in ihm zeugende Geistprinzip. Er ist der phallische Stier und das Sichelmondschwert des Helden, aber er ist auch der überwältigende Geist der Pythia und der Geist des Wahnsinns als Begleiter der zerstörenden und Wahnsinn bringenden ‹Großen Mutter›, die den von ihr Erfaßten mondsüchtig und ‹lunatic› macht.

Die Frau erfährt diesen Mond-Geist des patriarchalen Uroboros als ein männlich Eindringendes und Überwältigendes, dem die weibliche Psyche als ein Rezeptives und Passives gegenüber offen steht und von dem sie als von einem Unbekannten, Unbewußten in ihrer Ganzheit ergriffen und erfüllt wird. Dieses Unbewußte äußert sich im Weiblichen wie ein Trieb, der die Persönlichkeit treibt, zwingt und dirigiert, aber es ist gleichzeitig als Inhalt ein Geistiges, ein Geist-Instinkt, der als Bild und Intuition, als bewegendes Gefühl und Stimmung oder als bestimmende Forderung es lenkt und befruchtet.

Die intuitiv wissende, instinktiv dirigierte, gefühlsbetonte und emotionale, naturnahe und unbewußte Note, welche so oft dem Weiblichen zugeordnet wird, entspricht keineswegs nur einer Projektion der weiblichen Seite des Mannes auf die Frau, sondern beruht auf dieser Grundkonstellation einer größeren Nähe des Weiblichen zum Unbewußten und gerade auch zu einer ‹Geist-Seite›. Diese ‹Nähe› als relativ größere Offenheit gegenüber dem eindringenden Unbewußten ist die Grundlage der größeren Irrationalität des Weiblichen, sie hat aber ohne die Kontrolle des Bewußtseins den gefährlichen Nachteil, allem gegenüber offen zu sein. Deswegen ist der dem Weiblichen zugeschriebene größere Aberglaube, seine verstärkte Beeinflußbarkeit und Kritiklosigkeit die notwendige Schattenseite seiner größeren Sensibilität, inneren Empfänglichkeit und Intuition.

Diese inneren Geist-Wirkungen des Unbewußten äußern sich in der Frau als Haltungen des Glaubens und Wissens, als Auffassungen und Wertungen, die ihr Leben und Dasein oft unabhängig, ja im Gegensatz zu den Auffassungen ihres Bewußtseins bestimmen. Sie entstammen als ein männlicher Geist, mit dem das Weibliche als Ich übereinstimmt, einer tieferen Schicht als die Geisthaltungen, welche als Animusse der patriarchalen Welt das Bewußtsein des Weiblichen beherrschen. Die Animus-Figuren beider Schichten erscheinen als besitzergreifende ‹Komplexe› des Unbewußten der Frau im Traum und in der Phantasie als männlich, weil eines ihrer wesentlichen Merkmale der Dringlichkeits- und Eindringlichkeits-Charakter ist, der die weibliche Persönlichkeit und das weibliche Bewußtsein überwältigt.

Deswegen ist die Frau in allen Kulturen und zu allen Zeiten ein vorzügliches Opfer der ‹Besessenheit›, wobei das Besitzergreifende überall als ein ‹männlicher Geist› gilt. Sie wirkt als Priesterin und Seherin der Gottheit oder der Ahnengeister, als Schamanin, als vom ‹Zar› oder ‹Dybuk› besessene Kranke, als mittelalterlich vom Teufel besessene Hexe, als Heilige, als Medium oder als Hysterikerin. Charakteristischerweise tritt das ‹Besessenwerden› auch bei rein geistigen und seelischen Phänomenen, häufig in der Symbolik des Sexuellen auf, in der die Aspekte des ‹Eindringens›, ‹Aufnehmens› und ‹Empfangens› ihre größte Deutlichkeit besitzen. Der patriarchale Uroboros enthält aber gleichzeitig die Offenbarung einer höheren Geist-Ordnung und eines höheren Sinn-Zusammenhanges, der sich gegen den Widerstand und die Angst des Weiblichen durchsetzt. Diese vom patriarchalen Uroboros gebrachte Erkenntnis ist aber eine höchste Offenbarung, die erst allmählich deutlich wird, wenn das Weibliche sich dem im Männlichen inkarnierten Prinzip hingibt und seinen Weisungen folgt.

Dieses Richtunggebende aber erscheint nicht als logische Bewußtseinserkenntnis, sondern als eine Weisheit des Eros, dem das Weibliche in seiner Bezogenheit folgt und so, indem es die Wege dieses Eros geht, nicht nur sich selber erfüllt, sondern auch zu dem ‹weiblichen Geist› kommt, der das Offenbarungsgeheimnis des ‹patriarchalen Uroboros› darstellt. So ist der patriarchale Uroboros neben dieser Eros-Seite zugleich eine schöpferische Form des Logos, der zeugend seiner männlichen Symbolik getreu im Weiblichen der Frau – und des Mannes – fruchtbar wird.

Der ‹patriarchale Uroboros› ist also für das Weibliche ein erstes auftauchendes Bild einer vom Unbewußten her eingreifenden, zwingenden Orientierung, die sich anderen Triebrichtungen gegenüber durchsetzt, aber auch gegen den Widerstand des Bewußtseins, wo ein solches vorhanden ist. Nicht nur die überfallende Spontaneität des unbewußten Inhalts und die ihn begleitende überwältigende Emotion ist sein Kennzeichen, sondern er ist in seiner prägenden, bestimmenden und aktiven Richtung gebenden Gewalt ein unbewußt ordnendes Geist-Prinzip. Auf dieser Ordnung, die sich auch in Ritualen, Bräuchen niederschlägt, basiert zunächst unbewußt, später bewußt, jede frühe Kultur. Da auch diese Ordnung Heiliges von Unheiligem, Erlaubtes von Verbotenem, Gutes von Bösem trennt, beschränkt, ausschließt, ein- und abschneidet, ist in ihr eine Vor-Gestalt dessen wirksam, was auf höherer Ebene als männliches Logosprinzip, als Bewußtsein und als männlicher ‹Geist› erscheint.

Die Wirkung dieser unbewußten Geistseite des Weiblichen, welche vorwiegend auf die Natur und die allgemein wiederkehrenden Konstellationen des Lebens bezogen ist, wird in der patriarchalen Bewußtseins-Kultur mehr und mehr unscheinbar. Das Männliche ist beim Menschen in höherem Maße einerseits auf das Wechselnd-Einmalige des Daseins, andererseits aber auf die Entwicklung des abstrahierenden Bewußtseins mit ihrem Endpunkt in Naturwissenschaft und Technik eingestellt. Deswegen liegt in der patriarchalen Kultur der Akzent auf der Bewußtseinsentwicklung und auf der in der Frühzeit mit ihr verbundenen aktiven Magie. Dagegen bleibt der matriarchale ‹Lebens-Akzent› für die Urbeziehung, die Beziehung der Mutter zum Kind, erhalten, denn auch beim Menschen ist die für das Bestehen der Art entscheidende Aufzucht des Nachwuchses wie bei allen Säugetieren auf das Offensein der Mutter gegenüber der unbewußten Orientierung durch die Geistseite der Instinkte angewiesen. Diese Orientierung ist auf die Entwicklung des ‹Eros› angewiesen, des ‹Bezogenheits›prinzips, das als ‹participation› erscheint, in der das Ich – sei es mit der Umwelt, sei es mit der Welt des Unbewußten – verbunden ist. Erst diese Verbundenheit und das mit ihr fast identische Offensein des Menschen ist die Voraussetzung dafür, daß sich in ihm die Geistseite der Instinkte dirigierend durchzusetzen vermag.

Dieses unbewußt geistige Formprinzip taucht in der animalischen Welt und beim vorwiegend unbewußt lebenden Menschen als vom Instinkt geleiteter Weg, als orientierende Ahnung, als plötzliche Stimmung oder als unbewußt dirigierender Einfall auf. Auch diese

Art des orientierenden ‹Gestimmtseins› hat ihre Vorformen schon im Reich der Tiere, deren Verhalten von dem Eintreten oder Nichteintreten der entsprechenden Stimmung bei der Werbung und Aufzucht abhängt. Im Tierreich, in dem das Männchen nicht wie beim Menschen in der Betonung der Bewußtseinsentwicklung spezialisiert ist, herrscht der ‹unbewußte Geist› in beiden Geschlechtern gleichmäßiger, so wie auch noch bei ‹primitiven› Menschen die vom Unbewußten dirigierte matriarchal psychische Situation dominiert.

Das Kind und das Männliche in der Matriarchatsphase

Die matriarchale Situation äußert sich schon in der frühesten Phase der Urbeziehung darin, daß von dem Vorhandensein der tragenden Eros-Beziehung und ihrer kontinuierlichen Stärke das psycho-biologische Dasein des Kindes abhängt und daß der Gefühls- und Stimmungston die Atmosphäre und die Lebensluft der kindlichen Existenz ist, in der sich Ich und Bewußtsein bilden und entwickeln. Innerhalb dieses tragenden Erostones der Urbeziehung erfährt das Kind fortlaufend die ‹Eingriffe›, die sich in positiven und negativen Erregungen ausdrücken, durch welche das Kind dirigiert wird. Die ‹Große Mutter› tritt mit ihrer Eros-Qualität symbolisch als weiblich-mütterlich auf, dagegen erscheint ihr ‹Eingreifend-Erregendes› als männlicher Teil ihrer Ganzheit, als ‹patriarchaler Uroboros› und als Animus. Haltungen des Bewußtseins ebenso wie Inhalte des persönlichen und des kollektiven Unbewußten haben an diesen ‹Eingriffen› und ‹Einbrüchen› in das Dasein des Kindes ihren Anteil. Bewußte Auffassungen und Haltungen der Logosseite und der Moral ebenso wie unbewußte Einfälle und wertende Animusse der Mutter teilen sich dem Kind mit und dirigieren es. Da alle diese emotional geladenen Eingriffe, aus welcher Schicht sie auch stammen mögen, mit der Symbolik des ‹Männlichen› auftreten, besteht das Problem des Kindes nun darin, ob und in welchem Umfang es imstande ist, sich diesem Eingreifenden und Einbrechenden gegenüber als ‹offen› annehmend oder als ‹verschließend› ablehnend zu erweisen.

Für das Kleinkind gehört die Animusseite der Mutter, welche die Ordnung, das Nomosprinzip vertritt, zunächst insoweit zur ‹furchtbaren Mutter›, als sie eine Störung seines Wohlbefindens bedeutet und mit einem Eingriff und Überfall auf sein Dasein verbunden ist. Denn wie Freud – für diese Phase mit Recht – festgestellt hat, kann jede Begrenzung und Einschränkung als Versagung und als Liebesentzug wirken, dem das psychisch noch nicht vollentwickelte menschliche Wesen ausgeliefert ist. Indem es sich diesem entgegenstellt, gerät es aber in Gegensatz zu dem von der Mutter – sekundär – vertretenen Prinzip der sozialen Anpassung.

Später erfährt das Kind an diesem Männlichen der Großen Mutter Positives wie Negatives, Lust- und Unlustbringendes neben- und nacheinander, wobei das Lustbringende der ‹guten›, das Unlustbringende der ‹furchtbaren› Mutter unbewußt und bewußt zugeordnet wird.

Dem Gegensatz von Männlich–Weiblich geht in der menschlichen Entwicklung der allgemeinere voraus, in dem aktiv und passiv, erregend und erregt, leidenmachend und leidend die Gegensatzpole bilden. Alles was den anfänglichen Ruhezustand der kindlichen Psyche stört und beunruhigt, seien es Versagungen von außen oder Schmerzen von innen, ein plötzliches Aufwachen aus dem Schlaf oder ein aus irgendwelchen Gründen auftauchender Affekt, die Unlust des Hungers, aber auch die Lust der Nahrungsaufnahme und -abgabe und der Motorik: alles bildet eine ‹Störung› des allgemeinen Wohlbefindens, die das noch schwache Ich überwältigt. Wohlbefinden bedeutet für das Kind ein geschütztes, aber fließendes Gleichgewicht, das sowohl zwischen ihm und der Umwelt wie zwischen dem Ich und dem Unbewußten besteht. Dabei stellt in der frühesten Phase der ‹Körper› des Kindes sowohl einen Teil der Umwelt des Ich wie die Inkarnation dessen dar, was wir das Unbewußte nennen. Gerade diese Brückenstellung des Körpers führt ja dazu, daß alles Psychische ebenso wie die Welt- und Umweltsbeziehung des Kindes in der Symbolik des ‹Nahrungs- und Stoffwechsel-Uroboros› erlebt wird, welcher das dynamische Symbol-Bild des Körpers ist.

Die Überwältigung des Ich äußert sich in der frühesten Phase, in welcher das Ich noch am wenigsten Libido besitzt, zum Beispiel in der zum Schlaf führenden Müdigkeit, welche Ausdruck der Ich- und Bewußtseins-Erschöpfung des Kindes ist.

Störungen treten für das Kind zunächst unter zwei Aspekten auf, dem der positiven Erregung, die bis zur ‹lustvollen› Überwältigung des Ich führen kann, und dem der negativen Erregung, die zum Affekt und zur angstvollen Überwältigung des Ich führt. Also schon in der matriarchalen Phase der Urbeziehung, vor dem Auftreten des in den Symbolen von Männlich und Weiblich erfahrenen Gegensatzprinzips, treten Frühformen dessen auf, was später im Bild des ‹erschreckenden Männlichen› erfahren wird.

Daß alle Störungen der Gleichgewichtssituation, welcher Art sie auch seien, in der psychischen Symbolik als vom ‹Männlichen› kommend aufgefaßt werden, wird deutlich, wenn das erfahrende Bewußtsein so weit differenziert ist, daß das Störende in psychischen Bildern und nicht nur in psychischen Symptomen erscheint. Dann erscheint die ‹negative› Seite des Erregung-Erzeugenden in den kindlichen Träumen – wie in denen des Erwachsenen – oft unter dem Symbol von angsterregenden Tieren oder aber als Einbrecher und Räuber. Ein großer Teil der kindlichen Frühängste gehören, unabhängig davon, ob sie von entsprechenden psychischen Bildern begleitet werden oder nicht, zu diesem Phänomen des ‹Männlich-Einbrechenden›, dessen früheste Form die Störung des kindlichen Gleichgewichts, seiner physischen Ruhelage sein kann, auf die schon der Säugling mit Angst reagiert. Dabei ist dieses ‹Gleichgewicht› je nach der Entwicklungsphase des Kindes anders konstelliert, und je entwickelter die sich differenzierende Psyche wird, desto mehr Gegensätzliches kann in ihr ausbalanciert und integriert werden. Diese Störungen werden gemäß der archaischen, in Bildern sprechenden Psyche erfahren, als ob sie von einer Person, einem männlichen Archetyp oder einer männlichen Komplex-Figur ausgingen.

Wenn auch jedes Kind in seiner Entwicklung dieses Einbrechend-Störende erlebt, ist doch nicht nur die Stärke des Einbrechenden, sondern auch die erfahrende Intensität individuell sehr verschieden. Anlage- wie schicksalsmäßige Konstellationen können schon die Vor-Erfahrung des Einbrechend-Männlichen über die Norm hinaus erhöhen oder aber herabsetzen, denn es mischen sich in ihr Elemente, die aus dem Kinde selber stammen, mit solchen, die ihm schicksalsmäßig zustoßen.

Ein konstitutionell stark belebtes Unbewußtes, eine konstitutionell bedingte Affektbereitschaft, die das Kind von innen her überfällt, ebenso wie eine aus welchen Gründen auch immer schwache Entwicklung des Ich, verstärken den ‹einbrechenden› Faktor. Das gleiche gilt für alle ungewöhnlich starken Störungen der Normalentwicklung, seien sie Störungen der Urbeziehung oder frühe Milieustörungen, schicksalsmäßige Mangelsituationen, Hunger, Krankheiten oder aber Animus-Haltungen der Mutter, die das Kind eventuell ‹aus Prinzip› schreien und hungern läßt. Vom Kinde wird dies alles als ein und das selbe, nämlich als ein Eingreifend-Aktives, Feindlich-Zwingendes und Übermächtig-Vergewaltigendes, demnach als ein transpersonal Männliches erfahren, welches zur uroborischen Mutter gehört.

In der Urbeziehung werden alle diese Erregungen und Störungen als Störungen und Versagungen durch die Mutter erfahren, unabhängig davon, ob das Einbrechend-Störende durch die Mutter verursacht, ein Teil des kindlichen Unbewußten oder ein Teil der Umwelt ist. In der Dual-Union der Urbeziehung, in welcher noch keine Unterscheidung von Innen und Außen, Mein und Dein existiert, gehört eine ‹innere› Erregung des Kindes und sein Schmerz ebenso wie sein Hunger und seine Lust, aber auch eine von ‹außen› kommende Störung als Licht oder Dunkel, als Stimme oder als Geräusch zur umfassenden Welt der Großen Mutter. Umgekehrt wird ja auch eine innere personale Erregung dieser Mutter, ihre Zärtlichkeit und ihr Affekt, ihre positive oder negative Stimmung vom Kind als Veränderung seines Gleichgewichts erfahren, das in der mütterlichen Welteinheit, in der es lebt, aufgehoben ist.

Jedes ‹Einbrechende› äußert sich unabhängig von dem mit ihm verbundenen Inhalt als ein emotionaler Faktor. In dem Bezogenheitscharakter der Urbeziehung ist diese emotionale Komponente so stark betont, daß von ihr allein alles ‹Verstehen› und sich Orientieren abhängt. Aber auch noch vom etwas älteren Kind werden die Intentionen der Mutter als emotionale Größen der Zuwendung und Abwendung, der positiven und negativen Erregung erfahren. Die Eroskomponente der Bezogenheit ist primär, die Entwicklung des Bewußtseins und seiner Logosseite entfaltet sich erst in ihrem Gefolge und unter ihrer Leitung.

Durch diese prägende Kraft der Urbeziehung wird nicht nur die artgemäße Entwicklung des kindlichen Bewußtseins gesteuert, sondern sein ganzes Verhalten zur Umwelt wird durch sie bestimmt. Nicht zuletzt werden auf diesem Weg auch die von der Kultur bestimmten geistigen und religiösen Werte vom Kinde als emotionale Größen übernommen und ihm ‹selbstverständlich›. So werden und bleiben sie normalerweise vom Gefühl nicht diskutierte Größen, ein unbewußt bleibender Teil der Weltanschauung der Gruppe, an der das kindliche Individuum partizipiert. Denn schon in der frühesten Kindheit wird durch die Urbeziehung dem Kinde das zugänglich, was im Fest und Ritus als Mächte und Dämonen, als Gott und Teufel, aber auch als Dorf, Stadt und Vaterland die geistige Welt der Gruppe ausmacht. Nur unter besonderen Bedingungen unterliegen sie der Kritik des Bewußtseins.

Aber nicht genug mit dieser Verschränkung der Eros- und Logos-Komponente, auch der Nomos – die Moral-Komponente – ist mit der Urbeziehung zur Großen Mutter von Anfang an verbunden. Denn Ordnung, Grenzsetzung, Bejahung und Verneinung erlebt das Kind zuerst an der Mutter, die Selbst, Sozietät und Welt zugleich ist. Auch diese Nomos-Komponente, die sich im ‹Nein› oder ‹Genug› dem Kind als oberstes Gesetz entgegenstellt, ist ein Eingreifendes, eine Störung, auf welche das Kind natürlicherweise mit Erregung, ja mit Affekt reagiert, an der es aber sein Verhalten zu regulieren und dem Nomos seiner Umwelt sich anzupassen lernt.

Die Ordnungen und Grenzsetzungen, welche die Mutter dem Kinde gegenüber vertritt, entstammen aber nicht nur ihrer Bewußtseinswelt sondern auch der Welt ihrer Animusse, ihrer unbewußten männlich-geistigen und weiblich-geistigen Voraussetzungen. So stellen, jenseits der bewußt von der Mutter vertretenen Haltungen die bewußtseinsnächsten Animusse dem Kind gegenüber die Forderungen der jeweiligen Kultur dar, die als Einschränkung, Verbot, Dressur, aber auch als Wertsetzung und Gewöhnung da eingreifen, wo die bio-physiologische Ebene der Lebensfunktionen überschritten wird. Überall, wo ein Nahrungsritus die Nahrung, eine Reinigungsordnung das physiologische Leben des Säuglings formt, kommt es zur Auseinandersetzung der menschlichen Umwelt als Sozietät mit dem Leben des Kindes. Aber diese ‹Ordnungen› reichen in tiefere Schichten der menschlichen Psyche hinab, denn das formgebende Prinzip des mütterlichen Animus ist eine Fortsetzung von Formungsprinzipien, die schon im vormenschlichen Bereich auftauchen und als Ordnungsverhalten schon im Instinktgeschehen der animalischen Welt, etwa in der Brutpflege, nachweisbar sind.

Während aber das von der Mutter gelebte Beziehungsprinzip des Eros in der Symbol-Wirklichkeit der Psyche mit dem Weiblichen verbunden erscheint, tritt das in ihr lebendige Formprinzip als zur Welt des Männlichen gehörend auf. Als symbolisch männlich erscheint es, weil es aktiv eingreift, dirigiert, bestimmt, führt und vergewaltigt, aber auch die Ordnungen einer rationalen und geistigen Welt bewußt herzustellen sucht. Es besitzt Attribute, die in der späteren Entwicklung – im Gegensatz zur Urbeziehung – im wesentlichen den Vätern und der Männergruppe zukommen. Daß diese Haltungen grundsätzlich dem Männlichen zugeordnet werden, geht auch daraus hervor, daß da, wo das Weibliche als ‹Große Mutter› noch diese Attribute besitzt, sie als ihre ‹männlichen› Eigenschaften auftreten und den doppelgeschlechtlich-uroborischen Charakter des ‹Großen Weiblichen› konstituieren.

Die Mutter der Urbeziehung vertritt sowohl das Kollektive wie das Individuelle, sowohl die Ansprüche des Unbewußten wie die des sich innerhalb der Sozietät entwickelnden Ich. Diese in ihrer Überlegenheit und Zweideutigkeit numinose Position ermöglicht ihr die Integration des Gegensatzprinzips[3], und aus diesem Grunde ist sie (wie wir ausführten) anfangs das ‹Bezogenheits-Selbst› des Kindes, in dessen Ebenbild sich die integrierende Funktion des Ich entwickelt.

So stützt sich die kindliche Psyche auf das Überwiegen ihrer Erfahrung von der guten Mutter, und indem sie auch die Eingriffe und Einschränkungen der ‹furchtbaren Mutter› und die Unlust und das

Leiden annimmt, erweist sie sich als eine Ganzheit, in der das Gute und das Böse, Lust und Unlust integrierbar sind. Dadurch enthält die kindliche Psyche unbewußt in sich die Erfahrung von der Großen Mutter, von der Welt und sich selber als einer geordneten und sinnvollen Ganzheit.

Denn das, woran das Kind in seiner Identitätsbeziehung zur Großen Mutter angeschlossen ist, ist ja die sinnhafte Ordnung des Psychischen überhaupt, die Hierarchie der psychischen Kräfte und Instanzen in einer zusammengehörenden Ganzheit. Daß die Mutter für das Kind das ‹Selbst› ist, bedeutet für seine unbewußte Struktur eine Ordnungserfahrung grundsätzlicher Art. In der Geist-Ordnung, welche sich in der Mutter als Selbst manifestiert, sind Bewußtsein und Unbewußtes, Körper und Psyche, Innen und Außen, Welt und Mensch als eine kompensatorische Ganzheit zusammengeschlossen. Diese Ordnungs-Struktur, mit der das Kind verbunden ist, evoziert die im Kinde angelegte spezifische archetypische Ordnungsbereitschaft. Auch hier wird durch die Erfahrung der personalen Mutter, welche mit den Archetypen verbunden ist, das archetypische Geschehen im Kinde ausgelöst.

Der spätere Gegensatz von Individuum und Kulturkanon erscheint auf dieser frühen Stufe als der zwischen den Affekten und triebhaften Impulsen des Kindes und der Animuswelt der Mutter, welche die im Kinde angelegte innere Ordnung hervorruft und in Bewegung setzt. Der Konflikt von Ordnung und zu Ordnendem zwischen Mutter und Kind findet immer auch in der Psyche des Kindes selber statt als Konflikt zwischen seinen eigenen Ordnungsinstanzen und seinen Trieben.

Dabei ist das, was auf das Kind in der Urbeziehung als unbewußte Geistseite der Mutter einwirkt, etwas noch undifferenziert Allgemeines, das nicht an eine spezifische Eigenschaft oder Leistung der Mutter gebunden ist. Der undifferenzierten psychischen Situation des Kindes entspricht eine Undifferenziertheit dessen, was von ihm als Animuswelt der Großen Mutter erfahren wird, die sich zunächst nur als einbrechend, beunruhigend und störend-feindlich äußern kann. Wir stehen hier vor der in der menschlichen Psyche keineswegs seltenen Paradoxie, daß ein höheres Ordnungsprinzip von der mit Angst reagierenden Psyche als Überwältigung erfahren wird, wobei diese Angst gerade als Angst vor dem Chaos, vor der Unordnung auftritt.

Das Kind der positiven Urbeziehung kann diese Überwältigung aushalten und annehmen, weil es die Sicherheit der Urbeziehung so fundamental erfahren hat, daß es mythologisch gesprochen ‹sterben› kann in der Sicherheit, von der Großen Mutter wiedergeboren zu werden, ebenso wie es schlafen kann mit der Sicherheit, wieder aufzuwachen. So ist dieses Sich-Ausliefern an den patriarchalen Uroboros der Großen Mutter für das Kind, unabhängig von seinem Geschlecht, eine Vorform der ‹Todeshochzeit›, in der die Psyche – trotz ihrer Angst – auch für die ‹negative› Überwältigung offen ist, weil in ihr das Erosprinzip überwiegt.

Dieses Sich-Ausliefern-Können einem Übermächtig-Eingreifenden gegenüber ist ein wesentliches Merkmal der geglückten Urbeziehung. Es ist für das Gefühl der Lebenssicherheit des Individuums und für seine Beziehung zur Welt, zum Du und zum Unbewußten von fundamentaler Bedeutung und bestimmt in hohem Maße seine künftige Entwicklung.

Es ist einleuchtend, daß ein derartiges Geschehen, obgleich es in einer Phase und Tiefe stattfindet, in der noch kein Bewußtsein eines Geschlechts und eines Geschlechtsunterschiedes vorhanden ist, für das weibliche Kind von noch größerer Tragweite ist als für das männliche. In jedem Falle aber gehört diese Erfahrung mit der Möglichkeit zusammen, der Welt und der eigenen Psyche gegenüber offen zu sein. Dabei nimmt das Kind, unabhängig von seinem Geschlecht, zunächst eine im wesentlichen passiv-empfangende Haltung ein. Zwar besitzt es auch in dieser frühen Phase bereits eine Eigen-Aktivität der Mutter-Welt gegenüber, aber auch diese bleibt der geglückten Urbeziehung eingefügt und tritt nicht als sich abschließende Abwehr- und Trotzhaltung oder gar als beziehungs-feindliche Aggression auf. Im Gegensatz dazu ersetzt bei der mißglückten Urbeziehung das durch den Selbsterhaltungstrieb vorzeitig gebildete Not-Ich[4] durch seine verstärkte Abwehr-Aktivität und Aggression, durch Sicherung, was ihm an Sicherheit durch die negative Beziehung zur Mutter versagt geblieben ist.

Das Selbständigwerden des Ich und die Entstehung der Gegensätze

Während in der uroborischen Frühphase der Urbeziehung noch kaum von einer Ich-Aktivität zu sprechen ist, beginnt mit der ‹Geburt› des Selbst und des Ich am Ende des ersten Lebensjahres die Selbständigkeit der kindlichen Persönlichkeit zu Konflikten mit der Mutter der Urbeziehung zu führen. Auch in dieser zweiten Phase der Urbeziehung ist die Dominanz der Mutter als Mutterarchetyp noch überwältigend. Das, was mythologisch als ‹Welterntrennung› erscheint, beginnt aber schon hier psychisch als die Polarisierung der Welt in die Gegensätze deutlich zu werden. Dabei werden die Gegensätze von Ich und Du, Selbst und Welt, männlich und weiblich ebenso sichtbar wie der Gegensatz von Offensein und Sich-Verschließen, Annehmen und Ablehnen. Die psychischen Gegensatzfunktionen treten zwar nicht erst jetzt auf, aber sie werden in der Phase der Welterntrennung für die Ich-Entwicklung des Kindes besonders wirksam. Bis dahin sind die Gegensatzfunktionen derart miteinander vermischt, daß man wie von einer uroborischen Großen Mutter auch von einem uroborischen Verhalten des Kindes sprechen könnte. Knabe und Mädchen reagieren sowohl passiv-empfangend-‹weiblich› wie aktiv-männlich, und es ist für das weibliche Kind ebenso natürlich, sich dem Mütterlichen gegenüber männlich zu verhalten, wie eine passiv-weibliche Reaktion des männlichen Kindes der Animus-Seite der Mutter gegenüber möglich ist.

Mit dieser Entwicklung der kindlichen Persönlichkeit hängt die verstärkte Ambivalenz zusammen, welche die notwendige Entstehung eines Gegensatzes zwischen Mutter und Kind einleitet. Dadurch, daß in der kindlichen Erfahrung das Bild der Großen Mutter in das der guten und das der furchtbaren Mutter zerlegt wird, kommt es zur Polarisierung der Welt, zur ‹Welterntrennung› innerhalb des mütterlichen ‹Großen Runden›. Das Kind erfährt in seiner allmählichen Verselbständigung die Mutter ebenso oft als sich abwendend und verstoßend wie als annehmend und enthaltend. Dabei differenzieren sich die Gegensätze von Gut und Böse, freundlich und feindlich, lustvoll und unlustvoll und die von Ich und Nicht-Ich, bewußt und unbewußt so wie die mythologischen Gegensätze von Tag und Nacht, Himmel und Erde, Licht und Dunkel noch unter der Dominanz des Mutterarchetyps. Diese Differenzierung geschieht im mütterlichen Raum und innerhalb der Urbeziehung als der schützenden Überdachung des kindlichen Daseins.

Unabhängigwerden bedeutet aber immer auch zugleich Schutzlosigkeit, und jedes – auch nur scheinbare – Verlassen der Sicherheitsposition des Kindes wird von ihm als Einsamkeit erfahren. Aber obgleich sich das Kind – seiner Entwicklungsstufe folgend – von der Mutter fort- und der Welt zuwendet und dann die Mutter als böse und verstoßend erlebt, wird das zentrale Sicherheitsgefühl des Kindes dadurch nicht grundlegend gefährdet, wenn einmal das positive Fundament der Urbeziehung gelegt ist.

Die ursprüngliche Identität differenziert sich jetzt weiter, und die Gestalten der personalen Mutter, der Welt-Mutter, der Mutter als Welt, und der Nacht-Mutter, der Mutter als Unbewußtes, treten langsam auseinander, gegeneinander und alternieren miteinander. Die in der Urbeziehung erworbene Vertrauensbeziehung ist normalerweise der Nacht-Mutter des Unbewußten gegenüber von Anfang an wirksam, und das in der Urbeziehung zur Mutter geborgene Kind überläßt sich ohne Angst dem das Bewußtsein auslöschenden Schlaf, mit einem Sicherheitsgefühl und einer Geborgenheit, die das Sein auch des erwachsenen Menschen noch bestimmt, der auf alle anderen Auslöschungen seines Ich-Bewußtseins mit Angst reagiert. Eine derart positive Urbeziehung zur personalen Mutter und zur ‹Nacht-Mutter› äußert sich auch in der Hinwendung des Kindes zur Welt, welcher es als Welt-Mutter primär vertrauensvoll und angstlos begegnet.

Diese Welt-Mutter, welche die ausgreifende Neugierde des Kindes und die lustbringende Erweiterungstendenz seines Ich erfüllt, ist gut. Sie wird böse, wenn das Kind ermüdet oder in seinem Welt-Anspruch enttäuscht wird. Dann, wenn die Welt-Mutter dunkel und feindlich geworden ist, wendet es sich mit Selbstverständlichkeit der persönlichen Mutter zu oder kehrt zu der mit der Mutter verbundenen guten Mutter des Schlafes und der Nacht zurück. Aber auch umgekehrt strebt das Kind, wenn die personale Mutter ‹böse› ist, zur Welt, um sich ihr und den Genüssen, die sie bietet, mit dem gleichen Vertrauen zuzuwenden, welches es der personalen guten Mutter entgegenbringt.

Das Kind bewegt sich in dieser Phase seiner Entwicklung also im mütterlichen Raum zwischen der persönlichen Mutter, die ein Stück Außenwelt mit sich verbunden hat und zur Mutter des Bettes, des Zimmers, der Wohnung, des ‹Heimes›, der ‹Heimat›, geworden ist und zwischen der Welt-Mutter des Außen. Abwechselnd wird das Kind von diesen beiden Polen angezogen und abgestoßen und erfährt an beiden das Ja und Nein, Gut und Böse, das heißt die Gegensätze.

Diese Ambivalenz ist die erste Form, in der die für die Erfahrung der Welt-Ganzheit notwendigen Einstellungen des Menschen nach innen und nach außen geübt werden, welche später als introvertierte und extravertierte Haltung habituell werden. Während das Mütterliche in der ersten Phase der Urbeziehung normalerweise die notwendigen Versagungen oder Abwendungen durch das Überwiegen seines positiven Daseins integriert hatte, kommt es nun mit der Entwicklung des kindlichen Ich zu einer fortschreitenden Verstärkung der ‹furchtbaren› Attribute der Mutter auch dann, wenn die Mutter in Wirklichkeit, das heißt ‹objektiv›, die positive und integrierende Instanz bleibt. Nur auf diese Weise kann sich der notwendige Gegensatz des Kindes zur Mutter bilden, der schließlich mit der Abwendung von ihr und von der matriarchalen Welt, ihrer ‹Tötung› endet und so den Übergang zum Vaterarchetyp ermöglicht.

In der Phase der Urbeziehung, in welcher der Nahrungstrieb und die Symbolik des Stoffwechsel-Uroboros dominieren, spielt sich die Verbundenheit des Kindes mit der Mutter vorwiegend an seinem Körper ab. Die Körperganzheit des Kindes und die Mutter als Selbst sind die Pole des Einheitsfeldes, in welchem sich zunächst die Urbeziehung zur Mutter verwirklicht. Das einheitliche Körpergefühl des Kindes ist für sein vegetatives Dasein bestimmend, die Haut und die orale, später auch die anale Zone sind betonte Erlebnisfelder dieses Daseins, deren Vielfalt zwar noch in sich knospenhaft zusammengefaltet aber ihrer Natur nach polyvalent ist, indem sie in sich körperliche, seelische und geistige, individuelle, automorphe und soziale Faktoren enthält.

Die Mutter als ‹Große Mutter› erscheint hier vorwiegend als ‹Herrin der Pflanzen›, als beherrschende Göttin des Wachstums und der Ernährung. Die Welt und die zu ihr gehörende Zeit werden durch Hunger und Sättigung bestimmt, und der so vielen späteren Polaritäten zugrunde liegende Gegensatz von Lust und Unlust wird vom Kinde vorwiegend am Nahrungstrieb erfahren. Auch Wachen und Schlaf werden durch ihn bestimmt, und anfangs überwiegt diese Ordnung sogar die von Tag und Nacht, welche sich erst allmählich beim Kinde durchsetzt. Während die Dunkelphase der intra-uterinen Embryonalzeit, soweit wir wissen, von keinem Bewußtsein und Wachsein unterbrochen wird, setzt mit der Geburt diese Polarität ein, wobei das inselhafte Auftreten des Bewußtseins noch unter der Herrschaft des Nahrungstriebes steht.

Auf der Verbundenheit der Erlebnisse von Sättigung, Wärme, Wachsein, Bewußtsein und Licht mit der Mutter fußt die in der Urbeziehung erworbene Sicherheit des Kindes, wobei Mutter, Nähe, Sättigung, Lust und Einssein mit der Erfahrung von Licht und Wachsein eng verknüpft werden. Aber die Große Mutter der Nahrung als Licht ist mythologisch und symbolisch zunächst mit dem Monde, dem Licht der Nacht, verbunden. Denn das Kind lebt bei seinem Heraustreten aus der intra-uterinen Embryonalzeit des Dunkels ja noch nicht in der Polarität einer Tages- und Nacht-Welt, sondern es dämmert in der Welt eines kontinuierlichen Schlafdunkels, die nur von dem Rhythmus unterbrochen wird, in welchem die Mutter als Nahrung, Sicherheit und Wärme gebendes Licht den Schlaf des Kindes unterbricht. Das nachts ‹durchschlafende›, aber auch am Tage noch fast immer schlafende Kind ist noch nicht in die Tages-Ordnung der erwachsenen Welt eingetreten. Aber auch die Störung dieses Dämmerschlafes und das Hineinwachsen des Kindes in eine polarisierte Welt geschieht im Zeichen des Nahrungstriebes.

Denn der Nahrungstrieb in Gestalt des Hungers ist das ‹Wachmachende› und Störende, als erste Trieberregung, die das Kind zum Bewußtsein, zum Aufwachen zwingt. Zunächst sind Wachsein und

Bewußtsein, die ersten Polaritätserfahrungen, denen das Kind ausgesetzt wird, daher mit Unlust verbunden. Während in der intra-uterinen Embryonalzeit Genährtwerden, Schlafen und Geborgensein im Dunkel des Unbewußten miteinander identisch waren, ändern sich mit dem Eintreten des Kindes in die Welt diese Zuordnungen, und das Gegensatzprinzip beginnt auch schon innerhalb des Einheitsfeldes der Urbeziehung seine differenzierende Wirkung auf das Kind auszuüben. Nur durch die Mutter verwandelt sich das zunächst unausweichliche Zusammentreffen von Wachwerden, Bewußtsein und Unlust-Hunger. Erst sie ermöglicht dem Kind die für den Menschen so charakteristische Verbindung von Lust und Bewußtsein, denn durch sie wird die Erfahrung von Wachwerden, Licht und Bewußtsein mit der Erfahrung von Sättigung, Lust, Wärme und Sicherheit verbunden, welche die Unlust des Wachwerdens und des Hungers weit überwiegt.

Das Sicherheits- und Geborgenheitsgefühl im Dunkel des Unbewußten ist eine primäre vormenschliche und menschliche Erfahrung, das Zurückgleiten des Kindes in den Schlaf ist das Rückkehren in den primären Zustand des Enthaltenseins im uroborischen Dunkel. Um es anders zu formulieren, nicht daß das Kleinstkind angstlos schlafe ist das Problem, sondern daß es angstlos wach sein kann. Weil die Mond-Licht-Mutter der Urbeziehung die Trägerin des Bewußtseins, des Lichtes im Dunkel ist, das zugleich Erfüllung und Sicherheit bringt, stellt eine früheste Störung der Urbeziehung immer auch eine früheste Störung der Bewußtseinsentwicklung dar. Denn für die normale Entwicklung des Kindes bedeutet Bewußtsein eine Erfüllung, nicht aber eine Störung der enthaltenden Ursprungsdunkelheit des Unbewußten. Deswegen ist die gute Mutter der Urbeziehung als Mond-Herrin auch die Hüterin des Bewußtseins und seiner Entwicklung, ist die Sophia, während die ‹böse Mutter› immer der Entwicklung des Bewußtseins feindlich ist, indem sie die Tendenz zum Dunkel des Unbewußten hin, sei es zum Verbleiben in ihm oder zur Rückkehr in sein Dunkel, verstärkt. Deswegen hat umgekehrt die Angst vor der furchtbaren Mutter meist eine bewußtseinsstärkende Tendenz und spielt in der Entwicklung des Bewußtseins der ersten Lebenshälfte oft sogar eine positive Rolle.

So vollzieht sich unter der Kontrolle der Mutter der Urbeziehung allmählich die Einordnung des Kindes in die menschliche Tag- und Nachtwelt und die rhythmische Zuordnung von Wachsein, Bewußtsein und Tag auf der einen, von Unbewußtem, Dunkel und Nacht auf der andern Seite. Die durch den Sonnenlauf bestimmte Weltordnung ordnet von nun an das menschliche Dasein. Normalerweise aber bleibt auch diese Welt zunächst noch innerhalb der matriarchalen Ordnung, und kein Zwang vergewaltigt den Körperrhythmus des Kindes und die mit diesem zu einer Welteinheit verbundene Mutter. Auch in diesem Sinne ist die gute Mutter der Urbeziehung ‹Herrin der Pflanzen›, sie ist auf das natürliche Wachstum des Kindes eingestellt und auf seine Zeiten, die wie die Gezeiten von Ebbe und Flut von einem – unbewußten – Mond-Rhythmus bestimmt werden.

Der Lebensritus und Lebens-Rhythmus, der die natürlichen vom Körper-Selbst des Kindes bestimmten Einschnitte des Tages und der Nacht betont, festhält und bewußt werden läßt, steht im Zeichen der Verbundenheit des Eros, der Verbundenheit der Mutter mit dem Kinde. Das natürliche rituelle Verhalten des Kindes – und der Mutter –, das sich auf das Essen und die Befriedigung der Notdurft, das Spielen und den Zärtlichkeitsaustausch, das Schlafen und später auch auf das erste Lernen bezieht, ist immer vom Eroscharakter der Urbeziehung gefärbt. Es steht in einer matriarchalen Ordnungsbetontheit im Gegensatz zur Rationalität des Logosprinzips. Es ist vom Symbol und von der rhythmischen Wiederholung beherrscht, die aufs engste mit dem Körperrhythmus, der rhythmischen Körperbewegung, dem Lutschen und Strampeln, Krähen und Mummeln des Kindes zusammenhängt ebenso wie mit dem Summen und Singen, Wiegen und Streicheln der Mutter.

Aber auch das Eingreifen des patriarchalen Ordnungsprinzips, welches durch das Bewußtsein der Mutter und ihre Animusse repräsentiert wird, bleibt normalerweise – und nur dann kommt es zu keiner Störung – in die matriarchale Konstellation der Urbeziehung eingebaut. Auch der Konflikt zwischen der natürlichen matriarchalen, vom Körper-Selbst her dirigierten und der patriarchal rationalen, vom Bewußtsein und der Kultur gesetzten Ordnung, wird zunächst von der Mutter überbrückt. Das Kind wird in die rationale Tagesordnung der Gruppe unmerklich und ohne große Schwierigkeit eingefügt, wenn die Liebe der Mutter und das auf ihr beruhende Vertrauen des Kindes dominieren.

Die Entwöhnung

Die Entwicklung vom Matriarchalen zum Patriarchalen steht unter dem Symbol der ‹Entwöhnung›, das keineswegs auf die Entwöhnung des Säuglings von der nährenden Mutter zu beschränken ist, obgleich das Aufhören des nächsten körperlichen Kontaktes zur Mutter selbstverständlich einen entscheidend kritischen Punkt der kindlichen Entwicklung bedeutet.

Durch die Entwöhnung, eine ‹Entfernung› von der mütterlichen Brust, tritt innerhalb der Urbeziehung eine größere körperliche Distanz zwischen Mutter und Kind ein. Dieser Verlust wird aber normalerweise durch die Zärtlichkeit der Mutter ausgeglichen. Wo dies nicht der Fall ist oder wo die Mutter mit dem Abstillen ihre Aufgabe dem Kinde gegenüber für beendet ansieht und es an Hilfspersonen abgibt, kann die Entwöhnung zu einem schweren Schock werden. Ebenso wie aber das Stillen der Mutter eine gestörte Urbeziehung zum Kinde keineswegs ausschließt, kann innerhalb einer positiven Urbeziehung das Absetzen der Brustnahrung ohne jegliche Störung verlaufen. Die Entwöhnung und der Übergang von der frühen zu der späten Phase der Urbeziehung ebenso wie der Übergang von der matriarchalen zur patriarchalen Welt entsprechen der artgemäßen Anlage des menschlichen Kindes. In der normalen Entwicklung ist der von der Mutter gelenkte Übergang von einer Phase zur nächsten dem Kinde und seinem inneren Wachstumsrhythmus angepaßt. Darum ist die Mutter ja ‹Herrin des Wachstums›. In dem Einheitsfeld zwischen Mutter und Kind passen sich beide dem inneren und transpersonalen Wachstumsgesetz an, dessen Hüterin die Mutter ist.

‹Entwöhnung› bedeutet daher normalerweise keineswegs eine Katastrophe, da die im Kinde liegende Tendenz zu Autonomie, die sich auch in der steigenden Lust am eigenen Körper und seinen Funktionen ausdrückt, durch die Entwöhnung bestärkt und das Negative des Verlustes so durch einen neuen Gewinn kompensiert wird. Weil der Abbau der ‹Dual-Union› mit der Mutter eine der Voraussetzungen für die notwendige und artgemäß angelegte Ich- und Selbst-Entwicklung des Kindes ist, bildet nur ein mit der Entwöhnung verbundenes schockartiges Abbrechen der Urbeziehung einen Schaden für das Kind. In jedem Fall aber ist die Entwöhnung von der Brust ein Paradies-Verlust, welcher der archetypische Hintergrund des allgemeinen Kastrationskomplexes ist, in dem der Mensch seine Verlorenheit, sein Abgeschnittensein von der Welt und vom Leben als Verzweiflung und Einsamkeit erfährt. Die Primitivsituation des Menschen, in der das Kind dauernd mit dem warmen und Leben spendenden Körper der Mutter in ‹Kontakt›, in körperlicher Berührung war, reduziert sich allmählich immer mehr. Durch die Bekleidung von Mutter und Kind wird dieser ursprünglich den ganzen kindlichen Körper einhüllende Dauer-Kontakt auf den oralen Bezirk und auf die Zeit des Nahrunggebens eingeschränkt, oder sogar auf die Flasche als Ersatz der Mutterbrust. Besonders erschwerend wirkt sich dieser Prozeß aus, wenn die ursprünglich jede auftauchende Unlust stillende natur-rhythmische Nahrungsgabe durch die logoshafte Regelmäßigkeit eines an der Uhr orientierten Essens ersetzt wird. Fraglos ist diese kulturgemäße Entwicklung des menschlichen Kindes negativ, indem sie die Stillungszeiten affektiv überbetont, die Lust der allgemeinen Körper-Haut-Empfindung einschränkt und auf diese Weise die oralen, analen und genitalen ‹erogenen› Zonen übermäßig verstärkt.

Diese Kulturentwicklung wird teilweise dadurch kompensiert, daß das Kleinkind durch Küssen, Streicheln, Umarmen, Herumtragen den warmen Körperkontakt des Mütterlichen und die von ihm ausgehende Stillung erfährt. Fraglos führt aber die Unerfülltheit dieses infantilen ‹Fühlens› und ‹Sehens›, der Verlust der Selbstverständlichkeit, in der schon in der Primitivkultur dem Kleinkind der Körper des Gegengeschlechts vertraut wird, zu einer Entwicklungsstörung des abendländischen Menschen, bei dem das kulturell anerkannte Voyeurtum, von Reklame und Film bis zum Strip-tease, eine so übertriebene Rolle spielt.

Im allgemeinen geht ein Teil der Neuorientierung des modernen Menschen, seine Nostalgie nach der verlorenen ‹guten› Zeit und das Gefühl seiner ungesicherten Einsamkeit in einer ‹kalten› Welt mit auf diese Grundmängel des kindlichen Daseins zurück. Andererseits führt gerade dieser Mangel des erlebten Körperkontaktes in der Kindheit zu der Übersexualisierung des modernen Menschen, für den nur und einzig im Sexus die Sehnsucht nach dem Kontakt mit dem Körper des anderen Menschen zu seiner Erfüllung kommen kann. Daß und warum gerade in unserer Kultur der Mann so sex-überbetont ist, wofür die in der Menschheitsgeschichte wohl einzigartige Überschwemmung mit Bildern der nackten oder fast nackten Frau Zeugnis ablegt, kann erst deutlich werden, wenn wir die spezifische Entwicklung des Männlichen und seine Herauslösung aus der Urbeziehung deutlich gemacht haben. Andererseits muß sich hier die Frage stellen, ob nicht gerade die für die abendländische Kultur so charakteristischen Kindheits-Versagungen neben der Neurotisierung des abendländischen Menschen auch die Entwicklung seiner spezifischen Kultur und insbesondere seine wissenschaftliche Kulturentwicklung mitbedingen. Seine verstärkte und umgestellte Neugierde wird in andere kulturelle Bahnen abgeleitet und angeblich sublimiert. Sein Verlust an Natur wird durch die verstärkte künstliche Nahrung der Kultur ersetzt.

Die Entwöhnung ist nicht nur ein entscheidender Schritt der Loslösung aus dem mütterlichen Bereich, sondern gleichzeitig damit auch ein erstes Eintreten in die das Kind umgebende Kultur seiner Gruppe, in seine Umwelt. Die ‹Entwöhnung› als Abschnitt und Einschnitt besteht bekanntlich für die ihre Kinder oft jahrelang nährenden Mütter der Primitivkulturen gar nicht. Dort aber, wo die Mutter – wie in der abendländisch modernen Kultur – ihren Wirkungskreis nicht nur im Hause und in der engsten Umgebung des Hauses hat, wie noch im bäuerlichen Bereich, sondern außerhalb des Hauses beruflich tätig ist, ist der Einschnitt der Entwöhnung unausweichlich. Er reicht von verfrühtem Abstillen, dem frühen und oft verfrühten Ersatz der Erfüllung des kindlichen Nahrungsrhythmus durch die regelmäßige Mahlzeit bis zur Übergabe des Kindes an eine ‹fremde› Person oder eine Kollektivinstitution, die an die Stelle der Familie tritt.

In jedem Falle aber tritt das Kind damit zwangsläufig in die Kultur seiner Gruppe und die von ihr vorgeschriebenen Grundhaltungen ein, es ist dem – meist verfrühten – Kulturierungsprozeß ausgesetzt, der nun sein weiteres Leben schicksalhaft bestimmt. Der Eingriff des Mütterlichen in die kindliche Entwicklung hängt in hohem Maße davon ab, wie weit die Prägung der Mutter durch die Kultur ihrer Gruppe gesund oder krankhaft ist und ob ihre bewußten und unbewußten Animus-Haltungen im Gegensatz zur Natur der kindlichen Entwicklung und besonders der Urbeziehung stehen.

Sauberkeit, Körper-Aufrichtung und das Problem des Bösen.

So verschiedenartig auch die Möglichkeiten der kindlichen Störungen in ihrem Zusammenhang mit der Mutter sind, ein in unserer Kultur wichtiger Wendepunkt der Entwicklung hängt fraglos mit der analen Sauberkeitserziehung des Kindes zusammen. In der ersten Phase der kindlichen Entwicklung ist das Anale ein in das gesamte Dasein integrierter Bezirk, dessen Erregungen in keiner Weise aus dem Körperganzen herausfallen. Eine wesentliche Rolle spielt dabei das natürliche Zusammengehören des Ausgeschiedenen, der Fäzes, mit dem Körper-Selbst.

Wie sich – unabhängig von der Psychologie des Kindes – bei den Primitiven nachweisen läßt, ist jeder Teil des Körpers und jede seiner Ausscheidungen und Abfälle, von den Nägeln und Haaren bis zu den Speiseresten, nach dem Pars-pro-toto-Gesetz der primitiven Welt mit der Ganzheit des Körpers und des Individuums, seinem Körper-Selbst, identisch. Auf dieser Zusammengehörigkeit fußt eine große Anzahl von Zauberhandlungen, welche diese ‹Teile› des Körpers magisch verwenden. In der Phase des Körper-Selbst, in welcher der Archetyp der Ganzheit als ‹Nahrungs-Uroboros› als im Einnehmen und Ausgeben auf allen körperlichen Ebenen verwirklichte Lebensganzheit das beherrschende Symbol ist, ist jede Funktion dieses Körpers lebensmächtig und sakral. Am deutlichsten ist das dem modernen Menschen in der Symbolik des ‹Atems›, der in Sprache oder Kunst, zum Beispiel als Lebensatem und ‹Hauch Gottes› noch heute ein sinnhaftes Symbol der Lebens- und Seelensubstanz darstellt.

In der gleichen Bedeutung finden wir in der Phase, in welcher sich das Selbst vorwiegend als ‹Körper-Selbst› manifestiert, daß alle Körperstoffe, nicht nur die von uns als ‹Abfälle› bewerteten Stoffe wie Haare, Nägel, Urin, Fäzes, Menstrualblut, sondern ebenso Speichel, Schweiß, Samen und Blut mit Mana, mit magischer Zauber- und Seelenkraft geladen und mit dem Leben des Individuums aufs engste verbunden sind. Deswegen ist bis heute im Aberglauben und in der Volksmedizin die Bedeutung dieser ‹Seelenstoffe› erhalten.

Analog zu diesem phylogenetischen Bestand finden wir ontogenetisch, daß für das Kind besonders der Kot nicht nur ein wesentlicher Teil seiner selbst ist, sondern darüber hinaus etwas von ihm schöpferisch ‹Gemachtes› darstellt, das mit ihm verbunden ist. Daß Defäzieren und ‹Machen› in der Sprache dasselbe sind, betont diese schöpferische Qualität des Analen. In der positiven Urbeziehung bleibt diese schöpferische Einheit gewahrt, und die Kotabgabe ist sowohl eine positive Leistung wie ein Geschenk, das in die Gefühlsatmosphäre der Mutter-Kind-Verbundenheit eingebaut ist.

Der Zusammenhang von Oralem und Analem als einem lebendigen Ein- und Ausgehen, in dem beide Pole gleichwertig und aufeinander angewiesen sind, ist archetypisch. Deswegen wird in vielen Mythen der mit dem Erdhaften verbundene Kot zum Ausgangspunkt schöpferischer Lebensentwicklung. So können nicht nur, wie an vielen Orten der Erde, Nahrungsmittel und natürlich gerade die unterirdischen Knollengewächse aus den Exkrementen entstehen, sondern, wie in Japan, sogar Götter.[5]

Der in die Erde vergrabene erdfarbene Kot läßt Wachstum entstehen, und aus dem Verfault-Stinkenden entsteht das Wiedergeborene, das neue Leben, und umgekehrt werden aus dem wohlriechenden Essen Fäzes, die der Erde und dem Kreislauf des Lebendigen zurückgegeben werden, dem der Mensch eingefügt ist. So ist in vielen Frühkulturen der Zusammenhang von Kot als einem Lebendig-Organischen des Körpers mit dem Lebendig-Organischen der Erde, in die er vergraben wird, evident. Auch wo seine wirtschaftliche Bedeutung als Düngemittel und als Brennstoff zurücktritt oder nicht vorhanden ist, gilt er als magischer und bedeutsamer Stoff. Sogar da, wo er als ‹unrein› gilt, bleibt seine magische Bedeutung erhalten. Auf der matriarchal prä-genitalen Stufe gehen Oral und Anal als Leben und Tod ineinander über, das eine ist mit dem anderen unauflösbar verbunden.

In dem vegetativ betonten Weltbild, über dem die Große Göttin als Herrin alles Pflanzlichen thront, ist Tod, Fäulnis, Verwesung und Gestank nichts Lebensfeindliches. Weil in dieser Welt die Kontinuität des Lebendigen in Leben, Tod und Wiedergeburt positiv erhalten ist, das Individuelle aber noch nicht überbetont ist, bildet der Tod hier kein Ende und keinen Gefahr bringenden Einschnitt.[6]

In der ersten Phase der Urbeziehung gelten diese Bedingungen auch für das zivilisierte Kind des Abendlandes, das in allen seinen Funktionen, körperlichen Äußerungen und Körperteilen integer ist und dessen Körper-Selbst in seiner integrativen Ganzheit ungespalten bleibt. Die Liebe der Mutter kennt – soweit sie ungestört ist – dem Körper und den Körperfunktionen des Kindes gegenüber keinerlei Ekel und akzeptiert die natürlichen Bedürfnisse des Kindes als selbstverständlich, ohne ‹regulierend› in sie einzugreifen.

Aber nicht nur in der abendländischen, sondern auch schon in einer großen Anzahl sogenannter primitiver Kulturen ist die ‹Abwendung› vom Analen anscheinend sehr früh erfolgt, wodurch aber die Analerziehung des Kindes zu einem entscheidenden Einschnitt seiner Entwicklung geworden ist. Diese Erziehung sollte normalerweise erst in einer Phase der Entwicklung einsetzen, in der das Kind ihr ohne Schwierigkeiten nachkommen kann. Aber von einem kulturell oder individuell neurotischen Verhalten wird dieser Erziehungseinschnitt widernatürlich vorverlegt und so in den natürlichen Wachstums- und Reifungsprozeß des Kindes verhängnisvoll eingegriffen.

Ein entscheidender Abschnitt der Entwicklung des Kindes beginnt, wenn ein Teil des bis dahin noch nicht funktionierenden motorischen

Nervensystems ausreift und dem Ich-Willen unterstellt werden kann. Dieser Punkt der Ich-Entwicklung, der seine sichtbarste Erscheinung im Sich-Aufrichten und später im Selbständig-Gehen des Kleinkindes erreicht, hat aber wichtige Vorstufen, denn das motorische System reift in seinen verschiedenen Teilen allmählich und nicht zur gleichen Zeit.

So ist auch die Beherrschung des Schließmuskels des Afters ein Wachstumsprozeß, der wie das Greifen, Sprechen, Beißen, Stehen und Gehen seine natürliche ‹Eigenzeit› besitzt. Obgleich diese Eigenzeiten der Entwicklung biologisch artgemäß angelegt sind, bestehen innerhalb dieser Wachstumsanlagen individuelle Varianten. Das eine Kind spricht, steht und geht früher als das andere, ohne damit im mindesten ‹abartig› zu sein, und die ‹Reinlichkeit› des Kindes unterliegt ebenso individuell variierten Wachstumszeiten.

Der Reifeprozeß der Motorik, die erste Entwicklung des selbständig werdenden Ich und die Aufrichtung des Körpers stehen miteinander in einem wesentlichen Zusammenhang. Motorische Reifung bedeutet, daß wesentliche Teile des Körpers mit dem Ich verbunden und ihm allmählich unterstellt werden. Dieses befehlende und handelnde Ich ist aber, vom Körperbild her gesehen, ein Kopf-Ich, denn der Kopf ist beim Menschen in hohem Maße der Träger der Orientierung in der Welt durch die Sinnesorgane. Die im Verhältnis zum Gesamtkörper ungewöhnliche Größe des Kopfes in der Kindheit ist identisch mit der Rolle des aktiven Ich, das in die Welt ausgreift und später ausschreitet, wobei der Kopf als Zentralsymbol der menschlichen Ich-Aktivität erfahren wird, wie die Kopffüßler der Kinderzeichnungen deutlich machen.

Während in der ersten Lebenszeit des Säuglings der orale Pol hauptsächlich passiv-aufnehmend ist und nur im Saugen seine antagonistisch aktive Seite ausdrückt, wird die orale Aktivität, die besonders in allen Vorformen des Sprechens deutlich wird, in der Phase der Zahnentwicklung besonders verstärkt. Diese Verstärkung ist aber nicht im eigentlichen Sinne ‹aggressiv›, sondern bedeutet ein neues Stadium der Welt-Bemächtigung. Gemäß der in dieser Phase herrschenden Nahrungssymbolik ist Essen, Beißen, Zerkleinern eine wesentliche Form der Weltverarbeitung.

Wir müssen an dieser Stelle zwischen einer ‹artgemäßen› und einer ‹sozial anerkannten› Aggression unterscheiden, die eigentlich nicht oder nur teilweise diesen Namen verdienen, und zwischen der Aggression, welche als ein pathologisches Phänomen sei es die jeweils artgemäß gegebene oder die sozial anerkannte – ja bisweilen geforderte – Aggression überschreitet. So ist mit der Tatsache eines Gebisses ein artgemäß normales Verhalten verbunden, das sich im Zerkleinern der Nahrung äußert und nicht eigentlich aggressiv ist. Aber es ist geeignet, für die Aggression verwendet zu werden, wenn zum Beispiel ein Mensch einen anderen beißt. Dagegen ist die Tatsache, daß ein Raubtier ein anderes Lebewesen beißt und frißt, artgemäß und nicht pathologisch aggressiv. Deswegen nennen wir einen Hund, der sich artgemäß oder nicht der Domestizierung gemäß verhält, bissig oder ‹bösartig›. Ebenso halten wir – ob mit Recht oder Unrecht sei hier dahingestellt – den kriegführenden Menschen, der sich in einer sozial anerkannten und geforderten Weise aggressiv verhält, für ‹artgemäß› und nicht für pathologisch.

In diesem Sinne ist die Normalentwicklung des kindlichen Gebisses und seiner Funktionen artgemäß und nicht pathologisch ‹aggressiv›. Vielleicht sollte man dieses Normal-Verhalten als aggressive Aktivität bezeichnen, um sie von der echten Aggression, etwa eines seine Mutter beißendes Kindes abheben zu können.

In der Normalentwicklung ist aber bei dieser ‹aggressiven Aktivität› der Mund, abgesehen von seiner Funktion für die Nahrungsaufnahme, ein Sinnes- und Erkenntnis-Organ, das die Welt durch Einverleibung kennen lernt und nach innen nimmt, indem er sie ‹schmeckt› und ißt. Für die Welt des Säuglings, die zunächst mit der Mutter als Brust und als Nahrung identisch war, ist der Mund eine der wesentlichen Erfahrungsquellen; so ist es eher auch noch beim Kleinkind, das alles in den Mund nimmt.

Die Verbindung des Erkenntnistriebes mit der aggressiven Aktivität des Oralen ist daher von Anfang an artgemäß gegeben, wobei der Erkenntnistrieb eine wesentliche humane Form der Weltbemächtigung darstellt, die wir nicht von anderen Trieben ableiten können, sondern die – worauf Jung schon früher hingewiesen hat – die Entwicklung des Kindes wesentlich bestimmt. Das für den Menschen charakteristische Bewußtsein ist ja viel weniger ein passives Spiegelorgan, in welches das Bild der zu erfahrenden Welt einfällt, als ein Organ und Instrument aktiver Gestaltung, welches – wie die Sprache verdeutlicht – die Welt ‹erfaßt› und ‹begreift›. Bei diesem Erfassen ist nicht nur, wie in der magischen Phase, das Motiv der Bemächtigung, des Machthabens über die Natur deutlich, das in der modernen Technik mündet, sondern es verleugnet auch in der spezifischen Form der patriarchalen Bewußtseinsentwicklung nicht diesen Akzent, der im Kampf des Helden sein mythologisches Urbild besitzt.

Die Symbole der aggressiven Aktivität sind deswegen spezifische Symbole des Bewußtseins und besonders des Denkens, das sprachlich mit einer Fülle kriegerisch-militärischer Symbolik verbunden ist. Das patriarchale Bewußtsein ist grundsätzlich auf einen ‹Ausschnitt› der Wirklichkeit bezogen, und immer ist Erkenntnis eine ‹Operation›, die herauslöst, isoliert, abgrenzt. Daß daher die orale Symbolik eine für den Menschen typische Form der Welterfassung anzeigt, weist auf den Anteil aggressiver Aktivität des Gebisses hin, der mit dem analytisch verkleinernden Anteil zusammenhängt, welcher der Erkenntnis vorausgeht, wobei dann dem Mund die antagonistische und kompensatorische Bedeutung des Aufnehmens und Nach-Innen-Nehmens zukommt, welche dem eigentlichen Akt des Erfahrens entspricht. Die Arme stehen für die Form des Ergreifens und Erfassens der Welt, abgesehen von der Funktion der Welt-Umgestaltung, die mit ihnen verbunden ist. Die Hand ist das spezifisch menschliche Organ, in dem aktive mit rezeptiver Welterfassung und Welterfahrung aufs engste verbunden sind.

Mund und Arme sind wesentliche Erkenntnisorgane des sich der Welt bemächtigenden Kopf-Pols, in dessen Bemächtigungs-Valenz immer auch der Ton der aggressiven Aktivität mit enthalten ist, ohne deshalb pathologische Aggression im Sinne des Sadismus zu bedeuten. Denn für den Begriff des Sadismus ist, im Gegensatz zur Aggression, das Motiv der bewußten Schmerzzufügung wesentlich, das der naiven aggressiven Aktivität vollständig mangelt, die mit dem Erkenntnistrieb der menschlichen Weltbemächtigung verbunden ist.

Die mit der Bezahnung fast gleichzeitige Aufrichtung des Körpers ist Ausdruck dessen, daß die ausgreifende und sich der Welt bemächtigende Aktivität des Kindes ein neues und einen weiteren Weltumfang erfassendes Stadium erreicht hat. Mit dieser artgemäßen Aufrichtung geht eine neue Körper- und Weltorientierung Hand in Hand. Es kommt – immer noch innerhalb der matriarchalen Welt – zu einem entscheidenden Fortschritt der Polarisierung, welcher die Vorstufe der späteren endgültigen Polarisierung der Welt darstellt.

Bei den vierbeinigen Säugetieren sind Kopf- und Schwanz-Pol gleichermaßen hervorgehoben; so ist zum Beispiel bei den Pavianen der Schwanz-Genital-Analpol farblich akzentuiert. Auch beim liegenden Kleinkind ist trotz der Betonung des Kopfes die Körperganzheit das Entscheidende, und die Erfahrung des unteren Körperpols ist in sie integriert. Anfangs steht das Körper-Selbst des Kindes als Zentrum der unbewußt dirigierten Körper-Psyche im Vordergrund, was gleichzeitig bedeutet, daß auf der Ganzheit des Körpers, ohne eine besondere Bevorzugung einer einzelnen Körperregion, der Akzent liegt. Die Körperwelt, die mit ihren Drängen, ihren Schmerzen und ihrer Lust dem Ich als ein Anderes gegenübersteht, ist in der durch die Mutter garantierten Einheitswirklichkeit fast ganz mit dem Welt-Du des Mütterlichen verschmolzen. Das Kind ist noch nicht als ‹Eigen-Körper› vom Mütterlichen abgehoben und hat auch noch nicht die dem eigenen Körperlichen entstammende Unlust als zu sich gehörend integriert. Mit steigender Ich-Entwicklung und steigender Beziehung des Ich zum Körper und seinen Funktionen wird aber der Körper als Ganzheit und als ‹eigener Körper› so weit erfahren, daß das Körper-Selbst, also die Erfahrung des Körpers als eines ‹man selbst› und als einer Ganzheit, die Basis für die Selbständigkeit des Ich und für die Beherrschung von immer mehr körperlichen Funktionen wird.

Mit der menschlichen Aufrichtung kommt es dann aber zu einer Betonung des Kopf-Pols, die der verstärkten Weltorientierung durch die im Kopf liegenden Sinnesorgane und durch die betonte Entwicklung des Gehirns entspricht. Nun emanzipiert sich allmählich der Ich-Kopf-Pol als Mittelpunkt der Persönlichkeitsaktivität, und von ihm ausgehend wird eine neue Orientierung als oben und unten, vorne und hinten gültig. Der artgemäßen Aufrichtung zusammen mit der Dominanz des die Welt ergreifenden Ich-Kopf-Pols entspricht aber eine Abwendung von der Erde unten und eine Zuwendung zum Himmel oben. Diesem Krisenpunkt der Abwendung vom unteren Körperpol entspricht ein Aspektwandel der Großen Mutter. Bisher war sie als Herrin der Pflanzen die oberste Instanz der – weitaus unbewußten und mehr oder weniger konfliktlosen – Wachstumsgesetze der kindlichen Entwicklung, in welchen das Ich noch eine untergeordnete, das Selbst der Mutter die entscheidende Rolle spielt. Jetzt wird sie als Herrin der Tiere die Herrin eines in höherem Maße polarisierten, aber auch komplexeren Daseins, in welchem das Ich und das kindliche Bewußtsein sich im Konflikt mit Trieben und Tendenzen befindet, welche von dem den Kulturkanon der Gruppe vertretenden Über-Ich abgelehnt werden.

Die menschliche Figur der die Tiere beherrschenden Großen Göttin bedeutet auf der psychischen Ebene, daß das in der Mutter inkarnierte Selbst als die Ganzheit des Körpers bestimmendes Körper-Selbst den Widerstreit zwischen den Triebtendenzen innerhalb der Persönlichkeit, und als die Verkörperung der Welt-Mutter den Konflikt zwischen Persönlichkeit und Gemeinschaft im zwischenmenschlichen Lebensraum überwindet und integriert.

Bei einer positiven Urbeziehung herrscht zwischen dem Ich und dem Du der Triebe ebenso wie zwischen dem Ich und dem Du der Sozietät ein positives Gleichgewicht, in welchem nicht das eine auf Kosten des anderen unterdrückt wird. Das sich normal entwickelnde Ich wird nicht zum Vertreter des Unbewußten, der Triebe und Instinkte, im Gegensatz zur Sozietät, aber auch nicht zum Vertreter der Sozietät im Gegensatz zu dem Unbewußten, das es unterdrückt und verdrängt. Auf der positiven Urbeziehung fußend, entwickelt der Mensch ein psychisches System, dessen Zentren Selbst und Ich darstellen, die in der ‹Ich-Selbst-Achse› zusammengeschlossen sind. Sie ist die Grundlage der Ausgleichs- und Gleichgewichtstendenz der Persönlichkeit, und an ihr spielt sich die Kompensation nicht nur zwischen dem Ich und dem Unbewußten ab, sondern auch die zwischen der Welt und dem Individuum.

Die für den Menschen dieser Entwicklungsstufe charakteristische Welt-Polarisierung geht aber auch Hand in Hand mit der psychischen Systemtrennung von Bewußtsein und Unbewußtem als der deutlichsten Ausprägung des Gegensatzes von Ich und Nicht-Ich. In der Zuordnung zum eigenen Körperschema entsteht, wie schon in der archaischen Weltorientierung, die Gleichung Kopf–Ich–Oben–Himmel und der Gegenpol: Unterer Körperpol – Nicht-Ich–Unten–Erde. Auf ihr beruht die archetypische Symbolverbundenheit von Kopf-Bewußtsein–Licht und Sonne und ihr chthonischer Gegensatz: Unterer Körperpol–Triebseite–Dunkel und Erde. Deswegen entspricht die Konfliktsituation schon des Kindes der Polarisierung der Psyche in das Kopf-System mit Ich, Wille und Bewußtsein auf der einen und der mit diesem in Konflikt geratenen Welt des Unbewußten und der Triebe auf der anderen Seite.

In dieser Entwicklung spielt das Anale als erster Repräsentant der chthonischen Seite eine entscheidende Rolle, denn während der untere Körperpol später durch das Genitale symbolisch vertreten wird, repräsentiert ihn auf der vorhergehenden Stufe, der Nahrungssymbolik, das Anale. Bei einem großen Teil der Säugetiere ist die Orientierung durch den Geruchssinn an die Erde und die an ihr haftenden Körperausscheidungen gebunden. Schweiß-, Urin-, Kot- und Genitalgerüche bilden hier eine wesentliche Grundlage für die Orientierung im sozialen und in dem mit diesem verbundenen Welt-Raum. Mit der Aufrichtung des Menschen tritt dieses erdbezogene Geführtwerden durch den Geruch zurück und wird von der optischen ‹Orientierung› überlagert, die nach dem Osten, dem Sonnenaufgang, gerichtet und mit der Symbolik des Lichtes und des Bewußtseins verbunden ist.

Weder soll damit gesagt werden, daß die optische Orientierung auf den Menschen beschränkt ist, sie ist bei den Vögeln viel höher entwickelt, noch können wir von einem Ausfallen der Geruchsorientierung beim Menschen sprechen. Aber in der Vielfalt der menschlichen Orientierung tritt nun die optische obere Orientierung in einen Gegensatz zu der unteren Orientierung durch den Geruch. Auch hier setzt eine Polarisierung ein, die in der frühen Säuglingsstufe noch keineswegs vorhanden ist. Jetzt werden die Analgerüche als ekelhaft abgelehnt und das Anale, wie alles Unten- und Hintenliegende überhaupt, zum Inbegriff des Ekelhaften, Häßlichen, Bösen und Sündhaften, wofür eine Unzahl von Beispielen aus der Sprache, der Religion und dem Brauchtum anzuführen wären. Insbesondere in der patriarchalen Kultur wird diese Polarisierung durch die Verbindung von Teufelsgestank, Unrat, Kot ebenso wie der später - wenigstens offiziell - abgelehnte Körper- und Sexualgeruch durch die Verbindung von Teufel und Bock deutlich.

Keineswegs besagt das, daß die chthonische Orientierung durch den Geruch verschwindet. Sie überlebt aber hauptsächlich in dem vom patriarchalen Wertkanon nicht erreichten Gebiet des ‹Aberglaubens›, den Resten des sogenannten Heidentums und der Primitivität. So wissen wir, daß die Magie in hohem Maße von der symbolischen Zusammengehörigkeit von Geruch - Luft und Geist Gebrauch macht und die Verbindung des Geruchs von Schweiß, Menstrualblut und Exkrementen mit der Körperpersönlichkeit überaus häufig die Grundlage des Zaubers, besonders aber des Liebeszaubers ist. Daß der ‹Verfall› dieser Geruchswelt im wesentlichen nur der Verdrängung durch die jüdisch-christliche und patriarchale ‹obere Geist-Welt› entstammt, geht auch daraus hervor, daß sogar diese ‹obere› Sphäre noch mit der erdhaften unteren Geruchswelt verbunden ist. Auch die Götter lieben den ‹Geruch› des Opfers, den Weihrauch und die Wohlgerüche, in deren Zusammensetzung, wie man weiß, chemische Stoffe wichtig sind, welche sich gerade auch in den als ‹ekelhaft› abgelehnten Gerüchen finden. Aber obgleich der ‹gute Geruch› in der Welt der Primitiven ebenso wie in unserer Zivilisation eine wesentliche Rolle spielt, wird sich zwar kein oberflächlicher Mensch schämen, von dem schönen oder häßlichen Aussehen eines Menschen zu sprechen, viele aber werden zögern, sich darüber zu äußern, ob jemand einen angenehmen oder unangenehmen Geruch habe. Und doch besteht die Tatsache, daß Jemanden-‹nicht-riechen-Können› der Ausdruck für eine tiefe und, wie man dann meist nicht mit Unrecht sagt, ‹instinktive› Form der Abneigung ist.

Die von der menschlichen Sozietät gesetzte Ablehnung des Analen geht so weit, daß - wie Malinowski mitteilt - bei den Trobriands als ein Ausdruck der besonderen Liebe der Eltern und der Verpflichtung des Kindes ihnen gegenüber betont wird, die Eltern und besonders auch der Vater hätten die Reinigung des Säuglings und die Wegschaffung seines Kotes auf sich genommen.[7] Daß aber auch in unserer Kultur die hintere Körperzone zu dem – wenn auch heimlich – erotisch anerkannten Bezirk gehört, beweisen Mode und Kunst. Weder die Geruchswelt noch die Stoffwelt des Analen ist, wie wir seit Freud wissen, primär ekelhaft, sondern dieser Ekel wird in dem allerdings konsequenten Zusammenhang gezüchtet, in dem die patriarchale Welt alles ‹Obere›, Geistig-Nichtsinnliche betont und alles ‹Untere›, Körperlich-Irdische ablehnt.

Während also in die erste Phase der Urbeziehung das Anale positiv einbezogen ist, wird es später einer moralischen Entwertung und Ausklammerung unterzogen, welche der symbolischen Feindschaft der Himmels- zur Erd-Welt entstammt. Die Zusammenhänge zwischen der Analwelt und der Welt der bildenden Künste, der Plastik ebenso wie der Malerei, sind zuerst von der Psychoanalyse aufgedeckt, aber wie so oft reduktiv mißdeutet worden. In Wirklichkeit ist die bildende Gestaltung normalerweise keine Sublimierung verdrängter, sondern unter vielem anderen eine schöpferische Fortbildung der erhaltenen und in die Gesamtentwicklung eingebauten Analstufe. Die natürliche Freude am Plastischen, die das Kind zuerst am Kot, später am Dreck, Lehm und an der Erde schöpferisch erfährt, ist die unbewußte allgemein menschliche Voraussetzung des plastischen Ausdrucks und der Verwendung plastischen Materials beim Erwachsenen. Nicht zufällig gehören Körperbemalung, Wandmalerei und Keramik zu den frühesten bildnerischen Künsten der Menschheit, und in allen spielt das ‹anale› Element des Schmierens, Knetens, der Verwendung von Exkrementfarben eine entscheidende Rolle.

Mit der Polarisierung der beiden Körperpole wird aber auch die Selbst-Bewertung des Kindes polarisiert. Während anfangs auch sein unterer Körperpol und seine Exkremente von der Mutter ‹geliebt› wurden und schöpferischer Teil des kindlichen Gesamtdaseins waren, das diese wertvollen Teile seiner Körperganzheit, mit denen es sich archaisch identifizierte, an die Mutter abgeben konnte, tritt jetzt eine

Ablehnung des unteren Körperpols und der Analität und ihrer schöpferischen Leistung ein. Wenn diese Umwertung so erfolgt, daß sie der Eigenzeit des Kindes, seiner Aufrichtung und der Entwicklung des Kopfpols, der Beherrschung der Motorik und der Freude an ihrer willentlichen Beherrschung entspricht, gehört die unaffektive Umstellung zu der natürlichen und keinerlei Störung bringenden sozialen Entwicklung des Kindes, die als Reinlichkeitserziehung im Schutze der positiven Urbeziehung verläuft. Die Reinlichkeit, die Kotabgabe und ihre Regelmäßigkeit sind anfangs Liebesgeschenke an die Mutter und das Kind mit Stolz erfüllende ‹Leistungen›, die in den Hintergrund treten, wenn andere Entwicklungen sich akzentuieren. Die anfangs positive Wertung des Analen wird von der Wertung des Kopfpols überlagert, ohne daß ein überbetonter und die Selbstwertung des Kindes gefährdender Körper- und Eigen-Ekel entsteht. Die Polarisierung in oben und unten, sauber und unsauber, Kopfpol und Endpol erfolgt artgemäß und ohne Neurotisierung des Kindes und seiner natürlichen Körperfunktionen.

Diese Polarisierung, die sowohl eine Umwertung der Welt wie des eigenen Körpers und seiner Funktionen betrifft, bildet die Grundlage für die erste Phase des Über-Ich, das heißt der Entwicklung einer moralischen Instanz in der Psyche, die im Gegensatz zu einem anderen Teil der Psyche – der mit dem unteren Körperpol verbundenen chthonisch-analen Seite – treten kann.

Die ersten Phasen dieser Über-Ich-Bildung erfolgen noch innerhalb der positiven Urbeziehung, in der das Selbst der Mutter und das ihr nachfolgende Ich des Kindes integral sind, so daß die wertende Instanz des Über-Ich in keinen Gegensatz zum Selbst oder zum Körper-Selbst des Kindes gerät. Die Integrierung durch die Mutter führt so in der Urbeziehung ohne Schwierigkeiten zum Annehmen von ersten Kulturwerten durch das Kind. Denn die ‹Reinlichkeit› und die mit ihr verbundene Körper- und Welt-Polarisierung in Gut und Böse bildet eine wesentliche Grundlage jeder Kultur. Deswegen hat die Sprache ja die gleichen Begriffe für die Bezeichnung des Körpers wie für den ethisch-religiösen Bereich, nämlich ‹rein› und ‹unrein›, wie verschieden im Einzelnen auch das sein mag, was als rein und unrein, erlaubt und unerlaubt gilt. Und die Reinigungszeremonien aller Religionen sind zunächst – wie die Waschungen – nicht solche der Seele sondern des Körpers.

So wie das Anale in der Magie, im Zauber und in der Symbolik des ‹Bösen› eine bedeutende Rolle spielt, ist auch die anale Reinlichkeit für das Kind – und den erkrankten Erwachsenen – keineswegs nur die sachgemäße Erledigung einer Körperfunktion, sondern besitzt immer auch Züge eines Rituals. Während die Nahrungsaufnahme für das Kind wesentlich mit der Lust der Bewußtwerdung zusammenhängt, wird die anale Ordnung zu einem ersten Umgang mit dem ‹Bösen›. Im Gegensatz zu dem Abgeben der Fäzes als einem bejahten und schöpferischen Prozeß, inkarniert sich in ihm und an ihm allmählich das Prinzip der Bewußtseinsordnung. So wie die Eßzeit eine Ordnung des Positiv-Aufnehmens ist, wird die Analzeit zu einer Ordnung der Abgabe des Negativen, zu einem unbewußten Ritual, durch welches das Böse entfernt wird. Es wird aus dem Körper ausgestoßen, aus der menschlichen Ansiedlung entfernt und, aus magischen, hygienischen und ästhetischen Gründen, schon bei den Primitivvölkern oft in einer mit Heimlichkeit verbundenen Weise ‹weggeschafft›, weil es gefährlich, ekelhaft, beschämend und menschenunwürdig ist. Das Grundphänomen, das dabei körperlich wie symbolisch-psychisch entscheidende Bedeutung besitzt, ist die Funktion des ‹Ausstoßens› (gleich Verstoßens) der Fäzes, die nun in Gegensatz tritt zu der ursprünglich matriarchalen Funktionsbedeutung der Faeces als eines ‹Geborenen›.

In dieser artgemäßen Entwicklung der Analablehnung liegt eine der Grundlagen für die Sündenbockpsychologie, für das Prinzip, das eigene Böse – wie die Fäzes – als etwas Fremdes auszustoßen. Dieses Ausstoßen äußert sich bei den Primitivvölkern wie auch noch im Alten Testament darin, daß das Negative nach außen, an einen Ort des Lagers, des Dorfes, der Stadt, der Gemeinschaft geschafft und so ent-fernt, in die Ferne gebracht und ent-äußert, nach außen verstoßen wird. Es ist dies aber der gleiche Vorgang, den wir psychisch beschreiben, wenn wir sagen, in der Sündenbockpsychologie werde das eigene Negative, die Schuld projiziert.

So beruft sich auch die für die patriarchal-jüdisch-christliche Kultur charakteristische Erfahrung der ‹Erbsünde›, der eigenen Minderwertigkeit, auf das als negativ bewertete Animalische der eigenen Natur, das ‹inter-urinas-et-faeces›-Geborensein des ‹unreinen› Menschen. Einen Körper zu haben bedeutet einen unteren, zur Erde gehörenden negativen Körperpol zu besitzen, während die himmlischen Geistwesen wie die Engel nur durch einen oberen Körper und durch die Kopf-Pol-Seite charakterisiert werden.

Die menschheitliche Aufrichtung und die mit ihr verbundene Ablehnung des unteren Körperpols ist ein Beitrag zur Über-Ich-Bildung, der stark magisch gefärbt ist, weil sie am Beginn der phylo- und ontogenetischen Entwicklung steht. Da diese Entwicklung artgemäß und normal ist, entspricht ein so entstandenes wertendes und in der Sozietät verankertes Über-Ich der Anlage des menschlichen Kindes und seiner inneren Entwicklungsphase. Das Gefühl des Unreinseins wird aber in dem Maße verstärkt, in dem der Kulturkanon und sein Reinheitsideal ein Schuldgefühl des Sündhaft- und Unreinseins hervorruft und das Anale mit magischen Zwangsritualen der ‹Beseitigung des Bösen› verbindet.

Erst mit diesem Moment der ‹Beseitigung des Bösen› amalgamiert sich der Destruktionsaspekt der Psyche mit dem Bezirk des Analen. Indem nämlich die ‹Reinigung› gleichzeitig zur Zerstörung des Bösen wird, bekommt das ethische Motiv einen entscheidenden und gefährlichen Zuschuß von Destruktion. Die Vernichtung des Bösen als Feind des Guten wird zum moralischen Ausdruck der die Menschheit beherrschenden Ideologie, unter welcher die Ethik in der Umkehrung des Goetheschen Wortes stets das Gute will und stets das Böse schafft. Gerade durch die Ablehnung, Unterdrückung und Verdrängung des ‹Unteren› und alles dessen, was im Psychischen zu diesem ‹Unteren› gehört, kommt es nun nicht zu einer Polarisierung in Gut und Böse, sondern darüber hinaus zu einem Kampf des Guten gegen dieses angeblich Böse, in welchem das Kämpfende unbewußt eine neue Form des Bösen in sich selber ausbildet. Dieses Böse aber wird nun zu einem Teil des Über-Ich selber, welches als Anwalt des Guten und als die Instanz erscheint, welche den Kampf des Guten gegen das Böse leitet.

Die Verbindung des Destruktionstriebes mit dem Über-Ich

äußert sich inner-psychisch besonders in der Form des ‹Zwanges›, welche uns später noch ausführlich beschäftigen wird. Mit seiner Hilfe wird das kindliche wie das erwachsene Ich vom Über-Ich und seinen Vertretern dazu gebraucht, die Ablehnung und Verdrängung des ‹Unteren› in sich selber zu vollziehen.

Zwang bedeutet aber, daß hier nicht etwa nur, wie bei dem für das Anale natürlichen Vorgang, ein Totes notwendigerweise ab- und ausgestoßen wird, wozu kein Zwang nötig ist, sondern daß ein widerstrebendes Lebendiges zu einem solchen Akt des Entferntwerdens gezwungen wird. Nur deswegen ist ja Zwang, also Gewalt, dazu nötig, weil dieses Lebendige sich zur Wehr setzt. Das heißt aber zugleich, daß an der Stelle, wo der Zwang einsetzt, nicht etwas Artgemäßes und Natürliches geschieht, dem das Individuelle in seiner Entwicklung folgt, sondern daß hier ein Un-Natürliches von einem Fremd-Außen, der Umwelt, gegen das Individuum durchgesetzt wird. Nicht zufällig ist ja das zu Verdrängende Natur, hier die lustbetonte Beteiligung am Analen als einem nicht nur natürlichen, sondern vom Kind sogar als schöpferisch-gebend erfahrenen Vorgang. Die zwingende Instanz aber, die als Kultur, als Geist, als betonter Wert des Schönen und des Menschlich-Würdigen sich gegen diese Natur durchsetzt, ist keineswegs artgemäß.

Es beginnt hier erstmalig der grundlegende Gegensatz von Selbst und Über-Ich in Erscheinung zu treten, der zum Zentralproblem der ‹patriarchalen Krise› der kindlichen Entwicklung gehört. Die artgemäße Entwicklung des Kindes steht niemals – soweit es sich nicht um ein pathologisches, konstitutionell ab-artiges Wesen handelt – im Gegensatz zum kindlichen Selbst als der Einheit seiner einmaligen bio-psychischen Ganzheit. Das Über-Ich dagegen ist eine Instanz der Gruppe, der Umwelt, ein historisch und kulturell bedingter Außenfaktor, dessen Forderung immer in Konflikt mit den Individualitäten eines Teils der Gruppe geraten muß.

Die Bildung des Über-Ich als einer gesetzgebenden Instanz ist an sich artgemäß, dagegen keineswegs seine historisch wechselnden Inhalte. Trotzdem ist die Über-Ich-Instanz für das in seiner Gruppe aufwachsende Individuum transpersonal, und von der Auseinandersetzung mit ihr hängt in hohem Maße das Glücken und Mißglücken jeder individuellen Entwicklung ab.

Während das ‹primäre Schuldgefühl›, das sich in einer frühen negativen Urbeziehung zur Mutter bildet, als noch inartikulierte Basis eines späteren negativen Über-Ich wirkt, führt die Auseinandersetzung des Kleinkindes mit dem Animus der Mutter in der ‹Analkrise› der Reinlichkeitserziehung zu einer viel differenzierteren und leichter nachweisbaren, aber auch leichter behebbaren Schädigung der kindlichen Persönlichkeit. Wenn diese Krise der Analentwicklung negativ abläuft, sprechen wir (aus darzulegenden Gründen) von einer ‹analen Kastration›.

Die Störung der ersten Phase der Urbeziehung, welche das schwer zu überwindende ‹primäre› Schuldgefühl verursacht, wird durch das Identischsein des Kindes mit der negativen Großen Mutter konstelliert, die das Kind ablehnt und ihm so sein Lebensrecht und seine Lebensmöglichkeit versagt. Eine derartige Störung ist fundamental, weil sie in die Entwicklung des Ganzheits-Selbst eingreift, das in der Beziehung zur Mutter als dem Welt- und Beziehungs-Selbst des Kindes gebildet wird. Eine Störung in der Analphase mit dem ersten Ansatz zur Bildung eines negativen Über-Ich führt ebenfalls zu einem verstärkten Schuldgefühl des Kindes. Während aber das primäre Schuldgefühl die Grundlage der Existenz, der Selbstbewertung und des Seins im Leben gefährdet, ist das durch die anale Kastration entstehende kindliche Schuldgefühl eine Störung, welche zwar die Bildung der Ich-Selbst-Achse angreift, nicht aber die Basis der Ich-Selbst-Achse, das Selbst. In der Phase der Analkrise ist schon ein Ich entstanden, und das mit ihr verbundene Schuldgefühl hat nicht die Färbung der Unmöglichkeit des Lebens in der Welt überhaupt, sondern ist sozial betont. So wie dieses Schuldgefühl durch den Eingriff des moralischen Kulturkanons der Gruppe oder der Mutter sozial bedingt ist, so ist auch der Versuch der Überwindung dieses Schuldgefühls eine verstärkte und krampfhafte Soziabilisierung im Sinne einer Verstärkung des Über-Ich als einer zwingend destruktiven Instanz.

Die Gegensatzspannung zwischen Über-Ich und Selbst gehört zur Entwicklung des Menschen. Solange die anale Moralentwicklung der artgemäßen Anlage folgt, untersteht sie dem durch die Mutter repräsentierten Selbst, das die Spannungen einer positiven Synthese und Integration bringt. Dabei sorgt das die automorphe, die Entwicklung des Individuums hütende Selbst ebenfalls für dessen Anpassung an die Welt und die Sozietät. Auch die sozial, heteronom fundierte Moral des Über-Ich kann auf den normalen kollektiv-unbewußt gegebenen instinktiven Entwicklungsrichtungen des Menschen beruhen, innerhalb derer sie ihre wertenden Akzente setzt. Weder ist das normale Über-Ich prinzipiell negativ, überfordernd und die Individualität vergewaltigend, noch ist das Selbst des Individuums ‹narzißtisch› und weltblind. Normalerweise, wenn eine Kultur im Ausgleich ist, steht das sich entwickelnde Ich zwischen Über-Ich und Sozietät auf der einen, Selbst und Automorphismus auf der anderen Seite. Es befindet sich zwar in einem dauernden Konflikt, aber dieser führt zu immer neuen Progressionen und Synthesen.

Durch die Ich-Entwicklung gerät das Kind in den Konflikt zwischen Abhängigkeit und Freiheit, Heteronomie und Autonomie. Das Problem der Ich-Entwicklung und -Stärkung wird zu einem sozialen, interpersonalen Problem, das zwischen Ich und Du, und zwar zunächst zwischen Mutter und Kind, aber keineswegs mehr nur zwischen ihnen ausgetragen werden muß. Andererseits aber ist die Ichentwicklung in gleichem Maße ein individuelles und intrapersonales Problem, das zwischen Ich und Selbst spielt.

Nur in der ersten Phase der Urbeziehung wird dieses Du des Selbst durch die Mutter repräsentiert, mit steigender Selbständigwerdung des Kindes ist das Selbst die Ganzheit seines eigenen individuellen Seins, welches das Ich zu neuer Auseinandersetzung mit der Sozietät und dem Über-Ich treibt, das den Kulturkanon der Gemeinschaft als Umwelt repräsentiert.

Das Wechselspiel von Freiheit und Abhängigkeit, das von nun an das menschliche Leben bestimmt, äußert sich in dem Aufbau einer selbständigen Persönlichkeit mit einem frei wollenden Ich-Bewußtsein ebenso wie in der Abhängigkeit dieses Ich von der überlegenen Umwelt und von der Überlegenheit des Selbst. In dem Glücken oder Nicht-Glücken dieser Auseinandersetzung spielt die Verbundenheit des Ich mit dem Selbst in ihrem schöpferischen Zusammenspiel als Sicherheit der Persönlichkeit, als Grad des automorphen Selbstbewußtseins, eine entscheidende Rolle.

Da aber, wo der Kulturkanon sich in einem Gegensatz zu der artgemäßen Anlage des Menschen befindet und mit Zwang, Unterdrückung und Verdrängung natürliche Triebe und Entwicklungslinien der menschlichen Natur einseitig und widernatürlich beschränkt, kommt es zu einer gewalttätigen Form des Über-Ich, welches in Gegensatz zum Selbst tritt, dem als natürlichem Ganzheitszentrum zwar auch die Polarisierung von Geist und Natur innerhalb der Psyche untersteht, niemals aber die einseitige Unterdrückung des einen Poles zu Gunsten des anderen.

Aus diesem Grunde sprechen wir von einer ‹analen Kastration›, wenn die vom Selbst – hier dem Körper-Selbst – vertretene Ganzheit des Kindes mit dem Eingriff der analen Ordnung durch Zwang und Entwertung geschädigt wird. Bei einer negativen Urbeziehung und einer Neurotisierung der sich ekelnden puritanischen Mutter, die den patriarchalen Animussen ihres Kulturkanons erlegen ist und welche darum nicht in einer positiven Beziehung die Entwicklung des Kindes schützen kann, kommt es zur ‹analen Kastration›, zur Erfahrung vom ‹Verlust› des Kotes als eines Teiles des eigenen Körpers. Wenn die Reinlichkeitserziehung nicht der Eigenzeit des Kindes folgt, sondern in eine Phase vorverlegt wird, in welcher noch die positive Wertung der Körperganzheit natürlich zu sein hätte, erfährt das Kind diesen Verlust als eine angstauslösende Beschädigung der Körperganzheit. Der Stuhl wird durch den neurotischen oder der Entwicklungsphase des Kindes nicht entsprechenden ‹Ekel› der Mutter ‹negativ›, die Stuhlabgabe wird als ein gewaltsames Wegnehmen erfahren.

Während das Kind anfangs die Wärme des Urins und des Kotes als Teil des eigenen Körpers positiv erfährt, ist die Abgabe auch in ein Gefäß selbstverständlich, wenn sie zur richtigen Entwicklungszeit, ein Schock, wenn sie zu früh erfolgt. Die ‹anale Kastration› ist aber nicht nur eine Beschädigung der Körperganzheit, die negative Selbstwertung durch die Mutter konstelliert eine negative Über-Ich-Bildung. Das Über-Ich wird zum Repräsentanten eines moralisch entwertenden

Eingriffs von außen, welcher der natürlichen Entwicklung des Kindes aufgezwungen wird. Dadurch steht dieses – negative – Über-Ich in einem naturwidrigen Gegensatz zum Körper-Selbst und zum Selbst des Kindes, und es beginnt eine verhängnisvolle Spaltung der Persönlichkeit.

Der den Eigenrhythmus des Kindes zerstörende Zwang vergewaltigt die kindliche Persönlichkeit und bewirkt damit einen Sicherheitsverlust und eine Schädigung der Ich-Entwicklung. An die Stelle des Sicherheit gebenden Selbst tritt ein gewalttätig überforderndes Über-Ich, das nicht nur unsicher sondern auch schuldig macht, da das Kind seiner Forderung nicht gerecht werden kann. Der Versuch des Kindes, diese Überforderung zu erfüllen, besteht darin, den Zwang selber aktiv auf sich zu nehmen, sich mit ihm zu identifizieren und so selbst zwanghaft zu werden.

Das Ich, das auf die Leitung durch das Selbst angewiesen ist, schließt sich in Opposition von diesem Selbst ab, das als Ganzheits- und Körper-Selbst auch die abgelehnte ‹untere› Körper- und Weltseite umfaßt, und stützt sich auf das den Kulturkanon vertretende Über-Ich, indem es das negativ wertende ‹Gewissen› der Gruppe introjiziert. Die Mittel dieser Abschließung vom Selbst und der Opposition gegen dieses – und damit gegen seine eigene Natur – sind die gleichen, welche auch die Gruppe zu diesem Zwecke benützt, Zwang, Unterdrückung und Verdrängung. Diese Spaltung der Persönlichkeit läßt aber Aggressionen entstehen, die entweder in der Destruktionstendenz der Sündenbockpsychologie nach außen projiziert werden und die moralische Vernichtung des Bösen im Du intendieren, oder – wo das nicht vollkommen gelingt – zu einer Verstärkung des Schuldgefühls führen, welche den Kreisprozeß der Tabuierung und Abwehr weiter nährt.

Die in der ‹analen Kastration› entstehende Angst äußert sich besonders darin, vom Bösen infiziert zu werden und das Böse der eigenen menschlichen Natur nicht beseitigen zu können. Infektion, Krankheit, Teufel und Tod bilden eine zusammenhängende Symbol-Einheit der anal-unteren Welt, welche das ‹obere› Dasein des Kopf-Ich bedroht und dauernd gefährdet. Der Verlust des Kotes und des zu verdrängenden unteren Körperpols wird als ein Abgeschnittenwerden und Getötetwerden erfahren, darum die Bezeichnung anale ‹Kastration›. Tod und Erde sind nicht mehr wie in der matriarchalen Welt mit dem Leben und dem Himmel verbundene Teile einer übergeordneten Einheit, sondern Erde – Tod – Hölle und Unterwelt sind dem Oberen feindliche, verschlingende Mächte des Untergangs, in welchem es keine Wiedergeburt gibt. Die christliche Vorstellung einer ewigen Hölle ist der theologische Ausdruck für die Forderung der Beseitigung der ‹unteren› Seite des Lebens, die so abgespalten ist, daß sie mit der oberen Himmelsseite keinerlei höhere Einheit mehr einzugehen vermag. Auf den Zusammenhang von Teufel mit Kot, Gestank, haben wir schon hingewiesen. Diese anale Seite der Hölle bildet aber nur ihren einen Charakter, den des ‹Pfuhles›. Aber es ist nicht zufällig, daß der Charakter der Hölle auch noch in anderer Weise so stark durch das ‹Anale› stigmatisiert ist. Gemeint ist der sadistische Charakter der Beseitigung des Bösen, der für die patriarchale Hölle aller Religionen so typisch ist. Daß man damit dem Göttlichen und dem Heiligen eine ekelerregende Freude an der Qual seiner Mitmenschen zuschreibt, ist offenbar die Rache für die Verdrängung der eigenen chthonischen Seite, welcher sich diese Heiligen schuldig gemacht haben. Denn in der Psyche gehören die Gequälten, die Quälenden und die Zuschauer zusammen, und jeder Teil spielt alle drei Rollen gleichzeitig. Der Sünder hat die Heiligen durch seine Sünde gequält, quält sich in der Selbstbestrafung und leidet als Gequälter. Aber ebenso ist der Heilige der Quäler der Sünder, die er selber ist, indem er seine chthonisch-irdische Seite gequält hat und in dieser nun leidet. Aber auch die Teufel sind Heilige als Vertreter des Himmels, die leiden machen und ebenso das von ihnen selber zugefügte Leiden aushalten müssen, wie sie abständig als Heilige diesem Geschehen zuschauen. Eines der auffälligsten Beispiele für den Zusammenhang der Hölle mit dem Analen bildet die Hölle Hieronymus Boschs, der dieses Anale in einer in der Kunst der Welt einmaligen Weise dargestellt hat. Der Zusammenhang des Teuflisch-Dämonischen mit dem Analen wird auch in der Folklore überaus deutlich, wofür zum Beispiel im jüdischen Gesetz und Brauchtum eine Fülle von Belegen nachweisbar ist.

In der Normalentwicklung erfolgt, wenn es nicht zu einer Störung der Urbeziehung im Zusammenhang mit der natürlichen Abwendung vom unteren Körperpol kommt, die Verstärkung der Kopf-Ich-Seite beim männlichen und weiblichen Kleinkind in gleicher Weise, und die Polarisierung der Persönlichkeit und der Welt vollzieht sich vorwiegend anhand der Pole von aktiv und passiv, ohne daß dabei schon das Gegensatzpaar von männlich und weiblich aktualisiert wird. Zwar beginnt in dieser Phase die ‹Weltelterntrennung›, die in der Bewußtwerdung auch der Gegensatzpaare von männlich und weiblich gipfelt, aber der gegensatzenthaltende Charakter der Großen Mutter äußert sich auch darin, daß das mit ihr verbundene Kind nicht geschlechtsunsicher sondern noch geschlechts-unbewußt ist, da die beiden Geschlechtern gemeinsame artgemäße Entwicklung noch betonter ist als die geschlechtsgebundene Verschiedenheit.

Erst mit der Überwindung der Analbetonung und der mit ihr verbundenen Analkrise kann sich der Prozeß der Verschiebung des Akzentes nach oben ungestört entwickeln, der später auf der Patriarchatsstufe in der Herrschaft des ‹oberen› Kopf-Ich, als eines ‹solaren› Ich gipfelt. Diese Überwindung ist aber auch die Voraussetzung für die Akzent-Verschiebung innerhalb des unteren Körperpoles von hinten nach vorne, für die Differenzierung von anal-hinten und genital-vorne, die häufig mit einer Erregung der Genitalzone in dieser Zeit verbunden ist. Auch diese Verschiebung ist mit der artgemäßen Aufrichtung der menschlichen Art verknüpft, durch welche die bei den Säugetieren verborgene Genitalzone für die Betrachtung ebenso wie für die greifenden Hände des Kindes freigelegt wird. Diese Offenheit der Genitalzone in ihrer Verbindung mit dem ‹vorne› ist etwas spezifisch Humanes, denn es ist ja der Mensch allein, bei dem in einzigartiger Weise die Sexualverbindung in einem Gegenüber von vorne erfolgt, welches im Gegensatz zur Tierwelt von unten bis zum oberen Körperpol reicht, also den ganzen Körper und mit ihm die ganze Persönlichkeit erfaßt. Vorne aber heißt von der Körpersymbolik aus gesehen im Blickfeld des Kopf-Ich, während das Anale als ‹hinten› sich außerhalb dieses Blickfeldes befindet und darum, wie alles ‹hinten› Liegende, zur Symbolik des Unbewußten gehört.

FÜNFTES KAPITEL

Die Ich-Stufen der kindlichen Entwicklung

Wenn wir uns bisher mit der ‹matriarchalen Phase› der kindlichen Entwicklung und der Loslösung von ihr beschäftigt haben, so haben wir immer auch die Entwicklung des Ich in dieser Phase berücksichtigt. Aber diese Ich-Entwicklung stand so weit unter der Dominanz des Mütterlichen, daß nicht die Beziehung des kindlichen Ich sondern die der kindlichen Ganzheit in ihrer Verbundenheit mit der Mutter, dem Körper und der mit der Mutter verbundenen Welt uns besonders zu beschäftigen hatten. Deswegen spielten die von Freud entdeckten erogenen Zonen des kindlichen Körpers in diesen Überlegungen eine so entscheidende Rolle, obgleich die Bedeutung dieser Zonen in anderem Zusammenhang als bei Freud dargestellt wurde und nicht so sehr ihr ero-gen lustbetonter sondern mehr ihr gnoso-gen Erfahrung machender Aspekt von Bedeutung schien. Beide aber, die Körperverhaftetheit des Kleinkindes ebenso wie seine Mutterverhaftetheit, sind Ausdruck dessen, daß die Körperganzheit, das Körper-Selbst von größerer Wichtigkeit ist als das Ich, welches sich erst allmählich konfiguriert.

Wenn wir uns jetzt den aufsteigenden Ich-Stufen der kindlichen Entwicklung zuwenden, müssen wir immer auch auf diejenigen Zeiten der kindlichen Entwicklung zurückgreifen, die uns bisher beschäftigt haben. Wenn das Folgende daher nicht nur eine Fortsetzung, sondern zugleich auch eine Rekapitulation des Bisherigen ist, geschieht sie doch in einem neuen Licht. Das Ich ist jetzt der entscheidende Faktor, der innerhalb der weiteren menschlichen Entwicklung als Zentrum des Bewußtseins im Mittelpunkt der menschlichen Erfahrung zu stehen berufen ist.

Die Entwicklung der kindlichen Persönlichkeit vom Matriarchat zum Patriarchat spiegelt sich in der Entwicklung seines Ich. Der Versuch, verschiedene Phasen der Ich-Entwicklung voneinander zu unterscheiden, entspricht nicht einer Tendenz des Autors zur Systematisierung, sondern einer in der Psychologie des Kindes ebenso wie in der des Erwachsenen auftauchenden Symbolik der Psyche, deren Verständnis für die normale Ich-Entwicklung wie für ihre Störungen von entscheidender Bedeutung ist.

Bei der Entwicklung der verschiedenen Ich-Stufen gelangt das Ich vom Matriarchat nach der Auseinandersetzung mit dem Vaterarchetyp zu seiner höchsten Selbständigkeit im Patriarchat. Wir unterscheiden dementsprechend ‹untere› Ich-Stufen, welche noch zur Urbeziehung und zur matriarchalen Welt gehören, von den ‹oberen› solaren Stufen des Ich, in welchen das Ich bereits zu seiner Verbindung mit dem männlichen Selbst und dem Vaterarchetyp gelangt ist, der symbolisch als Tageshimmel und als dessen Zentrum, als Sonne, erscheint.

Wenn im Folgenden bei der Entwicklung des zunächst sogar beiden Geschlechtern gemeinsamen aktiven Ich von ‹phallischen Ich-Stufen› die Rede ist, bedarf dieser Terminus einer Erklärung. Es handelt sich, trotz der Bezeichnung ‹phallisch›, nicht um ein sexual betontes Ich, sondern um Ich-Aktivitäten, die weitgehend von der Körperganzheit, Körperbetontheit und Körpererfahrung abhängen. Nicht zufälligerweise ist der Phallus im Lateinischen das ‹fascinum›, das eigentlich Faszinierende. In der Frühphase der Menschheit wird der Phallus für beide Geschlechter zum ‹fascinum›, ebenso wie auf noch früherer Stufe die Fruchtbarkeit des Weiblichen und die Menstruation. Für eine nicht in einem festen Ich-Bewußtsein zentrierte Persönlichkeit ist der Phallus das Symbol für die Autonomie des Unbewußten und des Körpers. Die schöpferisch zeugende und Überwältigung bringende Autonomie des Körpers wird an ihm für das Ich zur ureigensten und faszinierenden Erfahrung der höheren Macht, welche hier als Körper-Selbst erscheint.

Das ‹fascinum› des Phallus wird vom Menschen dieser Stufe nicht als Teil seiner selbst oder gar als Teil des eigenen Körpers, sondern als etwas Transpersonales erfahren. Im gleichen Sinne sprechen wir auch heute noch von einem ‹Trieb› als von etwas, dem wir – als Ich – unterworfen, von dem wir getrieben sind. Auch wir erfahren dieses Treibende nicht als einen Teil, über den wir verfügen könnten, sondern, als etwas Transpersonales, dem wir mehr oder weniger ausgeliefert sind. Aus diesem Grunde werden die Triebe später in der Gestalt von Göttern erfaßt und als solche verehrt, zum Beispiel die Sexualität als Aphrodite, der Aggressionstrieb als Mars.

So steht das Phallische als etwas überlegen Transpersonales in der Welt des Frühmenschen, und in diesem Sinne wird das ‹phallische› Ich vom Menschen, der noch nicht mit dem Ich identifiziert ist, in seiner selbständigen Entwicklung als eine transpersonale Macht erfahren, die eine Eigenaktivität besitzt.

In dieser Phase der Persönlichkeitsentwicklung ist die Polarisierung der Psyche in ein Bewußtsein und ein Unbewußtes noch nicht vollständig entwickelt, besonders aber ist die uns selbstverständliche Hierarchie der psychischen Instanzen noch nicht ausgebildet, in der wir mit dem Ich als dem Bewußtseinszentrum identifiziert sind. Das Ich ist noch ein autonomer Komplex, ein Komplex unter vielen, und das Mit-sich-selber-Identisch-Sein der Persönlichkeit beruht hier noch keineswegs darauf, daß diese mit ihrem Ich identisch ist. Wir können daher ebenso sagen, die Selbst-Identität des Kindes sei noch nicht entwickelt oder zumindest nicht in der reflektierenden Weise vorhanden, in welcher sich der Erwachsene als ein Ich erfährt, wie wir die Situation so beschreiben können, daß das Kind ein gewissermaßen freischwebendes, unlokalisiertes Bewußtsein und Selbstbewußtsein habe.

Dieses Nicht-im-Ich-lokalisiert-Sein hängt mit dem Übergewicht des Körper-Selbst über das Ich ebenso zusammen wie mit dem noch nicht voll entwickelten Gegensatz zwischen Ich und Selbst. Daß das Kind meist von sich zunächst als von einem ‹er› spricht, und daß auch der ‹erwachsene› Mensch in vielen Schuld- und Verfremdungssituationen das Gefühl hat, nicht er, sondern ein anderer Teil in ihm habe agiert, ist Ausdruck dieser Konstellation.

Diese Autonomie des Ich-Komplexes wird als Autonomie von etwas ‹Unpersönlichem› besonders dann erfahren, wenn die Persönlichkeit wie in der matriarchalen Phase noch weitgehend unbewußt ist und von ihrer eigenen Ganzheit als von etwas überlegen Transpersonalem dirigiert wird. Wenn in der späteren psychologischen Entwicklung des abendländischen Menschen der Einzelne sich als sich selber erfährt, stößt ihm etwas ganz Entsprechendes zu. In der Selbst-Erfahrung des analytischen Prozesses taucht immer wieder das Staunen vor dem ‹Das-bist-Du› auf. Während anfangs das ‹Noch-nicht-Ich› des Kindes sich im Staunen als Ich erfährt, erfährt sich in der Spät-Entwicklung des Individuationsprozesses der Mensch als ‹Nicht-mehr-Ich› und als ‹Nicht-Ich›.

Wir sprechen vom Nicht-Ich des Menschen der Früh-Phase, weil seine Existenz wesentlich kollektiv bedingt ist. Er lebt als Teil der Gruppe, nicht als abgehobene Individualität. Erst mit der fortschreitenden Entwicklung des Ich beginnt der Automorphismus als Tendenz der Psyche deutlich zu werden, das Individuum zu seiner Einmaligkeit kommen zu lassen. Sie äußert sich als Zentroversion, welche innerhalb der Psyche die Ich-Entwicklung in Bewegung setzt und den Ich-Komplex und das Bewußtsein in den Vordergrund schiebt. Diese Entwicklung spiegelt sich im Archetyp des Helden, welcher den Prototyp des Ich in seinem Gegensatz zum Nicht-Ich verkörpert. Die triebhaft gestaltende Aktivität des Ich dieser Phase hat bei beiden Geschlechtern männlichen Charakter und tritt zu der herrschenden Gestalt der matriarchalen Welt, der Großen Mutter, in Gegensatz, da sich gegen sie der Befreiungskampf des sich emanzipierenden Ich richtet.

Die frühesten Formen des selbständig werdenden Ich sind phallisch, aber noch matriarchal. Wir unterscheiden in der Ich-Entwicklung als erstes die ‹phallisch-chthonische› Ich-Stufe. Ihre vegetative und animale Form ist noch in einem hohen Maße passiv und wird dirigiert. Sie hat sich von der Übermacht des matriarchalen Übergewichts der Natur und des Unbewußten noch nicht befreit. Im Gegensatz dazu verfügt das Ich auf den folgenden magischen Stufen, der ‹magisch-phallischen› und der ‹magisch-kriegerischen› Stufe, bereits über eine erhebliche Eigenaktivität. Erst das magisch-kriegerische Ich hat aber seine Abhängigkeit vom Matriarchat bereits so weitgehend überwunden, daß es den Übergang zum Patriarchat bildet, dem dann das ‹solare Ich› zugeordnet ist. Während in der ersten solar-kriegerischen Phase das Ich sich mit dem Vaterarchetyp identifiziert hat, folgt auf sie die solar-rationale Stufe des erwachsenen patriarchalen Ich, dessen

Selbständigkeit in der relativen Freiheit des Willens und des ebenfalls relativ freien Erkenntnis-Ich gipfelt, die für die moderne abendländische Entwicklung charakteristisch sind. Wir unterscheiden:
Die phallisch-chthonische Ich-Stufe
    a) vegetativ
    b) animal
Die magisch-phallische Ich-Stufe
Die magisch-kriegerische Ich-Stufe
Die solar-kriegerische Ich-Stufe
Die solar-rationale Ich-Stufe.

Die phallisch-chthonische und phallisch-magische Ich-Stufe

Die phallisch-chthonische Ich-Stufe ist also noch matriarchal, sie ist der Großen Mutter als Selbst und als Welt zugeordnet. Dabei wird das Selbst als Körper-Selbst und als bestimmendes artgemäßes Unbewußtes, die Welt als soziale und kosmische Umwelt sichtbar. Das Kind ist mit der Großen Mutter der Urbeziehung so verbunden, daß sein Ich noch nicht eigenständig ist, sondern wie in der Mythologie als ‹Trabant› der Großen Mutter, als ein zu ihr Gehörendes und von ihr Dirigiertes erscheint.

Die Welt des Kindes, von der die moderne Psychologie spricht, ist analog der des Primitivmenschen, welche wir wie die des Kindes so lange als matriarchal bezeichnen, als das Ich klein und der Mutterarchetyp dominant ist. Die matriarchale Welt des Frühmenschen ist nicht mit der erdbetonten Ackerbauperiode der Menschheit identisch, in der die Gestalt der Großen Mutter als Mittelpunkt kultisch verehrt wurde und in der das soziologische Matriarchat herrschte. Bereits der Eiszeitmensch hat die Gestalt der Großen Mutter verehrt.

Das psychologische Matriarchat ist die Zeit der Herrschaft des Unbewußten, in welcher das Bewußtsein noch nicht selbständig geworden ist. Man könnte phylogenetisch in Analogie zur Ontogenese von einer Phase der Urbeziehung der Menschheit sprechen, denn auch die früheste Menschheitsgeschichte – nicht nur das Leben des Einzelnen –

kannte eine lange und prägende Zeit, in welcher das Unbewußte mit seiner Trieb- und Formwelt, seinen Instinkten und Drängen ebenso wie mit seinen Riten das menschliche Dasein bestimmt und die Entwicklung der Gruppe und ihres Bewußtseins dirigiert hat. In dieser Phase lebt der noch nicht als Ich im Bewußtsein zentrierte Mensch wie das Kleinkind in der Einheitswirklichkeit. Die menschliche Welt wird durch ein Enthaltendes bestimmt, das als Großes Rundes, als umfassendes Weltgefäß das Lebendige in sich birgt. Hier wie dort herrscht ein durch die ‹participation mystique› bestimmter Einheitszusammenhang, der die Polarität von Subjekt und Objekt, Ich und Du, Mensch und Welt noch nicht kennt, die durch das entwickelte Ich-Bewußtsein konstelliert wird. Am deutlichsten ist dies in der frühesten Phase der Ich-Entwicklung, in welcher das chthonisch-phallische Ich vegetativ ist. So wie die Pflanze in ihrer ersten Eigenaktivität in den umfassenden Lebensraum der Erde, das Chthonische, eingebettet ist, ist auch das kindliche Ich abhängig von den artgemäß transpersonalen Wachstumsgesetzen seines Daseins, welche von der Mutter als Große Mutter gelenkt werden.

Das vegetative Ich der phallisch-chthonischen Stufe ist gegenüber der dirigierenden Aktivität der Großen Mutter passiv und empfangend. Ihr uroborischer Charakter wird darin manifest, daß sie dem Kind gegenüber auch aktiv-gebend und ‹männlich› ist. Das Ich dieser Stufe ist durch das auf die Mutter projizierte Körper-Selbst, durch die psychobiologischen Prozesse der eigenen Struktur und durch das Verhalten der Mutter als Welt-Selbst bestimmt. Da das Kind dieser Phase in der Einheitswirklichkeit lebt, besteht noch keine isolierte Aktivität und Passivität seines Ich, sondern es ist als ein Mond-Ich eine Spiegelung des die ‹Innen- und Außenwelt› belebenden Selbst. Die in der ‹participation mystique› auftretenden tele-pathischen und tele-aktiven Erfahrungen sind nicht einem tuenden und erleidenden Ich, sondern der kindlichen Gesamtpersönlichkeit zuzuordnen, welche noch nicht von der Mutter abgelöst ist.

Man könnte hier symbolisch von einer Bauchstufe des Ich sprechen, das von unbewußten Prozessen dirigiert wird, die, außen wie innen, in der Mutter und der Umwelt wie in der Bio-Psyche des Kindes selbst sich abspielen. Auch auf der späteren Stufe des phallisch-chthonischen Ich, in welcher die Große Mutter nicht mehr Herrin der Pflanzen sondern Herrin der Tiere ist und auf welcher das kindliche Ich bereits eine größere Eigenaktivität zu besitzen scheint, ist das Selbst die eigentlich bestimmende Macht, nicht das Ich.

So wie in der analen Krise die Ich-Entwicklung von dem transpersonal artgemäßen Geschehen der ‹Aufrichtung› nach oben dirigiert wird, sind auch die ‹animalischen› Ich-Aktivitäten des phallisch-chthonischen Ich weitgehend von außerhalb des Ich stehenden Mächten gelenkt.[2]

Die Tiefenpsychologie hat uns gelehrt, daß auch die Aktionen des voll entwickelten Ich beim erwachsenen Menschen, die ihm ‹frei› erscheinen, in hohem Maße von unbewußten Konstellationen abhängig sind und als schöpferische Leistung, als Fehlhandlung, Symptom weitgehend von außerhalb des Ich stehenden Faktoren bestimmt werden. Wenn diese heteronome Bestimmtheit des Ich noch bei einer entwickelten Persönlichkeit deutlich ist, muß sie noch ausgeprägter in der phylo- und ontogenetisch früheren Phase sein, in welcher das Ich sich erst bildet, die Systemtrennung von Bewußtem und Unbewußtem sich erst allmählich vollzieht und das Ich noch nicht seine zentrale Stellung innerhalb des Bewußtseins eingenommen hat. So ist das, was später als gezielter Ich-Wille erscheint, noch ein Geschehen, in dem das Ich durch unbewußte Konstellationen der Bio-Psyche gelenkt wird. Daher ist das schreiende Ich des Kindes der Exekutor einer unbewußten Gesamtkonstellation, die durch das Körper-Selbst bestimmt wird und innerhalb derer noch kein orientiertes Bewußtsein vorhanden ist. Auch wo später willensähnliche und vorwillenshafte Aktivitäten auftreten, haben sie affektiven Charakter als Wut, Trotz, Hartnäckigkeit. Es handelt sich gewissermaßen um Aktionen und Explosionen, in denen der ‹Wille› noch nicht dem Ich, sondern der notleidenden oder begehrenden Persönlichkeitsganzheit zugeordnet ist.

Trotzdem ist dieses Ich nicht nur vegetativ und passiv getrieben, wie ein aus der Erde sprossender Keim, sondern besitzt schon eine Eigenaktivität, die wir deswegen mit dem Terminus ‹animalisch› bezeichnen, weil sie noch nicht die für die menschliche Art charakteristische Verbundenheit mit dem Bewußtsein erreicht hat. Diese Beziehung des Ich zum Selbst wird mythologisch u.a. auch durch die tierischen Begleitfiguren der Großen Mutter ausgedrückt, deren Eigenaktivität immer noch ihrer Herrschaft untersteht. Daß diese Tiere ‹phallischen› Charakter haben, weil in ihnen trotz ihrer Naturverfallenheit ein Stück befruchtender Eigenaktivität lebt, hat mit zu unserer Terminologie beigetragen, welche ein phallisches Ich annimmt, dessen chthonischer, erd- und körpergebundener Charakter dieser mythologischen Stufe entspricht.

Der Übergang von der passiv-vegetativen zu einer aktiveren animalischen Stufe zeichnet sich dadurch aus, daß das Ich des Kindes mit einer immer mehr ausgreifenden Aktivität sich der Welt zu bemächtigen beginnt und in seinem Expansionsdrang nun nicht mehr wie das Kleinkind gänzlich an der Mutter haftet, wie die Pflanze an der Erde, sondern seinen Erfahrungskreis erweitert, indem es schließlich freibeweglich wird wie das Tier und zu gehen beginnt.

In der phallisch-chthonischen Phase des Ich lebt das Kind noch weitgehend in der für die ‹participation mystique› der Urbeziehung charakteristischen Einheitswirklichkeit. Die magische Wirklichkeit dieser Stufe der Dual-Union, welche auch die Psychoanalyse annimmt[3], ist in der zwischen Mutter und Kind herrschenden Empathy, den aktiven und passiven parapsychologischen Tele-Phänomenen und dem unbewußten ‹Weltbild› des Kindes wirkend und wirklich. Aber dieses Weltbild wird weder in einem Bewußtsein gespiegelt, noch wird die Magie von einem aktiven Ich agiert, wie auf der nächsten Entwicklungsstufe. Die Ich-Selbst-Identität führt zwar zu einem unbegrenzten Daseinsgefühl des Kleinkindes, aber das Nochnichtvorhandensein eines abgehobenen Ich macht es unmöglich, daß das Kind zum Erlebnis eines Allmachtsgefühls im Sinne eines Machthabens kommt.

Wenn wir uns das uroborische Dasein des Kleinkindes und sein weltpsychisches Ausgebreitetsein ‹vorstellen› – soweit wir das anhand von analogen Erfahrungen bei Erwachsenen können, welche die Grenzen des Bewußtseins verlassen –, verstehen wir die Aussage der Psychoanalyse, welche dem Kleinkind eine magisch-halluzinatorische Allmachtsituation zuschreibt. Die Grenzenlosigkeit und das Unbeschränktsein der kleinkindlichen Welt äußert sich darin, daß sie nicht durch das ‹Realitätsprinzip› begrenzt wird, welches unserem Bewußtsein zugeordnet ist. Ihre Grenzenlosigkeit ist aber Macht und Ohnmacht zugleich, denn Besitzen und Ausgeliefertsein sind in dieser Phase der Urbeziehung noch miteinander identisch.

Von einem späteren Bewußtsein aus, für welches die Trennung zwischen Bewußtsein und Unbewußtem und Person und Welt vollzogen ist, gilt eine derartige Identifizierung eines Personalen, des Ich, mit einem Transpersonalen, dem Selbst, als etwas Negatives, als eine ‹Inflation›, als ein Aufgeblähtsein, das die Begrenztheit des Personalen in einer gefährlichen Weise aufhebt. Im Gegensatz dazu ist das erst selbständig werdende und noch nicht vom Selbst abgehobene magische Ich notwendigerweise ‹inflationistisch›, indem es die ihm noch nicht als ‹objektiv› gegebenen Grenzen der Erfahrung und des Tuns überschreitet.

Dabei sind bei der magischen Situation des Kindes mehrere Quellen zu unterscheiden, von denen diese Situation gespeist wird. Zunächst handelt es sich beim Kleinkind um eine Allmacht des Gefühls, nicht der Gedanken, die mit dem bereits dargestellten ‹Ausgebreitetsein› seines noch unabgegrenzten Daseins zusammenhängt. Aber es ist sogar weniger ein Allmachtsgefühl als ein Gefühl kosmischen Ausgebreitetseins, das alles einschließt und in einem Paradieszustand gegensatzloser Erfülltheit weder in einem Ich zentriert ist noch den Charakter der Macht im Sinne eines sich Bemächtigens enthält.

Der ‹Paradieszustand› des Kindes im Mutterleib hat nicht das geringste mit ‹Allmacht›, gewiß nichts mit der Allmacht erfüllter Wünsche zu tun, denn wenn wir diesen Zustand überhaupt psychisch erfassen können, entspricht er eher dem der Wunsch- und Begehrenslosigkeit. Der Begriff der Allmacht wird hier wie so oft mit dem der ‹Autarkie› verwechselt. Die erfüllte Selbstgenügsamkeit des embryonalen Zustandes, in dem noch kein problematisches und problematisierendes Ich-Bewußtsein vorhanden ist, ist als Urbild des erfüllten Friedens auch für die spätere Entwicklung der Persönlichkeit wirksam, aber dieser Zustand ist gerade machtfremd, da für ihn kein Wunsch nach etwas nicht Erfülltem vorhanden ist.

Auch hier ist die Psychoanalyse durch die Erfahrung am kranken Menschen irregeleitet worden, für den allerdings oft die Regression zur Urbeziehung und die Flucht vor der Wirklichkeit in sie als ‹Paradies- und Wunschwirklichkeit› erscheint. Diese Fluchttendenz als Symptom einer Erkrankung, in welcher dem Menschen die Realität unerträglich erscheint, führt zu einer Regression, in welcher die Allmacht des Ich oder das Paradies der Ichlosigkeit als Wunschbild auftaucht. Erst dem späteren Ich des Kindes, das sich als Kopf-Ich der Welt und des eigenen Körpers bemächtigt, ist möglicherweise ein Erlebnis von Allmacht zuzuordnen. Dabei handelt es sich um das dem Erwachsenen zwar selbstverständlich gewordene aber nichtsdestoweniger für das Ich durchaus rätselhafte Phänomen, daß dem Willen des Ich der Körper in seiner Motorik normalerweise blind gehorcht, der Gedanke des Ich also unmittelbar in ein Tun des Körpers umgesetzt wird. An dieser Stelle der Entwicklung liegt fraglos eine wesentliche Quelle magischen Macht-Denkens, besonders wenn für das magische Ich noch die Unabgelöstheit von Innen und Außen, Psyche und Außenwirklichkeit das bestimmende Grundphänomen ist. Dann ist auch das, was wir Phantasie nennen, von der realen Bezogenheit auf eine ‹objektiv› gewordene Welt noch nicht abgelöst.

Die menschliche Phantasie ist aber keineswegs eine regressiv wünschende psychische Funktion sondern viel mehr eine vorwegnehmende und vorbereitende Form der Lebensanpassung. Ihr entstammt alles, was den Menschen als solchen charakterisiert. Die Kraft der Phantasie-Vorstellung von einer zu verändernden Welt ist die Vorstufe zu ihrer realen Umwandlung und darf nicht mit regressivem Wunschdenken verwechselt werden, welches den der Welt entfliehenden Neurotiker charakterisiert. Die Welt der Kultur und der Zivilisation mit allen ihren Erfindungen bis zur Entfaltung der Wissenschaft ebenso wie die Welt der Kunst entstammt der schöpferischen Phantasie des Menschen. Nicht die Stärke der Phantasie sondern die Fähigkeit oder Unfähigkeit der Persönlichkeit, die Phantasie zu realisieren, entscheidet darüber, ob ein Mensch krank oder gesund ist.

Die Phantasie hat ebenso wie das mit ihr so eng verbundene Spiel eine für den Menschen wesenhafte und progressive Bedeutung. Wirklichkeit ist keineswegs nur das außen Erfahrene und Wirklichkeitsfunktion die Anpassung an dieses Außen. Die Wirklichkeit, an welche sich der Mensch anzupassen hat, ist anfangs die untrennbare Einheit von Innen und Außen als Einheitswirklichkeit. Später, nach der patriarchalen Bewußtseinsentwicklung, ist diese Wirklichkeit die getrennte, aber zusammengehörige Polarität von Welt-Außen und Psyche-Innen. Eine fehlende Anpassung an die Innenwelt der Psyche ist ebenso ‹realitätsfremd› und neurotisierend wie eine fehlende Anpassung nach außen.

Weil aber in der Entwicklung das Enthaltensein in der Einheitswirklichkeit zur Anpassung an die polarisierte Welt fortschreiten muß, steht für den Frühmenschen wie für das Kind zunächst die Erfahrung der objektiven Außenwelt und die Anpassung an sie im Vordergrund, wobei in der Polarisierung in Psyche und Welt das Psychische meist unbewußt bleibt und meistens nur zum Bewußtsein kommt, wenn eine Störung des unbewußten Funktionierens eingetreten ist.

Wie die Ethnologie uns gelehrt hat, ist der Frühmensch in seinen Funktionen ebenso vollwertig wie der moderne Mensch, und seine – wenn auch von der unseren verschiedene – geistige Haltung darf nicht als ‹primitiv› in dem Sinne verstanden werden, daß etwa sein ‹magisches Denken› eine Art von kindlicher Wahnvorstellung sei, nach der er sich richtet und sich wie das angeblich allmächtig sein wollende halluzinierende Kleinkind verhält, statt sich real auf die Welt zu beziehen. Der so naheliegende Einwand, daß der magische Frühmensch, wenn er sich ‹wünschend› verhalten hätte, längst ausgestorben wäre, ist in diesem Zusammenhang niemals berücksichtigt worden. Während das angeblich die Erfüllung seiner Wünsche halluzinierende Kleinkind von der Mutter der Urbeziehung ernährt wird – unabhängig davon, ob es halluziniert oder nicht –, ist der Frühmensch auf die höchst schwierige Erwerbung seines Lebensunterhaltes angewiesen. Es ist ausgeschlossen, daß eine wahnhafte magische Tätigkeit, die – praktisch sinnlos – nur einer phantasierten Wunscherfüllung dient und in nichts mit der Erfahrung und Bewältigung der

Wirklichkeit zu tun hat, sich Jahrzehntausende oder Jahrhunderttausende erhalten hätte und nicht nur in der Ontogenese wiederkehrt, sondern auch in der Psyche des modernen gesunden und kranken Menschen eine entscheidende Rolle spielt.

Gegen diesen unrealen Halluzinationscharakter des magischen Menschen spricht ebenfalls, daß auf der magischen Stufe auch die erkennende Funktion des Ich bereits entwickelt ist. Magische Haltung und genaue Naturbeobachtung schließen sich keineswegs aus, sondern können durchaus zusammengehen, wie es auch die Eiszeitbildnerei beweist. Aber das ‹Objektive› der Naturerkenntnis bleibt dem Magischen ein- und untergeordnet und ist, wie die Bewußtseinserkenntnis, der in Bildern sprechenden Erfahrung des Unbewußten ein- und untergeordnet. Diese archaische nicht-rationale Form der in hohem Maße intuitiven Erkenntnis, in welcher der Anteil des Unbewußten den des Bewußtseins überwiegt, ist in keiner Weise mit halluzinatorisch wünschenden Vorstellungen identisch, die dem Lustprinzip im Gegensatz zum Realitätsprinzip unterstehen. Auch die unbewußt instinktgeleitete archaische Erfahrung des Tieres, des Frühmenschen und des Kindes – wenn wir von ihrer Wirkung beim modernen Menschen hier einmal absehen – ist Welterfahrung und nicht Wunschleben. Die Empathy zwischen Kind und Mutter ist eine echte, wenn auch über die Wahrnehmung des Unbewußten gehende Orientierung, und die ‹participation mystique› als Grundlage des Lebens in der Einheitswirklichkeit ist ein echtes irrationales Verbundensein mit der Wirklichkeit und ein Orientiertsein in ihr und keine wahnhaft vom Wirklichen unabhängige Illusion. Das Negative dieser ausgebreiteten Erfahrung besteht in ihrer Unschärfe, aber umgekehrt hat das solare Bewußtsein seine größere Schärfe mit der Einschränkung und Ausschließung wesentlicher Momente zu bezahlen.

Vereinfacht formuliert, geht die Psychoanalyse davon aus, daß das Kind in einem nur dem Lustprinzip folgenden und damit dem Wahnsinn ähnlichen Zustand geboren werde und sich nur durch den Zwang der Unlust bringenden Umwelt an die Realität und das Realitätsprinzip anpasse. Diese Konzeption der Psychoanalyse von der Entwicklung des Wirklichkeitssinnes ist durch eine andere und mit den ethnologischen Fakten besser übereinstimmende Theorie zu ersetzen. Das Kind kommt ebensowenig wie das Tier als Tabula rasa auf die Welt, sondern es verfügt über ein System unbewußter instinktiver und archetypischer Reaktionsweisen, die innerhalb seiner Umwelt ausgelöst werden und auf diese von vornherein abgestimmt sind. Seine unbewußten Reaktionsweisen sind welthaltig, und – wie wir wissen – ist im instinktiven Verhalten der ganzen organischen Welt immer eine artgemäße Anpassung an die durchschnittliche normale Wirklichkeit enthalten, in welcher der Organismus lebt.

Die Verarbeitung der durch das Dasein gegebenen Unlustquanten durch die sich entfaltende und instinktiv auf diese Verarbeitung angelegte Psyche des Kindes entspricht einer fortlaufenden Entwicklung der Wirklichkeitsanpassung, deren Anlage von vornherein in der Psyche des Kindes vorbereitet ist und auf ihre Aktualisierung wartet. In der Aufeinanderfolge der Ich-Stufen begegnen wir nicht nur einem fortschreitenden Selbständigwerden des Ich, sondern auch einer dauernd sich verändernden Beziehung dieses Ich zur Wirklichkeit. Sowohl die Beziehung zur Welt wie die zum Unbewußten der Psyche, aber auch die Beziehung zum Selbst unterliegen dauernden Wandlungen. Wesentlich aber ist, daß diese Wandlungen oder wenigstens ihre Grundstrukturen artgemäß angelegt sind. Während die Abhängigkeit des phallisch-chthonischen Ich vom Körper-Selbst und den mit der Biopsyche verbundenen unbewußten Prozessen von einer fortlaufenden Fluktuation des Ich und einem noch nicht fixierten Bewußtsein begleitet wird, ist das magisch aktive Ich schon in einem Bewußtsein zentriert, das sich zu systematisieren beginnt.

Das magische Tun des Ich ebenso wie die magische Auffassung der Welt entspricht einer Stufe, in welcher eine automorph erstarkende und sich abhebende Persönlichkeit mit einem selbständigwerdenden Bewußtsein in einer noch nicht objektivierten, noch nicht gegenüberstehenden und ‹unabhängigen› Wirklichkeit existiert. In dieser Konstellation bildet sich erst die Grenze zwischen Person und Welt, und das Selbst, das unser Bewußtsein der Psyche des Menschen zuordnet, hat das für die Einheitswirklichkeit charakteristische Wesen eines welthaften Ausgebreitetseins noch nicht ganz verloren. Die Phase des magischen Ich beruht darauf, daß das Selbst in seiner umfassenden Totalität als zum Ich gehörig erfahren wird, das seine magische ‹Vollmacht› ausübt. Dabei wird diese Zusammengehörigkeit von Selbst und Ich analog zu der des Körpers und seinen Gliedern erfahren, die als ichzugehörig den Befehlen des Ich unterstellt sind. Verständlicherweise führt aber diese Erfahrung des Eigen-Seins in einer andererseits noch von der Persönlichkeit unabgegrenzten Welt dazu, daß sich das Ich der Ich-Selbst-Achse noch als mit dem Selbst identisch erfährt.

Dieses allmählich selbständig werdende Ich muß seine Festigkeit sowohl dadurch sicherstellen, daß es die Inhalte des Bewußtseins zusammenschließt und systematisiert, wie dadurch, daß es sich selber als Mittelpunkt dieses sich von der Welt und vom Unbewußten abgrenzenden Bewußtseins erfährt.

Die Rituale des Kleinkindes, sein Bedürfnis, die Welt als geordnet zu erfahren, in welcher die Zeiten, die Menschen, die Tätigkeiten, die Erzählungen ihren festen Platz haben, bilden die notwendige Basis für ein Ich, das sich stabil im Mittelpunkt einer geordneten Welt zu fühlen hat. So wie das malende Kleinkind vom Kritzeln gesetzmäßig zur Kreisfigur, dem Mandala, fortschreitet, ‹konzentriert› sich aus dem fluktuierenden psychischen Funktionieren das Ich als ein die Persönlichkeit repräsentierendes und mit Bewußtsein verbundenes Zentrum im Mittelpunkt der Welt. Diese magische anthropozentrische Haltung ist symptomatisch für das Selbständigwerden eines Ich, das nicht mehr dem Unbewußten und der Welt ein- und untergeordnet ist, sondern sich der Welt ausgreifend zu bemächtigen beginnt.

Die Kreisbildung, das Mandala, das eine so große Rolle schon in den frühesten Kinderzeichnungen spielt, erscheint phylogenetisch in der Magie als Bannkreis, in dem das Ich sich von der Welt abhebt, sich ‹konzentriert›. Erst dieses Sich-Sammeln ist die Voraussetzung für diejenige Aktivität des Ich, die wir beim Erwachsenen als Aktivität des dirigierenden Willens kennen. Die frühesten Rituale sind deswegen Rituale der Ich-Sammlung, Kreis-Mandala-Formen des Ritus, dessen wohl früheste und allgemein in der Frühmenschheit verbreitete

Form der Rund-Tanz ist, die Begehung des Kreises als Tanz, in welcher sich die menschliche Gruppe von der Welt abgrenzt und sich als Gemeinschaft zusammenschließt. Die gleiche Zentrierung, bei der wir im Mandala das Selbst als Mitte der Psyche finden, spiegelt sich im Mandala des Bewußtseins, dessen Mitte das Ich bildet. In beiden Fällen ist der Bannkreis Schutz und Festung des psychischen Inhaltes. Beide Kreise aber gehören auch darin zusammen, daß der untere die Basis des oberen, das Selbst die Wurzel des Ich und die Verbindung beider Zentren die Ich-Selbst-Achse ist. Die Ich-Selbst-Achse etabliert sich aber damit auch als Achse der selbständig werdenden Persönlichkeit, die sich von der Einheitswirklichkeit abhebt.

Die Psychoanalyse interpretiert diesen Vorgang als ein sich Zurückziehen der primär objektgebundenen Libido zu einem sekundären Narzißmus, von dem dann später die Entwicklung zur Erfahrung des Objekts ausgehe. Im Gegensatz zu dieser These, welche eine unverständliche Pro- und Regression der Libido voraussetzt, nehmen wir an, daß das magische Ich eine natürlich fortschreitende Progressionsstufe der Entwicklung ist, die von der vor-ichhaften uroborisch subjekt- und objektlosen Einheitswirklichkeit zur magischen Welt mit einem langsam selbständig werdenden Ich vorstößt und dann zum patriarchal solaren Ich führt, welches als Subjekt erstmalig einer Objekt-Welt gegenübersteht.

Indem das magische Ich die Allmacht der Motorik am eigenen Körper erlebt, beherrscht es mit diesem zugleich die in der Einheitswirklichkeit mit ihm verbundene Welt und erfährt sich so als Weltmittelpunkt.

Diese Ich-Konzentration ist ein Sich-selber-Einsetzen des Ich, ein Zusammenschluß bis dahin nur punkt- und inselhaft zerstreuter Ich-Akte. Während das phallisch-chthonische Ich der Mutter gegenüber trabantenhaft ‹anhängend› war, beginnt mit der phallisch-magischen Ich-Stufe eine größere Unabhängigkeit dieses Ich vom Körper-Selbst und vom Du. Es ist ein Zusich-Kommen des Ich, das auf dem Selbst fußt. Aber die Polarisiertheit der Ich-Selbst-Achse, die Bezogenheit des Ich und des Selbst zueinander, welche in dieser Entwicklung deutlich wird, setzt auch eine beginnende Unabhängigkeit des Ich gegenüber dem Selbst voraus, das sich im Ich ‹filialisiert› hat. Diese Unabhängigkeit wird endgültig aber erst vom solar-patriarchalen Ich erreicht, das phallisch-magische Ich besitzt zwar bereits eine Eigenaktivität, in der es der Welt gegenübertritt, lebt aber noch in einer durch die ‹participation mystique› matriarchal bestimmten Welt.

Ob die matriarchale Welt als Einheitswirklichkeit oder als magische Welt dieses Ich umfaßt, seine Selbständigkeit und sein mit ihm verbundenes Bewußtsein ist noch nicht gewährleistet. Sowohl als Trieb und Emotion innen wie als Schicksal außen ist das Ich unterlegen. Die magische Ich-Aktivität hat noch keine durchgängige Kontinuität wie das spätere patriarchal solare Ich, sondern sie ist vorübergehend und existiert im wesentlichen nur für die durch das Ritual der Konzentration gesicherte Ausnahmezeit.

Deswegen muß in der Frühwelt jedes Tun von libido-anschirrenden Ritualen vorbereitet werden, da die Willenslibido noch nicht in dem Maße wie dem modernen Ich beliebig und willkürlich zur Verfügung steht. Ebenso wie das Kind erst mühsam lernen muß, willentlich zu tun, seine Intention durchzuhalten, gezielt zu denken, sich zu objektivieren und sich als ein selbständig dirigierendes System der Welt gegenüberzustellen, ist die Bewußtseinsaktivität des magischen Ich ein anstrengender Ausnahmezustand, der im Sinne des Bestimmtseins durch das zufällige Sein der Welt immer wieder von der matriarchalen Welt des Unbewußten – des Körpers und von der Welt – aufgelöst wird.

Auf der magisch-phallischen Ich-Stufe herrscht noch eine Teil-Identität des Ich mit dem Körper-Selbst. Das magische Ich erscheint und agiert teilweise noch wie ein Exponent der Körper-Psyche. Dieses Ich ist irrational, und seine Aktivität entspricht noch keineswegs der eines solar-rationalen Ich. Deswegen sind auch die Intentionen des magischen Ich und sein rituelles Tun teilweise noch unbewußt und emotionell betont. Daß die Konzentration des magischen Ich bei der Gruppe und beim Einzelnen fast immer mit Tanz und erregender Musik verbunden ist, besagt, daß dieses Ich zu einer starken emotionalen Ladung kommen muß, um die durch die Identifizierung mit dem Körper-Selbst verbundene magische Ich-Fähigkeit zu erreichen.

DIE ICH-STUFEN DER KINDLICHEN ENTWICKLUNG 167

Seine Aktivität ist zwar schon welterobernd, aber diese Eroberung geht von dem Weltzusammenhang des Matriarchats aus, in welchem unlösbar miteinander verbunden ist, was unser Bewußtsein als ‹psychisches Symbolbild innen› von ‹Objekt-Außen› trennt. Deswegen ist der magische Zauber so oft Bildzauber und die rituelle ‹Tötung› des abgebildeten Tieres mit seinem ‹wirklichen› Tod magisch identisch. Für das entwickelte Bewußtsein erscheint der magische Ritus höchstens als eine ‹Vorbereitung› für die Jagd und läßt sich psychologisch als ‹Anschirrung› und Konzentration des für die Jagd notwendigen Ich-Willens verstehen. Aber ein derartiges ‹Nacheinander› besteht fraglos für das magische Ich nicht. Die magische Tötung ist vielmehr das essentielle, das faktische, akzessorische Geschehen. In Wirklichkeit ist für diese Stufe beides miteinander identisch, denn die magische Tötung geschieht in der Welt der Einheitswirklichkeit, die hier noch nicht den Hintergrund der Welt bildet, sondern ihr eigentliches Dasein ausmacht.

Daß dieser ganze Vorgang sich mehr im numinosen Dämmern der Urbilder und der geistigen als in dem der materiellen Wirklichkeit abspielt, geht auch daraus hervor, daß das Objekt der magisch jagenden Gruppe, das Tier – welches im magischen Bild zur Gestalt wird, um im magischen Akt überwältigt, getötet zu werden –, immer die ganze Gattung und nicht ein einzelnes Tier als Objekt ‹meint›.

Wir bezeichnen diese magische Aktivität als phallisch, weil sie eine befruchtende und verändernde Aktivität ist, der die Welt und das Unbewußte als Empfangendes gegenübertritt. Das Ich als Träger der magischen phallischen Aktivität ist dabei in einem übersexuellen und überpersonalen Sinne zeugend.

Das Zeugende dieser Stufe bezieht sich zunächst in hohem Maße auf die mit der Fortpflanzung eng verbundene Nahrungswelt. Der Mensch lebt davon, daß die Wildherden in Fülle auftreten, und um die Nahrung und ihre Erwerbung, noch nicht um Mythos und Überlieferung, geschweige denn um Erkenntnis und Gesetz eines späteren geistig-solaren Daseins[4] kreist das magisch-phallische Ich. Soweit aber auch schon in dieser frühen Zeit Überlieferung und Mythos aus dem Ritus zu entstehen beginnen, bewegen sie sich um die Lebensinhalte der Großen Mutter als der Nahrung Gebenden, der Herrin der Pflanzen und der Tiere, um deren Bemächtigung es hier geht.

Wir hatten die Ich-Stadien der matriarchalen Phase, in denen das Ich noch vom Unbewußten geführt wird, als ‹Begleiter› der Großen Mutter charakterisiert, welche nicht nur Herrin des vegetativen und animalischen sondern auch des menschlichen Lebens ist. So erscheint das menschliche Ich als erstes im Symbol des der Mutter zugeordneten ‹Kindes›, die magisch-phallische Ich-Stufe mit ihrer erhöhten Aktivität und Selbständigkeit aber entspricht mythologisch der Phase des ‹Jünglings-Geliebten› der Großen Mutter. Dieser ist der von ihr geborene Sohn, er wird auch wieder als ‹Sterbender Jüngling› von ihr getötet, trotzdem aber ist er ein in ihr zeugendes Prinzip, das sie mit seiner phallischen Aktivität befruchtet und verändert.

Die mythologische Überwältigung des Jünglings-Geliebten durch die Große Mutter als furchtbare Mutter des Todes besagt, daß das Ich schwächer und unselbständiger ist als die matriarchale Welt des Unbewußten, aus der es entsteht und durch die es ausgelöscht wird. Ebenso wie der Phallus nur in der Aktion des Zeugens er selber, aber davor und danach erschlaffter Teil des Gesamten ist, ist auch das magisch-phallische Ich nur in der Aktion es selbst, um danach wieder durch das Große Weibliche ‹getötet› zu werden und in den Kindheitszustand zurückzukehren.[5] Daß das Jünglings-Ich aber trotzdem befruchtend ist, äußert sich darin, daß in der selbständigen Phase durch die Aktivität des Ich dem Körper und dem Unbewußten gegenüber die Triebe und Emotionen ‹angeschirrt› werden können und in der Konzentriertheit des magischen Tuns verwendet werden. Dadurch, daß das Ich seine Ziele und Intentionen – auch schon im Gegensatz zu denen des Körpers und des Unbewußten – bewußt verfolgt, kommt es zu einer Veränderung des Unbewußten und der Welt und zu einer neuen Bezogenheit beider auf das Ich.

Denn auch Umwelt und Welt werden durch den Eingriff des magischen Jünglings-Ich verändert. Mit dem magischen Ich beginnt die Welt des homo faber, der nicht mehr von einer matriarchal ihn ernährenden Welt lebt, sondern sie im ‹Produktionsprozeß› verändert. So ist das magische Jünglings-Ich produktiv, zeugend-aktiv, phallisch.

Es steht nicht passiv wünschend, sondern aktiv eingreifend der Welt gegenüber, obgleich diese noch überwiegend matriarchale Einheitswirklichkeit und noch nicht die ‹Objekt-Welt› des solar-rationalen Bewußtseins ist. Deswegen endet die zeugende Tat des Jünglings-Geliebten immer noch mit seinem Tod durch die Große Mutter. Denn das Ich ist nicht nur in seiner chthonisch-erdgebundenen Pflanzen- und Tier-, sondern auch noch in seiner magisch-phallischen Stufe immer noch der Überlegenheit der Großen Mutter verfallen. Seine Eigenaktivität erliegt der Übergewalt des Matriarchalen, als Unbewußtes und als Welt, weil diese Eigenaktivität zu schwach ist. Sie ist nämlich noch nicht mit einer archetypischen Macht verbunden, wodurch sie das Gegengewicht zum Mutterarchetyp bilden kann.

Die fortschreitende Erstarkung des magischen Ich ist identisch mit seiner fortschreitenden Selbständigkeit. Während das Ich des ‹Jünglings-Geliebten› immer noch ein der Großen Mutter anhangendes Ich ist, zeigt sich die Selbständigkeit des erstarkenden Ich gerade auch darin, daß es beginnt, seine anthropozentrische Stellung im Mittelpunkt der Welt einzunehmen. Diese manifestiert sich darin, daß sich die menschliche Persönlichkeit mit dem Ich als dem Zentrum des Bewußtseins identifiziert und die Welt auf dieses bezieht. Diese anthropozentrische Stellung bildet die natürliche Grundlage des menschlichen Seins in der Welt. Sie findet ihre erste Form schon in der Haltung des magischen Ich, welches sich nun zwar immer noch in einer matriarchal allverbundenen Welt, aber als deren Zentrum erfährt, auf welches die Welt in ihrer Ganzheit bezogen ist.

Die Welt wird aber vom magischen Ich nicht in dem Maße mit dem Bewußtsein erfaßt, wie das beim solaren Ich des modernen Menschen der Fall ist, sondern sie wird primär erlebt, und gerade durch diese Gefühls- und Emotionsbesetztheit wird die Welt bedeutsam. Erfahren wird in gewissem Sinne nur das ‹Auffallende›, das ‹Ansprechende›, kurzum das Bedeutsame, und die Ordnung der erfahrenen Welt erfolgt nach Ordnungen des für den Menschen Bedeutsamen. In dieser fließenden Welt der Emotion, welche als Erregendes, Ansprechendes und Bedeutsames das Dasein erfüllt, herrscht das ‹symbolische Leben› der mythologischen Apperzeption, in welcher die Kategorien der Erfahrung nicht Bewußtseins-Begriffe sondern Symbole und Archetypen sind. Diese un-objektive, nicht-dinghafte und ungeteilte Welt wird im Symbol zur Gestalt und so als Symbolgestalt erfahren. Hier herrscht noch nicht eine Welt von Dingen, zwischen denen der Mensch geht und mit denen er umgeht, sondern eine Bildwelt, die als ein den Menschen Ergreifendes und Bewegendes außen und innen zugleich ist, die ihn dirigiert und im Ritual von ihm ‹gegangen› wird.

Vom Bewußtsein aus gesehen ist diese symbolische Erfahrung eine unbewußte Welt-Anschauung, in der ein Weltausschnitt oder die Welt ethnologisch im Sinne des Prä-Animismus oder Animismus einheitlich als eine allseitig belebte Welt erfaßt wird. Diese Erfahrung ist auf einen Einheitszusammenhang gerichtet, der für den Menschen evident ist, dem er sich nicht entziehen kann und in dessen Mitte er sich befindet.

Auf dieser Stufe erweisen sich das Symbol wie der Archetyp ebenso als Niederschlag der Erfahrung wie als Kategorie der Erfahrung. Die aus dem Unbewußten auftauchende Gestalt des Symbols ‹entstammt› der allgemeinen unbewußten Bezogenheit des Menschlichen auf die Welt, hat aber deswegen einen objektiven und keineswegs nur subjektiven Charakter. So gibt es in der Welt objektiv Enthaltendes und Enthaltenes, Nährendes und Genährtes, und wenn die Psyche diesen Zusammenhang im mythologischen Bild als Archetyp der Großen Mutter apperzipiert, ist dieses Bild zwar archetypisch, also allgemein menschlich und eine Kategorie menschlicher Erfahrung, indem der Mensch mit Hilfe dieses in der Psyche erscheinenden Bildes Erfahrung macht. Diesem Bild selber entspricht aber etwas Objektiv-Welthaftes, das Bild ist welt-adäquat. Indem so das Welthafte sich psychisch repräsentiert, ist es sowohl Niederschlag einer Erfahrung wie Organ der Psyche, welche durch dieses Bild die Welt erfährt und später deutet.

In dieser vom magischen Ich erfahrenen Einheitswelt herrscht ein universelles Bezogensein, in dem alles mit allem zusammenhängt, miteinander verbunden ist und füreinander eintreten kann und muß. Sowohl der Begriff des unbewußten Identischseins, der ‹participation mystique›, entstammt dieser Welt, wie auch das für die Frühwelt gültige Identischsein von Teil und Ganzem, das nur dann möglich und wirksam ist, wenn nicht das für das spätere Bewußtsein wirkliche Abgehoben- und Unverbundensein der Welt-Dinge und -Inhalte statthat. Dieser ‹verbindliche› Einheitszusammenhang zwischen Mensch und Welt ist die Grundlage des frühen menschlichen Verhaltens, besonders aber seiner Riten. So gibt der Frühmensch für alles, was er von dem Naturganzen für sich nimmt und braucht und so dem Seinszusammenhang des Ganzen entzieht, immer ein Stellvertretendes als Opfer her, damit der Ganzheitszusammenhang gewahrt wird. Diese emotionale Verbundenheit des Daseins bestimmt das Tun des Menschen in der Welt ebenso wie das Symbolbild die Gestalt seiner Erfahrung von der Welt. Beide sind Konsequenzen der anthropozentrischen Weltbezogenheit des Frühmenschen und des Kindes, welche zu ihrer magischen Weltorientierung gehören.

In der anthropozentrischen Stellung des Menschen ist der Mensch als Körper-Selbst der Weltmittelpunkt, auf den das Weltgeschehen als Geschehen im Raum und in der Zeit bezogen ist.[6] Das äußert sich nicht nur darin, daß die Bilder von Raum und Zeit um diese anthropozentrische Stellung des Menschen herum angeordnet sind, so daß sowohl die Gegenden der Welt, des Himmels und der Erde, die Farben wie die ‹Dinge› auf Teile des Körpers bezogen sind und auch die Orientierung durch das ‹Vor› und ‹Nach› der Zeit dieser zentralen Position des Menschen entstammt. Die ‹Zuordnung› der Weltgegenden und Weltteile zum Körperschema besagt ja nicht nur, daß der Mensch von der Welt abhängig ist, sondern auch daß umgekehrt die Welt vom menschlichen Körper abhängig ist, dessen beherrschender Sammelpunkt das im Kopf lokalisierte magische Ich ist. Das heißt, der dynamische und für die Stellung des Menschen in der Welt entscheidende Ausdruck des anthropozentrischen Akzentes besteht darin, daß der Mensch für das Sein der Welt und ihre Existenz entscheidend verantwortlich ist. Wenn wir bei vielen Völkern Riten finden, die vor Sonnenaufgang erfüllt werden müssen, damit die Sonne aufgehen kann, ja wenn sogar noch in der mexikanischen Hochkultur die Fülle der Menschenopfer nötig sind, um der Sonne ihren Weg zu ermöglichen, dann genügt es keineswegs, diese magische Aktivität als Angstabwehr zu verstehen. Sondern es ist von ebenso großer Bedeutung, daß der Mensch in der Welt an einem zentralen Ort steht und seine magisch-rituelle Beziehung zu den Mächten den Bestand der Welt mitgarantiert.

Dabei bedeutet dieses Mittelpunkt-Sein aber keineswegs eine ‹Herrschaft über die Natur› als Vergewaltigung der Natur im Sinne des von der Natur abgespaltenen abendländischen Menschen. Denn mit dieser Mittelpunktstellung des Menschen läßt sich durchaus eine Auffassung vereinigen, welche den Tieren oder besonderen Tieren einen dem Menschen überlegenen Rang zuordnet, wie zum Beispiel der den Bären verehrende Frühmensch. Und selbst wenn später – wie in der Bibel – diese Stellung des Menschen bewußt geworden ist, ist sie weniger Ausdruck eines Herrschaftswillens gegenüber der Welt als eines Auftrages der Herrschaft, der dem Menschen gerade deswegen größte Verpflichtungen auferlegt.

Das magische Denken als Tätigkeit des magischen Ich ermöglicht die Etablierung des Ich-Zentrums in der Mitte des Bewußtseins und die Befreiung des Ich-Bewußtseins von seinem völligen Beherrschtsein durch die Einflüsse des Unbewußten innen und der Welt außen. Die für den Menschen charakteristische relative Freiheit eines handelnden Ich und eines sich der Welt und der Psyche gegenüberstellenden distanzierenden Bewußtseins setzt die Loslösung von der Dirigiertheit durch das Unbewußte und die Instinkte ebenso voraus wie die Befreiung von der Übermacht der Umwelt. Nicht Allmacht sondern Macht – mit all den problematischen Konsequenzen dieser zu erwerbenden Macht – ist jetzt das notwendige Ziel der Ichwerdung, in welcher nach der Bildung der Ich-Selbst-Achse der Psyche nicht mehr das Selbst sondern das Ich zum bewußten Exekutor des Lebenswillens der Persönlichkeit wird.

Macht und Herrschaft sowohl über die Natur außen wie über das Unbewußte innen als Aufgabe, sich ‹beherrschen› zu können, ist eines der ersten Ziele des Ich-Bewußtseins, das mit Hilfe einer Fülle von psychischen Dynamismen, von Verdrängung und Unterdrückung, Identifizierung und Projektion in der patriarchalen Phase der psychischen Entwicklung sowohl die Entwicklung des Individuums innerhalb der Gemeinschaft wie die des Menschen innerhalb der Außenwelt durchzuführen hat.

Die anthropozentrische Betonung, die Betonung dessen, daß der ‹Mensch das Maß aller Dinge› ist und, in der Ebenbildlichkeit Gottes geschaffen, die Tiere ‹benennt› und um sich als den Mittelpunkt der Welt ordnet, erkennt und gestaltet, ist die Basis für diese Entwicklung des Menschen, der sich berufen glaubt, die Welt als Natur und als Psyche zu beherrschen. Daß der Mensch sich als im Ebenbilde des schöpferischen Gottes geschaffen erfährt, ist das führende Symbol dieser Zentralstellung des Menschen innerhalb einer um ihn und für ihn geordneten Welt. Soweit wir wissen, war anfangs die magische Aktion immer eine Aktion der Gruppe, welche sich in der Magie aus der Natur heraus-setzte, mit der sie in urpsrünglicher Verbundenheit gelebt hatte. Die magischen Jagdriten, von denen die Eiszeitmalerei zeugt – wohl die frühesten Riten, die es gegeben hat –, sind eine erste geistige Auseinandersetzung mit dem Tier als einem ‹anderen›, das zu töten notwendig ist und das deswegen beherrscht werden muß. Dabei ging die Magie mit Hilfe von Identifizierungen vor sich, indem im Ritual-Tanz der Mensch das Tier, aber auch seine Jagd und Tötung darstellte und gerade damit gleichzeitig neben seiner Identifizierung seine Andersartigkeit und Überlegenheit zur Gestaltung brachte. In der magischen Handlung des Malens, des Tanzes und der rituellen Tötung des Tieres durch die Tötung seines Bildes, von dem die vielen Einschuß-Spuren in die Malereien der Eiszeit zeugen, wird der geistig-seelische Akt der Absonderung des Menschen von der Welt des Tieres und der menschlichen Herrschaft über die Tiere vollzogen.

Dieser ‹psychische Akt› als magischer Vollzug ist nicht Ausdruck eines Wünschens, sondern der Selbstetablierung des menschlichen Ich, das sich als Gruppen-Ich und als Einzel-Ich in die Mitte einer zu beherrschenden Welt stellt. Die ursprüngliche Magie ist immer ‹Gruppen-Magie› gewesen, und Anthropozentrik bedeutet hier das Im-Mittelpunkt-Stehen der menschlichen Gruppe, von welcher der Einzelne nur ein Teil ist, so wie die Jagd zunächst meist eine gemeinsame Aktion der Gruppe bedeutet hat, in welche der Einzelne mit seiner Eigenaktivität integriert war. Dabei fußt die magische Sicherheit des

Einzel-Ich, von welcher der Erfolg der Gruppenhandlung in entscheidender Weise abhängen mußte, auf der Evokation des Gruppen-Selbst. Sie beruht auf der Aktualisierung der den Einzelnen umfassenden und dirigierenden höheren Einheit der Gruppe, die als eine Art Außen-Selbst wirksam ist, welches sich im Führer der Gruppe inkarniert, sei es als Medizinmann oder als Häuptling, wobei dieser traditionsgemäß mit einer transpersonalen Größe, einem Ahn oder Geist, verbunden ist.

Diese ‹Inkarnation› als Gestaltwerdung einer Instanz, welche noch nicht eine innerpsychische Wirklichkeit des Einzelnen sondern erst außen in einem besonderen Menschen, einem ‹Großen Einzelnen›, erfahrbar wird, ist für die Strukturierung der menschlichen Psyche von größter Bedeutung. Denn in dieser Entwicklung bekommt nicht nur die Instanz des Selbst als der Mana-Persönlichkeit ‹Gestalt› als machthabendes Zentrum, tritt heraus aus der Anonymität und wird zum Führer der Gruppe, sondern auch das von diesem Selbst bestimmte Ich jedes einzelnen Gruppenmitgliedes konfiguriert sich jetzt deutlicher.

Die früheste Gruppe, die wir kennen, ist die jagende Männergruppe, die Vorform jeder männlichen Gruppenbildung überhaupt. Bei ihr liegt nach allem, was wir wissen, die Entwicklung des magischen Ich. Ihre Wirksamkeit reicht in die frühesten Zeiten der Menschheitsentwicklung zurück, in Zeiten, in denen der magische Fruchtbarkeitsritus noch in den Händen der Frau lag, der höchsten Instanz für alle Bezirke, welche wie die der Nahrung und Fruchtbarkeit zum Bereich der Großen Mutter-Göttin gehörten.

Das Tun der Männergruppe steht im Dienst dieser matriarchalen Welt, wobei sich die Magie der Männergruppe auf die Möglichkeit bezieht, das zu essende und nahrunggebende Wild in seine Macht zu bekommen und zu töten. Deswegen spielt auf den Eiszeitbildern, den frühesten uns bekannten Dokumenten der menschlichen Magie, das schwangere Tier die entscheidende Rolle. Das Raubtier aber gilt auf der matriarchalen Stufe als furchtbare Seite der Großen Mutter, es ist ihr furchtbares Männliches, das deswegen als Tiger, Löwe, Panther, Leopard sie selber oder ihre furchtbare Seite darstellt.

Mit diesem tötenden Teil der Großen Mutter identifiziert sich in der matriarchalen Phase die Männergruppe rituell. Die jagende Männergruppe repräsentiert den Todes-Anteil der furchtbaren Mutter, die als Große Mutter Herrin nicht nur des Lebens, sondern auch des Todes ist, sie tötet als deren ‹Trabant›. Deswegen sind die Jagd- und Tötungsriten solche der Männer, die Lebens-, Fortpflanzungs- und Wiedergeburtsriten solche der Frauengruppe. In der Identifizierung der Männergruppe mit der furchtbaren Seite der Großen Mutter, in welcher das Männliche mit dem tötenden Symbol der Waffe als dem zerstörenden Phallus identisch wird, wird dieses vom Männlichen introjiziert. Diese Introjektion bildet als ‹Furchtbares Männliches› eine Verstärkung des Männlichen, welche seine Aktivität und Aggression, auch archetypisch männliche Züge, besonders akzentuiert.

Diese Verstärkung und Eigenbetonung des Männlichen spielt dann in der Begründung des Patriarchats durch den Männerbund eine besondere Rolle. Ebenso wie das ‹Furchtbare Männliche› eine Vorstufe des ‹Furchtbaren Vaters› ist, dessen Bedeutung für die Bildung des Über-Ich in der patriarchalen Kultur so groß ist, ist das kriegerisch-tötende, das magisch-kriegerische Ich der jagenden Männergruppe die Vorform dessen, was sich später als solares Ich von der Herrschaft des Mutterarchetyps endgültig freimacht.

Die Überwindung des Matriarchats durch das Magisch-Kriegerische und das solare Ich

Innerhalb der magischen Ich-Stufen haben wir die magisch-phallische Ich-Stufe, in welcher das Ich noch wesentlich vom Mutterarchetyp bestimmt ist, von der magisch-kriegerischen Stufe unterschieden, in welcher das Ich nicht nur beginnt, sich gegen den Mutterarchetyp zu stellen, sondern zum Bewußtsein seiner Männlichkeit kommt, die dann in der solaren Stufe des Patriarchats kulminiert.

Schon auf der phallischen Stufe beginnt sich das Ich dem Weiblichen, der Großen Mutter und dem Matriarchalen gegenüber als spezifisch männlich zu erfahren. Die Stärkung des männlichen Ich beginnt mit einer Verstärkung seines Widerstands gegen das weibliche Prinzip. Diese Tendenz des ‹Widerstrebenden› wird durch die gegenseitige Stützung des Männlichen untereinander, durch alle Männergruppen und Männerbünde verstärkt, die immer da betont erscheinen, wo das matriarchale Element dominiert.

Die Stützung des Männlichen am Männlichen, deren Ursprung bis in die früheste Vereinigung der Männer in der jagenden Männergruppe der Vorzeit zurückgeht, steht zunächst noch unter der Gewalt der weiblichen Magie. Die Große Mutter als Herrin der Fruchtbarkeit, der Nahrung und der Tiere spielt sicher auch im Jagdzauber, lange vor den Fruchtbarkeitsriten des Ackerbaus eine bedeutende Rolle. Dabei ist der jagende Mann immer auch zugleich tötend und kriegerisch.

Daß die magische Aktivität mit ihrer Verbindung zur Großen Mutter zugleich phallisch und kriegerisch ist, geht in höchst aufschlußreicher Weise aus der paläolithischen Felszeichnung hervor, auf welcher der Penis des jagenden Mannes mit dem Genitale des hinter ihm stehenden beschwörenden Weiblichen verbunden ist. Hier ist die phallische Aktivität dem Weiblichen gegenüber aufs deutlichste mit der kriegerisch-jagenden Aktivität dem Wild gegenüber verbunden. Beides gehört dem Bezirk der Fruchtbarkeit an, über den das Weibliche herrscht. Dieses Große Weibliche ist in seiner beschwörenden Haltung nicht etwa, wie man sich so gerne die Rolle des Weiblichen in der menschlichen Frühzeit vorstellt, das Opfer der männlichen Aggression und seine ‹Beute›, auch noch das phallische und kriegerische Männliche steht im Dienst und unter der Herrschaft des Weiblichen in seinem Fruchtbarkeits- und Nahrungs-Aspekt. Die heutige allgemein angenommene und durch den Einfluß kirchlicher Kreise gestärkte These vom Urmonotheismus der Jägervölker übersieht durchaus die bedeutsame Rolle des Weiblichen in dieser frühen Epoche der Menschheit, deren matriarchaler Charakter heute völlig verkannt wird. Was wir dabei als Matriarchat bezeichnen, haben wir vielfach zu erläutern versucht. Ein bekanntes, aber unausgewertetes Beispiel für die magische Bedeutung der Frau in den Frühkulturen verdanken wir Frobenius[7]:

Im Jahre 1905 traf ich in dem Urwaldgebiet zwischen Kassai und Luebo auf Vertreter jener vom Plateau in die Zufluchtsorte des Kongo-Urwaldes verdrängten Jägerstämme, die als Pygmäen so berühmt geworden sind. Einige der Leute, drei Männer und eine Frau, geleiteten die Expedition etwa eine Woche lang. Eines Tages – es war gegen Abend, und wir hatten uns schon ausgezeichnet miteinander angefreundet – war einmal wieder große Not in der Küche, und ich bat die drei Männlein, uns noch heute eine Antilope zu erlegen, was ihnen als Jäger ein Leichtes sei. Die Leute sahen mich ob dieser Ansprache offenbar erstaunt an, und einer platzte dann mit der Antwort heraus, das wollten sie schon sehr gern tun, aber für heute sei es natürlich ganz unmöglich, da keine Vorbereitungen getroffen seien. Das Ende der sehr langen Verhandlung war, daß die Jäger sich bereit erklärten, am anderen Morgen mit Sonnenaufgang ihre Vorbereitungen zu treffen. Damit trennten wir uns. Die drei Männer gingen dann prüfend umher und zu einem hohen Platze auf einem benachbarten Hügel.

Da ich sehr gespannt war, worin die Vorbereitungen dieser Männer denn nun bestehen würden, stand ich noch vor Sonnenaufgang auf und schlich mich in das Gebüsch, nahe dem freien Platze, den die Leutchen gestern abend für ihre Maßnahmen ausgewählt hatten. Noch im Grauen kamen die Männer, aber nicht allein, sondern mit der Frau. Die Männer kauerten sich auf den Boden, rupften einen kleinen Platz frei und strichen ihn glatt. Dann kauerte der eine Mann sich nieder und zeichnete mit dem Finger etwas in den Sand. Währenddessen murmelten die Männer und die Frau irgendwelche Formeln und Gebete. Danach abwartendes Schweigen. Die Sonne erhob sich am Horizont. Einer der Männer, mit dem Pfeil auf dem gespannten Bogen, trat neben die entblößte Bodenstelle. Noch einige Minuten, und die Strahlen der Sonne fielen auf die Zeichnung am Boden. Im selben Augenblick spielte sich blitzschnell folgendes ab: die Frau hob die Hände wie greifend zur Sonne und rief laut einige mir unverständliche Laute; der Mann schoß den Pfeil ab; die Frau rief noch mehr; dann sprangen die Männer mit ihren Waffen in den Busch. Die Frau blieb noch einige Minuten stehen und ging dann ins Lager. Als die Frau fortgegangen war, trat ich aus dem Busch und sah nun, daß auf dem geebneten Boden das etwa vier Spannen lange Bild einer Antilope gezeichnet war, in deren Hals nun der abgeschossene Pfeil steckte.

Während die Männer noch fort waren, wollte ich zu dem Platze gehen, um den Versuch zu machen, eine Photographie von dem Bild zu gewinnen. Die immer in meiner Nähe sich aufhaltende Frau hinderte mich aber daran und bat mich inständigst, dies zu unterlassen. Wir marschierten also ab. Am Nachmittage kamen die Jäger mit einem hübschen Buschbock uns nach. Er war durch einen Pfeil in die Halsader erlegt. Die Leutchen lieferten ihre Beute ab und gingen dann mit einigen Haarbüscheln und einer Fruchtschale voll von Antilopenblut zu dem Platz auf dem Hügel zurück. Erst am zweiten Tage holten sie uns wiederum ein, und abends bei einem schäumenden Palmwein konnte ich es wagen, mit dem mir vertrautesten der drei Männer über diese Sache zu sprechen. Der schon ältere – jedenfalls von den dreien der älteste – Mann sagte mir nun einfach, daß sie zurückgelaufen waren, die Haare und das Blut in das Antilopenbild zu streichen, den Pfeil herauszuziehen und dann das Bild zu verwischen. Vom Sinn der Formeln war nichts zu erfahren. Wohl aber sagte er, daß das ‹Blut› der Antilope sie vernichten würde, wenn sie das nicht so machten. Auch das Auslöschen müsse bei Sonnenaufgang geschehen. Inständig bat er mich, der Frau nicht zu sagen, daß er mit mir darüber gesprochen habe. Er schien große Furcht vor den Folgen seines Schwätzens zu haben, denn am anderen Tage verließen uns die Leutchen, ohne sich zu verabschieden.

Ein anderes, aus einem vielleicht noch früheren Kulturbezirk, nämlich dem der Bärenjagd, zitierte Joseph Campbell an der Eranos-Tagung 1959.[8]

Wurde ein Bär von einem Ainu-Jäger getötet, dann kommt der Mann vom Gebirge in sein Dorf gelaufen und verkündet, daß ein Gott den Menschen einen Besuch abstatten wird. Mehrere junge Männer begleiten ihn, und in einer Art Prozession bringen sie dann den toten Bären in das Haus des Mannes, aber nicht durch die Türe, sondern durch ein eigens dafür in die Wand geschlagenes Loch, das sogenannte ‹Fenster Gottes›. Einen solchen Einzug nennt man die ‹Ankunft des Gottes›. Die Feuerstelle auf dem Herd im Innern des Hauses ist eine Göttin, eine Berg-Göttin, – so wie der Bär ein Berg-Gott ist –, denn in Japan ist das vulkanische Feuer ein allseits bekanntes Phänomen. Der Fujiyama ist ein erloschener Vulkan, und es ist sicher kein Zufall, daß der Ainu-Name der Göttin des Feuers, der Beschützerin des Herdes, Fuji ist. Wenn der Bär im Triumph zum Haus getragen wird, heißt ihn die Feuer-Göttin willkommen. Er tritt durch das ‹Gottes-Fenster› ein, und Gott und Göttin unterhalten sich während der ganzen Nacht, während das Volk singt und musiziert, um sie zu erheitern. Wenn der Bär am nächsten Tag geschlachtet, gekocht und gegessen ist, werden Opfer seines eigenen Fleisches an seinem Kopf auf einem Ehrenplatz dargebracht. Sobald man meint, daß der Bär genug gegessen hat, wird dem Gott für seinen Besuch, sein Lob und seine vielen Geschenke gedankt, und von einem Zeremoniell begleitet, kehrt er in seine Heimat, die Berge, zurück.

Der entscheidende Menschheits-Fortschritt vom Matriarchat zum Patriarchat ist ein Fortschritt des männlichen Bewußtseins und seine Loslösung aus der Welt des Matriarchalen, die immer zugleich eine Welt der dem Weiblichen zugeordneten Magie ist. Ebenso aber bedeutet dieser Fortschritt eine Lösung des Ich von dem unter der Dominanz des Mondes stehenden matriarchalen Bewußtsein, dessen negativer Aspekt die Angst vor der dämonischen Welt ist, welche für das männliche Ich eine vom Weiblichen und vom Unbewußten bestimmte Welt darstellt.

An die Stelle der Unterordnung des Männlichen unter das Weibliche als gebärende und nährende Stellvertreterin der ‹Großen Mutter› tritt jetzt eine feindlich-unterdrückende Haltung des Männlichen dem Weiblichen gegenüber. Ethnologisch drückt sich dieser Übergang am deutlichsten bei einem der primitivsten Völker aus – den Feuerländern –, wo über die Ablösung des unter dem Mond stehenden Matriarchats durch das männliche unter der Sonne stehende Patriarchat folgendermaßen berichtet wird[9]:

Hinweise auf einige Hauptgedanken finden sich bereits in früheren Berichten. Dies übergehend, wiederhole ich hier, was Tenenesk uns an jenem Abend in der Großen Hütte enthüllt hat:
In alter Zeit gab es schon viele ‹Howenh›[9a] hier in unserem Lande. Damals wandelten Sonne und Mond, Sterne und Winde, Gebirge und Flüsse hier auf der Erde noch ebenso als Menschen wie wir selber heutigentags. Aber in jener Zeit führten die Weiber das Wort überall, innerhalb und außerhalb der Hütte. Diese gaben den Männern an, welche Arbeiten sie verrichten sollten. Es war ebenso, wie wir Männer heute den Frauen Aufträge erteilen.
Damals waren die Männer untertänig und fügten sich gehorsam den Weibern. Weil diese ihnen die Arbeiten innerhalb der Hütte zuwiesen, verrichteten sie dieselben auch. Die Männer waren gezwungen, in der Wohnhütte zu verbleiben und all das zu erledigen, was die Frauen ihnen angaben: Sie hatten das Feuer zu unterhalten, das Fleisch zu braten, die Felle zu spannen und die kleinen Kinder zu behüten. War etwas zu überlegen, traten ausschließlich Weiber zusammen, die Männer blieben in ihren Hütten. Ihnen wurde nicht gestattet, sich in den Kreis der Weiber zu setzen, wenn diese etwas überlegten oder besprachen. Nur die Weiber faßten Beschlüsse und erteilten Befehle, die Männer mußten dem Folge leisten, was jene ihnen auftrugen. Somit waren die Männer gänzlich abhängig von den Frauen.
Weil aber die Männer stark und zahlreich waren, fürchteten die Schlauesten unter den Weibern, jene könnten sich erheben und ihnen den Gehorsam verweigern. Deshalb setzten sich diese Weiber zusammen: Lange dachten sie darüber nach. Sie überlegten, wie sie die Männer in dieser untergeordneten Stellung halten könnten: sie wünschten nicht, daß jene sich erheben und ihnen den Gehorsam verweigern. Die Schläueste von allen Weibern war Frau Kra (Mond), die Gattin des Kran (Sonne). Diese war eine gewaltige Xon und

besaß den größten Einfluß auf alle übrigen Frauen. Vor ihr hatten alle anderen sehr große Furcht, niemand wagte ihr zu widersprechen. Die Weiber dachten immer wieder nach, sie überlegten lange.

Endlich begannen die Weiber mit dieser geheimen Zusammenkunft, so wie wir Männer sie heute abhalten: Sie bauten in guter Entfernung von den Wohnhütten eine sehr große Hütte auf, hier war Raum für alle Frauen. Diese kamen am Nachmittag hier zusammen. Immer blieben während des Tages und der Nacht einige Weiber in dieser Großen Hütte, die erwachsenen Mädchen kamen selten ins Lager zurück. Vom Nachmittage an bis in die späte Nacht hinein verblieben alle Weiber dortselbst.[10] Keiner der Männer durfte sich der Großen Hütte nähern. Ausschließlich Frauen versammelten sich hier. Diese wachten scharf. Die Männer mußten sich ständig im Lager aufhalten.

Eine jede der Frauen bemalte sich den ganzen Körper mit besonderen Zeichnungen, heute so und morgen so. Sie setzte sich eine bemalte Maske aus Rinde auf den Kopf, ihr Gesicht war vollständig bedeckt. Niemand konnte sie jetzt erkennen. So traten die Weiber aus der Großen Hütte heraus, einzeln oder zu zweien oder auch in langer Reihe, bald springend oder hüpfend. Wenn diese neben der Großen Hütte sichtbar wurden, riefen einzelne Frauen sogleich die Männer und Kinder aus ihren Wohnhütten heraus. Diese schauten aus weiter Entfernung zu.

Einige Weiber hatten ihre Männer glauben gemacht, jene (Wesen) dort steigen vom Himmel herunter oder treten aus der Erde heraus und kommen zu den hier in der Großen Hütte versammelten Frauen. Jene behandeln willkürlich und eigensinnig sowohl Männer wie Weiber. Ihnen ist jeder wehrlos ausgeliefert, sie sind sehr mächtig ...

Die Einflußreichste von allen war Kra, sie befehligte die übrigen Frauen. Diesen gab sie auch an, welche Aufträge eine jede an jeden Mann erteilen sollte. Jede Frau trug ihrem Gatten jene Arbeiten auf, die Frau Mond genannt hatte. Die Männer erledigten dies alles. Fast das ganze Jahr verbrachten die Weiber in der Großen Hütte. Tagsüber kehrte die eine oder andere Frau zum Lager zurück. Hier verblieb sie kurze Zeit und wies ihrem Manne neue Arbeiten zu. Sie aß auch den Braten, den er für sie zurecht gemacht hatte; denn immer war sie sehr hungrig. Auch schlief sie manchmal mit ihrem Manne. Meistenteils schliefen die Frauen gemeinsam in der Großen Hütte; sie kamen für die Nacht nur selten zum Lager. Jede Frau verlangte, daß in ihrer Wohnhütte eine gute Fleischmenge vorrätig war. Sie sagte ihrem Gatten: «Xalpen in der Großen Hütte benötigt oft und viel Fleisch für sich!» Deshalb gingen die Männer ständig auf die Jagd und brachten reichliche Beute heim. Alles Fleisch mußten sie den Weibern ausliefern, um die gefährliche Xalpen nicht noch mehr zu erzürnen.

Einst hatten sich wieder die Weiber zusammengefunden auf einem schönen, weiten Rasenplatze: Hier spielten sie ihr Kloketen in der geräumigen, kegelförmigen Hütte. Die Männer hielten sich im Lager auf, das weit davon abstand, sie betreuten die kleinen Kinder und taten alle Arbeiten. Wenn ein Soórte durchs Lager ging, hüllten sie sich in ihre Mäntel ein. Immer wurden sie von ihm schlecht behandelt und bisweilen schwer geschlagen.

Kran, der Sonnenmann, war ein vorzüglicher Jäger und guter Läufer. Er fand auf seinen Wanderungen immer reichliche Beute. Fast ständig war er auf der Jagd. Viel Fleisch brachte er täglich heim; das verteilte er an die anderen Hütten. Hier im Lager fanden sich wohl täglich einige Mädchen ein. Sie kamen aus der Großen Hütte. Sie sagten den Männern: «Uns schickt Xalpen, sie wünscht Fleisch!» Da mußten die Männer alles abgeben, was sie besaßen. Immer schleppten jene Mädchen sehr viel Fleisch zur Großen Hütte hin.

Eines Tages pirschte der Sonnenmann wieder draußen auf den Felsen herum. Bald hatte er ein großes Guanaco erlegt, er war ein tüchtiger Jäger. Er lud das Tier auf seine Schultern und wendete sich damit dem Lager zu. Ermüdet von dem schwierigen Wege und der drückenden Last, warf er sie mürrisch ab. Er setzte sich zu kurzer Rast hinter einen Strauch. Ahnungslos war er in die Nähe der Kloketen-Hütte geraten, er saß in geringer Entfernung von einer Lagune. Bald bemerkte er von dort aus zwei erwachsene Mädchen am Ufer: Sie badeten sich. Sie unterhielten sich vergnüglich und lachten viel. Vorsichtig schlich Kran ganz nahe heran; er wollte jene beiden belauschen. Sie waren bemalt wie Ketérnen, die neben der Großen Hütte manchmal gezeigt werden. Diese Mädchen hier übten sich darin, sich steif aufrecht haltend bei ganz kurzen Schritten nach vorwärts und nach rückwärts zu schreiten; so wie Frau Mond es sie gelehrt hatte. Damit vergnügten sie sich viel. Sie sagten: «Bald haben wir es erreicht... Wie werden die Männer sich verwundern!» Dabei kicherten sie ständig. Sie machten sich lustig über die Männer; denn diese glaubten, es gäbe wirklich Ketérnen. Sie ergötzte sehr das schlaue Treiben aller Frauen und die ständige Angst der Männer... So spielten diese Mädchen eine geraume Zeit...

Als Sonne im Lager eintraf, zeigte er sich gegen Frauen und Männer sehr gleichgültig, niemand konnte ahnen, was Schreckliches er soeben gewahr geworden. Vorsichtig suchte er später einen der Männer nach dem andern in der Wohnhütte auf: Jedem einzelnen erzählte er das falsche Spiel der Frauen, einem jeden enthüllte er, wie schwer sie samt und sonders von den Weibern betrogen werden. Alle Männer erfuhren jetzt den wahren Sachverhalt: In der Großen Hütte sind nur Weiber. Diese bemalen sich den ganzen Körper und setzen sich einen tólon auf den Kopf. Niemand vermag sie zu erkennen... Als die Männer dies alles hörten, gerieten sie in maßlose Wut, aber auch sie verbargen sämtlich ihre Aufregung. Kran hatte ihnen strengstens befohlen, nicht das geringste sich anmerken zu lassen...

Aber unter den Männern entstand eine merkwürdige Unruhe. Das beobachteten die Weiber sehr wohl. Frau Mond schrie zum Lager hin: «Haltet euch still, die Xalpen ist sehr wütend und erzürnt!» Doch diese Worte schafften keine Ruhe unter den Männern. Völlig ratlos gestand nun Frau Mond den Weibern: «Es steht sehr schlimm um uns! Machen wir noch einen weiteren Versuch, um die Männer zu beängstigen, führen wir noch schnell auf: Xalpen ke xat![11] Sogleich bildeten die Weiber zwei Reihen und traten aus der Großen Hütte heraus, eine Reihe auf der rechten, eine auf der linken Seite des Eingangs. Inzwischen stellte sich Kra selber vor die Hütte. Sie hieß mit lauter Stimme die Männer näher herankommen, denn jetzt würde Xalpen ein Weib nach dem andern in die Hütte rufen und auffressen! Hierbei sollten die Männer in äußerste Angst geraten.

Inzwischen aber hatte sich jeder Mann mit einem dicken Knüppel versehen. Als jetzt Frau Mond jene Männer dort im Lager aufforderte: «Kommt etwas näher heran, ihr sollt erfahren, wie wütend Xalpen ist! Eure Weiber werden jetzt samt und sonders aufgefressen! ... da nahmen die Männer einen mächtigen Anlauf. Sie stürmten heran und liefen viel weiter, als es hätte sein dürfen. Frau Kra gebot Einhalt. Sie schrie: «Nicht zu nahe, ihr Männer; haltet euch der Hütte fern!» In diesem Augenblicke ließ Sat einen Pfiff ertönen, er hatte sich ganz nahe der Hütte versteckt gehalten. Die Männer verstanden dieses Zeichen. Sofort drängten sie ungeduldig nach vorwärts. Frau Mond schrie in äußerster Angst: «Zurück ihr Männer, die Xalpen springt sonst heraus!»... Dies alles hatten die übrigen Weiber drinnen in der Hütte mit ansehen müssen. In ihrer Verzweiflung ermunterten sie alle die Mondfrau: «Die Männer sind schon ganz nahe, schrei doch lauter!... O weh, wo sollten wir jetzt hin!» Aber die Männer drängten Frau Kra gegen die Große Hütte zurück. Sie erreichten schließlich den Eingang und wälzten sich hinein. Der Männerknäuel hatte die Mondfrau vor sich hergeschoben.

Nun brüllte Kran mit ganzer Kraft: «Schlagt die Weiber nieder!» Und die Männer schwangen ihre Knüppel! Wütend hieben sie ein auf die Masse der Weiber. Jeder Mann würgte die erstbeste Frau, die er gerade erreichte. In kürzester Zeit lagen alle Frauen und Mädchen blutig und erschlagen am Boden. Da traf es sich wohl, daß mancher seiner eigenen Gattin oder seiner Tochter plötzlich gegenüberstand. Er überließ es tunlichst einem andern Manne, diese umzubringen. Aber mancher schlug auch seine eigenen Verwandten nieder; so groß war die Wut der Männer!

Der Sonnenmann aber zog ein brennendes Scheit aus dem Feuer. Damit ging er auf sein mächtiges Weib los. Beim ersten Schlage, den er ihr versetzte, erzitterte das ganze Himmelszelt, beim zweiten und dritten Hiebe wurde es noch bedrohlicher. Deshalb ließ Sonne davon ab, sein Weib niederzuschlagen, aus Furcht, der ganze Himmel könnte zusammenbrechen. Da entwischte Frau Kra aus der Großen Hütte, und sie entfloh unverzüglich zum Himmel hinaus.

Sogleich lief Kran seiner Gattin Kra nach. Indes, bis heutigentags konnte er sein Weib nicht erreichen. Noch sieht man in ihrem Gesichte die Brandflecken und die schwarzen Narben von damals. Manchmal erscheint dieses

Weib über und über rot; dann nämlich, wenn sie wieder über die Männer in Zorn gerät. Doch auch der Haß der Männer gegen jedes betrügerische Weib hat bis heute nicht nachgelassen ...[12]

Folgerungen aus diesem Mythos

Vom ersten Anfange her, da jene Zeremonien noch im Besitze der Frauen standen, wurden sie mit dem Schleier des Geheimnisvollen umgeben. Diesen Grundatz hielten auch die Männer bei. Denn sofort würden diese Veranstaltungen aufhören, zu sein, was sie sind, hätte der weibliche Bevölkerungsteil unbehinderten Einblick in ihren Geist und Zweck.

Verschiedener Art sind die Teilziele, welche die Männer mit ihrer Zusammenkunft anstreben. Obenan, weil grundlegend für die gesamte Veranstaltung, steht die Absicht, die gegenwärtige Vormachtstellung des männlichen Geschlechtes über das weibliche niemals mehr sich entgleiten zu lassen. Die in dieser Richtung liegenden Besorgnisse und Bemühungen sind um so mehr gerechtfertigt, als ehedem das Machtverhältnis ein umgekehrtes gewesen sein soll. Dem Weiterbestand der heutigen gesellschaftlichen Schichtung dient demzufolge die Klokéten-Feier. Daraus ergeben sich für die einzelnen Bevölkerungsgruppen viele Verhaltensmaßregeln, die streng verpflichten.

Im Fortschreiten der Ich-Entwicklung und der Selbständigwerdung des Männlichen, welche kollektiv zum Sieg des Männerbundes und des Patriarchats führt, erscheint das Phallisch-Männliche in der Symbolik der Waffe, mit der es schon in der matriarchalen Phase, wie wir sahen, als jagend-tötendes Prinzip identifiziert wurde. Jetzt aber wendet sich dieses Männliche gegen das Weibliche selber. Dem entspricht, daß das Männliche auch heute noch sowohl in den Träumen von Männern wie von Frauen als ein das Weibliche bekämpfendes und ‹tötendes› Prinzip auftritt.

Der Auffassung des Sexualaktes als eines ‹Tötens› und Getötetwerdens liegt immer dieser Konflikt zwischen Männlichem und Weiblichem zugrunde, welcher die mann-weibliche Beziehung als einen ‹Kampf der Geschlechter› erfährt, eine Konzeption, die darauf hindeutet, daß das Männliche ebenso wie das Weibliche seiner selbst noch unsicher ist. Erst nach der Überwindung dieser Entwicklungsphase kann es zu einer echten und erwachsenen Beziehung zwischen Mann und Frau kommen.

Für die Befreiung des Bewußtseins und des Ich aus der Übermacht des Matriarchalen ist diese kriegerische Betontheit des Männlichen phylogenetisch wie ontogenetisch notwendig. Erst das heldisch kämpfende Ich ist imstande, das Weiblich-Mütterliche zu überwinden, das, wenn es das männliche Bewußtseins- und Ich-Prinzip in seiner Selbständigwerdung aufhält oder verhindert, zur furchtbaren Mutter, zum Drachen und zur Hexe wird, welche der Ort der Angstentstehung ist.

Angst entsteht nicht nur aus der prinzipiellen Überlegenheit der archetypischen Welt dem Ich und besonders dem sich erst entwickelnden Ich gegenüber, sondern auch an den Übergangsstellen von einer artgemäß archetypischen Phase in eine andere. So wie die ganze archetypische Welt dem Ich gegenüber primär als ‹Große Mutter› erscheint, wird die jeweils zu überwindende Phase zum ‹Drachen› der Regressions-Gefahr, der vom Helden-Ich der Progression besiegt werden muß. Überall wo das Ich beim Übergang von einer archetypischen Phase in die nächste seine bisherige Position aufgeben muß, überfällt es Angst. Die Bewußtseinsentwicklung, die artgemäß vorgeschriebene Progression des Ich steht – wie wir schon mehrfach betont haben – grundsätzlich in einem Konflikt mit der Trägheit, der ‹Gravitation› der Psyche und ihrer Tendenz, eine einmal erreichte und ausgebaute Position nicht zu verlassen. Diese Tendenz der psychischen Trägheit, das Ich festzuhalten, symbolisiert sich im ‹Furchtbarkeitsaspekt› des festhaltenden Archetyps, der als Drachen das progressive Ich zu verschlingen droht.[13]

Wenn es in der von uns jetzt diskutierten Phase der Entwicklung der Mutterarchetyp ist, der im Übergang zur Patriarchatsentwicklung und zum Vaterarchetyp dem Ich gegenüber als festhaltender negativer Drache erscheint, so kann in anderen Entwicklungsphasen auch dieser Vaterarchetyp zum Vaterdrachen werden, der besiegt werden muß, wenn es gilt, die Patriarchats-Stufe der Entwicklung zu überwinden. In jedem Falle ist das Entstehen der Angst notwendig als Symptom der Zentroversion, der dem Menschen innewohnenden Tendenz, sich als Ganzheit zu entwickeln und – von Stufe zu Stufe fortschreitend – den jeweiligen ‹Furchtbarkeitsaspekt› der festhaltenden archetypischen Welt zu überwinden. Die Angst ist, wenn sie nicht ich-überwältigend ist, ein Entwicklungs-Symptom, welches dem Ich das, was zu fürchten ist, zur Erfahrung bringt und ihm so seine notwendige Neuorientierung ermöglicht.

Für die ontogenetische Entwicklung, also für das Leben des Kindes bedeutet das, daß im Übergang aus der matriarchalen zur patriarchalen Welt die Mutter, welche der Träger des archetypischen Bildes ist, unabhängig von ihrem personalen Verhalten zu einer negativen Macht wird, von der das Ich sich abzuwenden hat. Dabei spielt das, was die Psychoanalyse als ‹Kastrationskomplex› bezeichnet hat, eine symbolisch bedeutsame Rolle. Das heißt nicht, das zufällig personale Geschehen zwischen dem Kind und seinen Eltern sei für diesen ‹Komplex› verantwortlich zu machen, sondern die artgemäß und transpersonal gegebene Konstellation des Übergangs von einer archetypischen Phase in die andere. Deswegen ist es verständlich, daß das personale Trauma oft nicht gefunden wird, in anderen Fällen eine Fülle von nachweisbaren personalen Traumata nicht zur Entstehung einer Erkrankung geführt hat. In den gleichen Zusammenhang gehört es, daß die angebliche ‹Kastrationsdrohung› im Widerspruch zur Wirklichkeit der Person zugeordnet wird, welcher sie – symbolisch –, der Entwicklungsphase des Kindes entsprechend, zugehört. So kann ein Kind, dem faktisch die Mutter etwas verboten hat, sich protestierend gegen den Vater mit dem Vorwurf wenden, warum dieser immer alles verbiete. Das geschieht, wenn das Kind sich in einer Entwicklungsphase befindet, in welcher nicht mehr die Mutter sondern der Vater Träger des Über-Ich ist. Ebenso kann die personal gute Mutter als Hexe auch dann erfahren werden, wenn der wirkliche Vater sich dem Kinde gegenüber negativer verhält als die Mutter, aber die Abwendung von der Mutter artgemäß psychisch erfordert ist. Unabhängig von dem, was sich ‹faktisch› abspielt, wird vom Kind die matriarchale Kastration, die Bedrohung durch die Herrschaft der Großen Mutter, einer weiblichen Person, die patriarchale Kastration, die Bedrohung durch die Herrschaft des Großen Vaters, einer männlichen Person zugeordnet. Ebenso wird in den Träumen und Phantasien des Kindes häufig eine artgemäß archetypische Entwicklung dargestellt, oft unabhängig von dem Verhalten der personalen Elternfiguren.

Deswegen führt die kindliche Angst da, wo sie als normale und entwicklungsnotwendige Angst auftritt, zu einer fortschreitenden Ich-Stärkung. Die unbewußt konstellierten archetypischen Phasen ermöglichen, ja erzwingen die Bewußtseinsentwicklung, indem sie gerade durch die Bedrohung des Ich, die Gefahr der Ich-Auslöschung, welche in jeder Angst lebendig ist, eine reaktive Verstärkung des Ich herbeiführen.

Auch die Entwicklung des Bewußtseins, welche zu einer ‹Verarbeitung› der Archetypen im Sinne ihrer ‹Aufspaltung› führt, ebenso wie die diese Entwicklung begleitenden Prozesse der Entemotionalisierung, Abstraktion usw., münden in eine Verstärkung der Ich-Festigkeit. Alle diese Dynamismen führen dazu, daß dem Ich eine immer größer werdende Libidomenge zur Verfügung steht, welche dann als Wille zur Angstüberwindung, Ich-Stärkung und Welteroberung eingesetzt werden kann.

Mit Recht ist betont worden[14], daß die Magie einer bestimmten Schicht und Phase des kollektiven Unbewußten zuzuordnen sei. Im Gegensatz aber zu einer nur philosophischen Deutung der archaischen, magischen und mythologischen Schicht des Bewußtseins[15] muß die die Erfahrung am Menschen berücksichtigende tiefenpsychologische Analyse – ebenso wie die ethnologische – die Zusammenhänge zwischen Welterfahrung und Stadienentwicklung des Ich komplizierter sehen.

Die magische Phase ist keineswegs durch ein ‹relative lack of ego› ausgezeichnet, sondern – wie ausgeführt wurde – gerade durch das erste Hervortreten eines betonten, ja sich überbetonenden Ich in der menschlichen Entwicklung. Die Welt wird zwar noch als eine durch die ‹participation mystique› bestimmte Einheitswirklichkeit erfahren, aber das magische Ich beginnt, sich in ritueller Selbstetablierung von der matriarchalen Umschließung zu befreien und zu seiner Eigenaktivität und Selbständigkeit zu gelangen, die im kriegerischen und solaren Ich des Patriarchats ihre deutlichste Form gewinnt.

Wenn wir auf das zitierte Beispiel der Jagdmagie von Frobenius zurückkommen, so ist der Akzent jetzt darauf zu legen, daß dieser Bericht bei Frobenius unter der Überschrift ‹Symbolik des Lichts› erscheint. Das Magische bildet gerade den Übergang zwischen dem Matriarchalen und der patriarchal-solaren Welt des Bewußtseins, bei dem aber trotz der zur patriarchalen Entwicklung überführenden Haltung des magischen Ich sein Zusammenhang mit der matriarchalen Welt immer noch deutlich ist.

Die matriarchale Komponente ist auch im Bericht von Frobenius noch in der Bedeutung der Frau nachweisbar, die den Zauber im Spruch und in der Geste erfüllt, welche charakteristischerweise in der Erhebung der Arme besteht. Die Angst des Mannes, Frobenius könne der Frau verraten, er habe etwas über den Zauber ausgesagt, bestätigt noch die numinose Position des Weiblichen im Zusammenhang mit der Magie. Daß es die Frau als positive Manafigur und als Hexe überall in der Menschheitsgeschichte ebenso wie im Unbewußten als die Herrin der Magie gibt, bestätigt, wie weitgehend die Magie zur matriarchalen Phase gehört.

In der Mitteilung von Frobenius über die Jagdmagie wird aber auch der Zusammenhang der Magie mit einer neuen Phase der Entwicklung deutlich. Es ist die Verbindung der tötenden Magie des Männlichen mit der Symbolik des Lichts, insbesondere der Sonne, dem Zentralsymbol der patriarchalen oberen Himmelswelt. Die Sonne als Lichtpfeile schießender Jäger und Held ist ein sehr weit verbreiteter Archetyp, der sich von dem Mythos der Feuerländer bis zu dem Pfeile schießenden und tötenden Apollo und bis zu dem Bericht aus Afrika hin verfolgen läßt, in dem die Identifizierung des Schießenden mit der Sonne deutlich wird wie selten.

Das menschliche Ich verbindet sich rituell mit dem Archetyp des männlich-kriegerischen Selbst und bezieht aus dieser Identifizierung die Kraft und das Recht zum Töten. Ebenso wie die tötende Kraft des patriarchalen Helden auf seiner Sohnschaft gegenüber dem göttlichen Vater in der rituellen Gleichung beruht ‹Ich und der Vater sind eins›, beruht die Ich-Handlung des magisch-kriegerischen Ich auf seiner Verbindung mit der überlegen magischen Macht des Lichts, das hier noch nicht eine Licht-Gottheit ist sondern das, was man den

‹Augenblicksgott› genannt hat. Denn nicht die Sonne sondern die aufgehende Sonne ist es, deren strahlenschießende Macht übermächtig ist im Gegensatz zur Dunkelheit der von ihr besiegten Nacht. Sie ist das transpersonal jagend-tötende Prinzip, ihr Symbol ist der Raubvogel als Adler. Seine tötende und kriegerische Funktion kennen wir nicht nur von Mexiko her, sondern auch von der Astrologie, wo die Sonne dem Löwen und der brennend-tötenden höchsten Stärke der Julihitze zugeordnet wird, mit der der Jagende im magischen Ritus identisch wird. Nur kraft dieser Identität vermag er zu töten, ohne von der Rache des vergossenen Blutes des Tieres, mit dem er noch im engsten Lebenszusammenhang steht, vernichtet zu werden.

Deswegen muß im Schluß-Ritual des nächsten Morgens das tötende Geschehen aufgehoben und die Einheit der Welt wieder hergestellt werden. Durch das Opfer der Restitution, in welchem Haar und Blut der erlegten Antilope ihrem Bild zurückerstattet werden, wird die Antilope als lebendige Gestalt erneuert, so wie wir es auch von unzähligen entsprechenden frühen Riten kennen, zum Beispiel von den erwähnten Bären-Riten Sibiriens und der Steinzeit. Dabei ist es möglich, daß die Restitution mit Hilfe des auf die Erde gezeichneten Bildes darauf beruht, daß die Erde als Große Mutter des Todes und der Wiederbelebung das Getötete neugebiert.

Der herausgezogene Pfeil ist das Symbol der Aufhebung des Todes, und mit der Auslöschung des Antilopenbildes bei aufgehender Sonne wird diese als Herr der Tiere über das Leben der nun wieder vollständigen Welt eingesetzt. Der magische Ritus, in dem die Sonne als transpersonale Größe den Tod aufhebt, läßt das menschliche Ich zum Diener und Exekutor eines höheren Prinzips werden. Sie nimmt ihm die Schuld des Tötens, weil das menschliche Ich gleichsam nur dem tötenden Willen dieser Macht gefolgt war, denn nicht der Mensch hat den Tod erfunden, sondern die Mächte, und der tötende Mensch folgt nur dem tötenden Vorbild des Transpersonalen.

Auf dieser solaren Stufe ist das Ich nicht mehr wie auf der phallischen Stufe Exekutor einer unbewußten matriarchalen Triebkonstellation, durch die es dirigiert wird, sondern hier ist in ihm ein geistiger Akt auch da wirksam, wo er noch nicht im Mythos zur Bewußtseinsstufe gelangt ist. Das Tun des Ritus sagt eine Identifizierung zwischen Ich und Selbst aus, in welcher das Selbst ein oberes tötendes Selbst ist, dem das handelnde Ich folgt.

Diese magische Aktivität ist der adäquate Ausdruck einer Situation, in welcher der Mensch noch so weit mit der ihn umgebenden Wirklichkeit verbunden ist, daß er sich ihr nicht, wie später, ohne Schwierigkeit gegenüber- und entgegensetzen kann. Der Mensch braucht aber dazu, wie wir gesehen haben, eine Ich-Verstärkung, die ihn sowohl aus seiner psychischen Unbewußtheit und Trägheit wie aus seinem selbstverständlichen Eingefügtsein in die Welt heraushebt und ihm so die Möglichkeit gibt, sich mit gesammelter Kraft als ein Ich und Subjekt dem Du und Objekt entgegenzustellen.

Wenn ein moderner Mensch ‹betet› und ‹im Bewußtsein seiner gerechten Sache›, also verbunden und identifiziert mit transpersonalen Werten, in den Krieg zieht, übt er eine entsprechende magische, innerwirkliche Vorbereitung. Von dieser inneren Haltung der Menschen hängt ebenso wie beim Frühmenschen nicht nur der Ausgang des Kampfes zum Teil ab, sondern eine derartige Vorbereitung ist von entscheidender Bedeutung dafür, wie die Menschen die Schrecken des Tötens und die Gefahren des Getötetwerdens überstehen. Denn nur wenn der Mensch – wie der Pygmäe Afrikas – hinterher imstande ist, das Bild der Tötung auszulöschen, es nicht auf sein Ich zu beziehen, sondern es an die transpersonalen Gewalten ‹zurückzugeben›, wird er vom Blut des Getöteten verschont. Das Fehlen adäquater Riten und Haltungen beim modernen Menschen führt deswegen zu einer inneren Vergiftung, da seine Psyche durch seine unverarbeitete Destruktion immer stärker neurotisiert wird.

Wenn aber das Ich sich dadurch verstärkt, daß es sich an eine transpersonale Größe anschließt, sich mit ihr identifiziert, in welcher Destruktion und Macht nicht willkürliche Attribute eines nur Personalen sondern Teile einer kosmischen Ordnung sind, dann kommt es zu der für die Entwicklung des Ich notwendigen Verwandlung des männlichen Destruktionstriebes und Machtwillens. Das bedeutet dann, nicht ein Mörder zu sein, sondern ein Jäger oder Krieger, so daß die Funktion des Blutvergießens mit dem transpersonalen Leben der Gruppe und der Notwendigkeit des menschlichen Lebens verbunden und so gerechtfertigt ist.

Wo die Persönlichkeit und das Ich nicht mehr nur dem unbewußten Willen der Natur folgen, aber auch nicht nur in einer magischen Aktivität lebendig sind, sondern sich Rechenschaft geben und so zu ihrem Selbstbewußtsein kommen, da beginnt die patriarchale und solar-obere Welt. Aber auch für diese Stärkung des Ich ist ein Ritus nötig, der, wie auf der magischen Ich-Stufe, zunächst innerhalb der Gruppe und der durch ihn hergestellten Gruppeneinheit erfolgt, die von dem Individuum als dirigierendes Gruppenselbst erfahren wird.

Während ontogenetisch in der Entwöhnung des Kindes die Mutter der Urbeziehung zunächst die Rolle des Selbst als eines Außen- und Beziehungs-Selbst übernimmt, auf die gestützt sich das kindliche Ich entfaltet, übernimmt in der Phylogenese die Gruppe dem Individuum gegenüber als Gruppenganzheit und Gruppen-Selbst diese Rolle. Denn alle Einweihungs-Riten, seien sie matriarchal oder patriarchal, Einweihung der Jünglinge und Mädchen oder solche der Erwachsenen, haben die Aufgabe, die Entwicklung des Ich in seiner Beziehung zum Selbst zu wandeln und zu modifizieren.

Wir werden im Folgenden den Versuch machen müssen, zu verstehen, welche psychischen Prozesse und Instanzen dem Erscheinen des Patriarchats entsprechen. Erst hier, in der Beziehung zum Vaterarchetyp und der Überwindung des Matriarchats, beginnt sich die Entwicklung der Geschlechter voneinander zu unterscheiden und das Spezifische der weiblichen Psychologie sich von der des Männlichen abzuheben.

Der Totemismus und die patriarchale Entwicklung

Im Zusammenhang mit der Entwicklung des patriarchalen solaren Ich ist ein Aspekt des ‹Totemismus› deutlich zu machen, den man von verschiedensten Seiten her zu verstehen versucht hat. Das Totem als Tier, Pflanze oder anderer Teil der Natur steht zu der ihm zugehörigen Gruppe immer in einem besonders engen Verhältnis. Dieses beruht auf der ‹participation mystique› zwischen Gruppe und Totem, durch welche eine Verwandtschafts- und Identitätsbeziehung zwischen dem Totem und der ihn verehrenden Gruppe hergestellt wird. Handelt es sich, was ursprünglich keineswegs immer der Fall war, um ein Tier, so wird dieses nicht gejagt, nur unter besonderen Umständen gegessen, und der gesamte Umgang mit ihm ist, besonders wenn der Totem immer auch als Urahn und Erzeuger der Gruppe angesehen wird, durch besondere Regeln bestimmt.

Das Wesentliche des Totem besteht darin, daß er keine personale sondern eine transpersonale Vaterfigur ist und daß die von ihm ‹abstammende› Gruppe, im Gegensatz zu der natürlichen Abstammung durch Geburt, eine ‹gestiftete› Gruppe ist, wobei in einem feierlichen Einweihungsakt die Zusammengehörigkeit der Mitglieder bestätigt wird. Die Mysterien der Männergruppe stehen in Opposition zu denen des Weiblichen und sind als ‹gestiftet› im Gegensatz zu diesen kein Natur- sondern ein Geist-Phänomen. Die durch den Totem geeinte Männergruppe hat einen oberen geistigen, in unserer Terminologie solaren Zusammenhang. Die Totem-Mahlzeit, in der bei feierlichen Gelegenheiten der Totem gegessen und ‹einverleibt› wird, stellt diesen sakralen Zusammenhang zwischen den Teilen der Gruppe her. Daß «Im Lichte der allgemeinen Ethnologie die totemistische Geistigkeit eine Vorliebe für solare Konzeption»[16] offenbart, bedeutet, der Totem ist eine Inkarnation des geistigen ‹stifterischen› Ahnen, von dem jeder Gruppenteil als geistiger Sohn abstammt. Dies ist ebenso in allen späteren Religionen und Mysterien der Fall, deren wohl früheste Form die totemistische Gruppe darstellt.

Das Totemtier als ‹Gruppen-Selbst› kann dabei als transpersonale Figur zunächst uroborischen Charakter haben, sowohl mütterlich-enthaltende wie väterlich-zeugende Züge besitzen. Aber schon in der matriarchalen Zeit beginnen sich die stifterisch-väterlichen Züge durchzusetzen, die später für den Totem in seiner Gegenposition zur matriarchalen Welt charakteristisch sind.

Solange die Männergruppe allein durch die Jagdmagie miteinander verbunden ist, hat sie den matriarchalen Bezirk noch nicht verlassen. Die Jagdmagie ist ihrer Natur nach auf den Nahrungstrieb bezogen, denn ihr Objekt, das Wild, war ja in der Frühzeit die entscheidende

Nahrung der menschlichen Gruppe. Auch wo die Fruchtbarkeitsmagie hinzutritt, die magisch die Vermehrung der Wildtiere herzustellen versucht, ist die Fülle der Nahrung das eigentliche Ziel der Magie. Nahrungs- und Tötungsmagie, die mit Recht als Grundlagen des menschlichen Zaubers innerhalb der eiszeitlichen Menschheit angesehen werden, bilden wesentliche Grundlagen des späteren Totemismus. Dabei sind die oralen, auf den Nahrungstrieb aufgebauten Riten die frühesten, und alle späteren mit gemeinsamem rituellen Essen verbundenen Riten und Feste fußen auf dieser Frühstufe. Daß dabei – wie wir sahen – die Tötung des Lebendigen, das in der Urzeit als von der Großen Mutter als Herrin der Tiere geboren und mit ihr identisch erfahren wurde, gesühnt werden mußte, gehört zu den Grundauffassungen der matriarchalen Frühzeit und ihrer ‹participation mystique›.

Schon in dieser matriarchalen Frühzeit bilden sich die Männerbünde, welche nun die ursprünglich auf dem Nahrungstrieb aufbauenden und auf Nahrungserwerb tendierenden Riten und Feste für ihre eigenen Bundeszwecke verwenden. Zunächst aber ist die Einverleibung des Totem-Tieres ein Übergangsritus, der eine neue archetypische Phase, hier den Übergang vom Matriarchat zum Patriarchat, ermöglicht. Deswegen stehen die so häufig mit Totemismus verbundenen Männerbünde als Gegenkraft neben matriarchal betonten Lebensordnungen.

Als Essendes, als Tötend-Fressendes, wird das Männliche im Kriegerisch-Männlichen deutlich. Es kann als solches aber zunächst noch ‹Begleitfigur› der Großen Mutter sein, teilweise zum matriarchalen Bezirk gehören, und auch die orale Betonung gehört in diesen Zusammenhang.

Das Essen des Totem-Tieres durch die Männergruppe, das den Bund konstelliert und durch das Essen die Identifizierung mit dem fressenden ‹Furchtbaren Männlichen›, der Raubtierseite der Großen Mutter, herstellt, hat eine doppelte Funktion. Indem es das Männliche als Männliches verstärkt, bildet es die Basis für das Selbständigwerden des Männerbundes, das dann zur Überwindung des Matriarchats führt, gleichzeitig damit aber verläuft die Identifizierung der

Gruppe mit dem ‹Furchtbaren Männlichen› in der Symbolik des Gott-Essens, der Einverleibung des Totem-Vaters, durch welche das Männliche zu einem patriarchal Männlichen wird und die Ablösung des Mutterarchetyps durch den Vaterarchetyp besiegelt.

Wenn es sich als ‹Furchtbares Männliches› gegen das Matriarchale wendet, hat es sich von seinem Zusammenhang mit der weiblichen Herkunftsstätte abgelöst. Aber erst da, wo die Gruppe sich das Totem-Tier einverleibt, das gleichzeitig stifterischer Vater und geistiger Ahn ist, und die Männergruppe sich so mit dem ‹Oberen Männlichen› identifiziert, kann der solare Aspekt überwiegen. Hier erfolgt die Identifizierung mit einem ‹oberen› Männlichen, das als Sonne sowohl das Licht-Bewußtsein wie den Tötungs-Aspekt in sich verbindet. Damit ist die Stufe des Patriarchats endgültig erreicht.

Der gleiche Ritus kann also sowohl die Loslösung vom Matriarchat und die Identifizierung der Männergruppe mit dem Furchtbaren Männlichen als einer Form des Vaterarchetyps bedeuten, ebenso aber auch – später – die Bedeutung des ‹Vatermordes› erhalten, wenn nämlich die Überwindung des Vaterarchetyps entwicklungsmäßig notwendig ist und das Essende-Männlich-Sohnhafte sich nun gegen das Gegessene-Väterlich-Männliche wendet.

Die Vaterfigur gehört zu beiden Schichten. Sowohl das ‹Furchtbare Männliche›, das der Mutter zunächst nur nebengeordnet ist und später sich gegen sie stellt, wie der obere Himmels-Vater gehört zum Vaterarchetyp. Dieser manifestiert sich in der Phylogenese wie in der Ontogenese, aber in einem historischen Nacheinander von Stufen, in dem das Obere dem Unteren und das Solare dem Phallischen folgt.

Auf die Besonderheiten der weiblichen Entwicklung werden wir später zu sprechen kommen.[17] Hier soll nur kurz eine zusammenfassende Bemerkung eingeschaltet werden, die sich auf die Entwicklung des ‹Phallischen› bezieht, welche für die selbständig werdende Ich-Phase charakteristisch ist.

In der Epoche der Herrschaft der ‹Großen Mutter›, in welcher das Ich in seiner Entwicklung noch gänzlich unselbständig ist, ist die Große Mutter selber der Phallus-Träger. Nicht nur mythologisch sondern auch in der Kindheitsentwicklung bildet die Mutter mit dem männlichen Genitale für das Kind eine frühe Angst-Vorstellung. Später kommt es – wie schon gesagt – dazu, daß die männlichen Trabanten der Großen Mutter die Phallus-Träger sind, zu ihr gehörend, von ihr abhängend, mit einer nur relativen und vorübergehenden phallischen Aktivität und Selbständigkeit. Der Jünglings-Geliebte und die dem Matriarchat unterstehende Männergruppe sind für diese Phase charakteristisch. Bei steigender Selbständigkeit des Männlichen identifiziert sich dieses mit dem Phallischen und phallisch Kriegerischen gerade auch in seinem Kampf gegen das Weibliche als Welt und als Unbewußtes. Von der späteren Entwicklung her gesehen ist aber auch dieses Männliche noch ‹unteres›, triebhaft-sexuelles und aktiv kriegerisches Männliches. Erst auf der ‹solaren› Stufe, in welcher das Phallische als ‹Geist-Phallus› der Phallus, als Ursprung des Windes erscheint, erfährt das Männliche seine höchste zeugerisch-geistige Potenz. Erst in dieser Phase ist dann auch die noch unreife Identifizierung mit dem ‹unteren Phallischen› und die mit dieser verbundene Feindschaft gegenüber dem Weiblichen überwunden.

Das Ziel der männlichen Einweihungen, von denen wir die Jugendeinweihungen am besten kennen, ist immer eine Art ‹Zweite Geburt›, in der das Individuum als ein Teil der Gruppenganzheit, und zwar ‹gegen die Natur›, ohne die Anteilnahme einer gebärenden Frau, wiedergeboren wird. Auch wo der Eingeweihte ‹geboren› wird und rituell sich wie ein neugeborenes Kind zu verhalten hat, wird er nicht von einer personalen Mutter, sondern von einer transpersonalen Größe, etwa dem Einweihungs-Haus, geboren, dessen Symbolik dann aber immer mit der archetypischen Vater-Figur verbunden ist. Der Eingeweihte ist nun nicht mehr Teil der personalen Urbeziehung, in welcher er von der Mutter abstammt und mit ihr verbunden ist. Aber er hat auch keinen Bezug zum unteren Männlichen der Sexualität, dieser anderen grundsätzlichen Form der Beziehung des Männlichen zum Weiblichen. Denn ganz allgemein gilt der Nicht-Eingeweihte, unabhängig von seinem Alter, nicht als ‹Mensch›, also gerade auch nicht als Mann. Charakteristischerweise wird ihm ja oft erst nach der Einweihung die Sexualität, immer aber erst nach ihr die Ehe erlaubt. Erst das als Mann in seiner ‹oberen Männlichkeit› geprüfte und bewährte Individuum ist ehefähig. Das bedeutet, daß erst ein solches Individuum der Gefahr, welche das Weibliche bedeutet, gewachsen ist. Es bildet ein entscheidendes Moment für den Bestand der Gemeinschaft, daß für den Eingeweihten die ‹obere Männlichkeit› und damit die mann-männlichen Werte des Kulturkanons seine höchste Instanz ausmachen, so daß er imstande ist, diese gegen die Anfälle seiner ‹unteren› Trieb-Männlichkeit zu verteidigen. Wäre dies nicht der Fall, würde sich die Männergruppe und ihre Kultur auflösen und die animalische Rivalität der Männchen das Übergewicht bekommen.

Darum sind die Prüfungssituationen, denen der Einzuweihende ausgesetzt ist, dazu da, seine obere Männlichkeit, seine Ich-Festigkeit und sein Bewußtsein im Gegensatz zu seiner unbewußten Triebhaftigkeit zu stützen. Für diese Entwicklung ist die mann-männliche Zusammengehörigkeit so entscheidend und so eindeutig betont, daß das Weibliche von den männlichen Einweihungen grundsätzlich – und oft bei Todesstrafe – ausgeschlossen wird.

Das Solar-Obere-Männliche des Totem ist als Urvater urheberisch-zeugerisch: geistig, nicht körperlich zeugend. Das von ihm Gezeugte ist eine männliche Bruderschaft, die durch einen geistigen Akt entsteht.

Die Ableitung des Totemismus, der ein Geschehen innerhalb der Gruppe ist, von der personalen Ödipus-Situation ist unmöglich. Das Problem des Totemismus ist weitschichtiger. Schon die Annahme, der Totem sei immer ein Tier, zudem aber ein Raubtier, ist falsch.

Die von Freud zu seiner Vater-Mord-Totem-Theorie ausgebaute Erfahrung an Phobien, in denen die Kranken vom Vater in Tiergestalt bedroht werden und ihn totemistisch essen, bezieht sich auf die letzte Form, in welcher das totemistische Problem ontogenetisch in der Kindheit im Rahmen des Ödipus-Komplexes und der geglückten oder mißglückten Überwindung des Vaterarchetyps auftritt.

Daß dieses Geschehen in der Ontogenese zum Teil am personalen Vater erlebt wird, hat das Freudsche Mißverständnis geradezu unausweichlich gemacht. In einer Phase der Forschung, die nur der Erfahrung am Einzelnen nachging und vom Bewußtsein zunächst zum persönlichen Unbewußten vordrang, ohne noch die archetypisch transpersonale Struktur der Psyche und ihre Entwicklung erfassen zu können, mußten ‹Vatermord› und ‹Totemismus› zu einer personalen Interpretation gelangen, die aber nur einen Teil dessen erfaßt, was wirklich geschieht.

Das Subjekt des Geschehens in der Frühzeit ist die Gruppe, nicht der Einzelne. Der Männerbund, der durch das zunächst magische, später totemistische Geschehen gestiftet wird, erscheint als sakrale Einheit, von welcher der Einzelne nur ein Teil ist. Durch die Bildung der Männergruppe und ihrer Magie kommt es zu einer Verstärkung des in dieser Phase noch schwachen Einzel-Ich, die für dessen Selbständigwerden notwendig ist. Der für die patriarchale Phase so charakteristische Zusammenhang von Gemeinschaft, Ich-Stärkung und Bewußtsein beginnt im Männerbund und im zu ihm gehörigen Totemismus erstmalig deutlich zu werden. So wie das Ich des Einzelnen in dieser Phase – im Gegensatz zur Moderne – innerhalb der Gruppe verstärkt wird, wird auch sein Zusammenhang mit der Führerfigur und dem Vaterarchetyp hier erstmalig deutlich. Häuptling und Medizinmann sind Inkarnationen des Helden-Archetyps, beide sind Aspekte des Totem als des Gruppen-Selbst, das die Gemeinschaft stiftet, aber sie zugleich dirigiert und führt, einweiht und belehrt. «Das Männerkollektiv ist der Ursprungsboden von allen Tabus, Gesetzgebungen und Institutionen, welche die Dominanz des Uroboros und der Großen Mutter aufzulösen bestimmt waren. Himmel – Vater – Geist und männlich gehören zusammen und sind für den Sieg des Patriarchats über das Matriarchat repräsentativ.[18]» In der männlichen Gruppe entsteht die Kraft des ‹Widerstrebens› gegen die matriarchale Welt, und das Ich des Einzelnen wird zum ‹Helden-Ich›, das gerade, weil es auch über die Kraft des Tötens verfügt, den Mutterdrachen überwinden kann.

Die totemistische Identifizierung des Einzelnen mit den Ahnen, des Individuums mit dem Gruppen-Selbst, ist die Grundlage für die psychische Stärkung der Männergruppe und des in ihr inkarnierten höheren Bewußtseins, das ihm schließlich den Sieg über die Große Mutter als Unbewußtes und als Welt möglich macht. Das solare Ich hat eine Aktivität, die nicht mehr nur als Exponent des Körper-Selbst erscheint, sondern in Beziehung zum körper- und erdabgehobenen Vaterarchetyp der Sonne steht. Erst dieses solare Ich ist ein ‹oberes› Ich: es erfährt sich als einer höheren himmlisch geistigen Welt angehörig und kann sich deswegen der ‹unteren› Welt als dem Erdhaften, Körperlichen und Unbewußten entgegenstellen. Seine letzte Form, die des solar-rationalen Ich, ist dann für die Entwicklung des Patriarchats und der patriarchalen Kultur charakteristisch.

SECHSTES KAPITEL

Das Patriarchat

Für das Verständnis des Übergangs der kindlichen Entwicklung vom Matriarchat zum Patriarchat und vom magischen zum solaren Ich und für den mit diesem Übergang zusammenhängenden Aufbau der menschlichen Psyche müssen wir die Beziehungen zwischen dem Ich und dem Selbst und zwischen dem Mutter- und dem Vaterarchetyp verdeutlichen. Dabei wollen wir zunächst noch einmal die Grundzüge der bisher verfolgten Entwicklung zusammenfassen.

Das Kind, das in der Einheitswirklichkeit lebt, die durch die ‹participation mystique› und die Nicht-Polarisiertheit in Innen und Außen, Bewußtsein und Unbewußtes charakterisiert wird, hat zunächst kein selbständiges Ich. Selbständigwerdendes Ich, entstehendes Bewußtsein und Polarisierung der Welt, das heißt mythologisch Weltelterntrennung, gehören zusammen und bestimmen die nächste Phase der Persönlichkeitsentwicklung. Für die Analytische Psychologie liegt der entscheidende Akzent darauf, daß diese Entwicklung und ihre Phasen transpersonal sind. So wie die Organe des Körpers sich artgemäß entwickeln, das Zentralnervensystem allmählich seine Rolle übernimmt und das Individuum als Personales diesen transpersonalen Bestimmtheiten seiner Artanlage folgt, entwickelt sich auch die Psyche in transpersonalen Stadien, die sich autonom entfalten. Das besagt auch, daß das Ich und das Bewußtsein vom ‹Unbewußten› in einer archetypisch geordneten Entwicklung entfaltet werden, bis sie zu der relativen Autonomie kommen, die den modernen Erwachsenen kennzeichnet.

Dieses Gesteuertsein der Entwicklung durch das Unbewußte als die enthaltende Ganzheit, aus deren ‹Bauch› sich der Ich-Kern und das Bewußtsein durch die Zentroversion in allmählichem Wachstum entwickeln, bezeichnen wir als matriarchal, weil der Archetyp der Großen Mutter phylo- und ontogenetisch das Leben des Kleinen und Kindlichen beherrscht. Die Entwicklung der Persönlichkeit, die wir verfolgt haben, führt sinngemäß zu einem allmählichen Selbständigwerden des Ich und des Bewußtseins, die sich aus der Umhüllung und Umklammerung durch das Unbewußte und die Große Mutter lösen. Dabei entwächst das sich befreiende Ich dem Unbewußten als seinem nährenden Grund, und die Sicherheit und Gesundheit dieser Entwicklung beruht auf der geglückten Urbeziehung, der positiven Mutter-Kind-Beziehung, welche mit der Beziehung von Selbst und Ich, Unbewußtem und Bewußtsein identisch ist.

Geglückte Entwicklung heißt dann aber auch, daß die artgemäß angelegte Konstellation erreicht wird, in der das Gegängelte selbständig, das Umfaßte frei und das Un-Selb-Ständige zum Selb-Ständigen wird. In dieser Phase kommt es daher notwendigerweise zu einem Gegensatz zwischen dem Kind als Ich-Bewußtsein und der Mutter als dem Unbewußten, welche sich zunächst als Polarisierung der Welt durch das Bewußtsein, als Welterntrennung, dann aber auch als Geschlechtsgegensatz manifestiert, in welchem sich das aktive und befreiende Ich in seinem Gegensatz zum Mutterarchetyp – bei beiden Geschlechtern – als männlich erfährt.

Polarisierung und Welterntrennung bedeutet, daß die bis dahin gegensatzenthaltende uroborische Einheitswelt in ihre Gegensätze auseinandertritt. Die mann-weibliche uroborische Große Mutter wird zur Großen Mutter mit männlichen ihr unterlegenen Begleitfiguren, und im fortschreitenden Entwicklungsprozeß werden diese ‹Begleitfiguren› zu ‹Widerstrebenden› und schließlich zu selbständigen männlichen Figuren.

Im Laufe dieser Entwicklung hat das Ich von seiner passiven Dirigiertheit zu einer steigenden Aktivität die Stufen zu durchgehen, die – phylo- wie ontogenetisch – eine Ich-Stärkung und -Festigung und so eine Sicherung gegen die Überflutung durch das Unbewußte und durch die beeindruckende Welt bezwecken. Der Abwehr- und Vermeidungs-Zauber der magischen Stufen ist in all seinen Varianten die Vorstufe dessen, was in späterer Zeit als Abwehrmechanismen des Ich erscheint, ebenso wie die magischen Prozeduren der Ich-Konzentration und -Stärkung Vorstufen des später entwickelten Ich-Willens sind.

Aber erst mit dem Auftauchen des Vaterarchetyps als Gegensatz zu dem bis dahin dominierenden Mutterarchetyp wird die Spannung zwischen den Polen von Oben und Unten, Himmel und Erde und zwischen Bewußtsein und Unbewußtem endgültig konstelliert. Eine derartige Spannung könnte aber niemals entstehen und das schwache, kindliche Ich sie niemals aushalten, wenn nicht für den Widerstand dieses Ich eine transpersonale Stütze in der Psyche selber angelegt wäre.

Wir haben darauf hingewiesen, daß jeder Archetyp einen doppelten Aspekt besitzt, einen ‹guten› und einen ‹furchtbaren›. Diese Ambivalenz des Archetyps äußert sich in der Stadienentwicklung derart, daß der dominierende, die jeweilige Entwicklungsphase beherrschende Archetyp die Tendenz hat, das Ich festzuhalten. Dadurch kommt es zu einem Konflikt zwischen der Zentroversion, welche dahin drängt, die anlagegemäße Progression zur nächsten Entwicklung zu erfüllen, und der Trägheitstendenz der gerade herrschenden Phase. Die Situation ist dann, daß der Archetyp der nächsten Phase seinen positiven, der Archetyp der zu überwindenden Phase aber seinen festhaltenden, furchtbaren, angsterregenden Aspekt zeigt. Auch hier wird deutlich, wie das zur Ganzheit und zur Erfüllung der artgemäßen Anlage drängende Selbst die Archetypen und ihre Aspekte manipuliert. Die Angst des Ich vor dem furchtbaren Aspekt der festhaltenden Phase erweist sich als eine sinnvolle, den Übergang erleichternde oder erzwingende Funktion, die durch das Selbst in Bewegung gesetzt wird. Sie ist entwicklungsnotwendig und entwicklungsfördernd. Daß sich aber das Selbst je nach dem Entwicklungsstadium in einem Archetyp inkarniert, ohne mit ihm identisch zu sein, und so seine Manifestationsform im Laufe der Entwicklung wechselt, indem es einmal im Mutter- einmal im Vaterarchetyp, zuerst als Gruppen-, später als Individual-Selbst erscheint, führt für das Ich zu einem grundsätzlichen Konflikt.

Indem das Selbst sich in einem Archetyp inkarniert, stellt dieser für das Ich einen höchsten Wert dar. Wandlung des Selbst macht deswegen für das ebenfalls zu wandelnde Ich immer auch die Tötung des bisher höchsten Wertes, einen ‹Gott-Mord› notwendig. Das aber bedeutet für das Ich unausweichlich Angst, Schuldgefühl und Leiden, denn die Manifestation der nächst höheren Stufe des Selbst ist gegenüber der alten Manifestation des anerkannt Heiligen gefährlich und ‹sündhaft›.

Dieser notwendige Konflikt besagt aber, daß die menschliche Entwicklung von Natur her auf eine schöpferische Offenheit hin angelegt ist, durch welche der Mensch ebenso zu einem kreatorisch-schöpferischen und heldischen wie zu einem leidenden Wesen wird. Denn schon die artgemäßen Stadien der Bewußtseinsentwicklung durchzumachen bedeutet sowohl, höchste Werte zu empfangen und sich mit ihnen zu identifizieren wie sie zu verlassen und die Identifizierung mit ihnen wieder zurückzunehmen.

Wir haben die Bedeutung dieses Manifestationswandels des Selbst für die Entwicklung an vielen Stellen betont. Sie gilt in der matriarchalen Phase, in welcher zuerst die uroborische, dann die Große Mutter das Selbst vertritt und das Selbst erst allmählich in das selbständig werdende Kind ‹hinüberwandert›, und wo die Existenz des Kindes davon abhängt, ob es sich von der Mutter ‹angenommen› oder abgelehnt erfährt. Der gleiche Wechsel der archetypischen Dominanzen gilt dann für die Phase der Loslösung vom Matriarchat und für das Patriarchat selber.

Immer wieder finden wir sowohl Inkarnationen des Selbst, wie Unabhängigkeit des Selbst seinen archetypischen Inkarnationen gegenüber, in die es sich zunächst einkleidet, sie aber dann auch verläßt und zerstört.

Für die Entwicklung der menschlichen Psyche, ihre Dynamik und für das Verständnis des Geschehens, das dem Menschen als Psychisches zustößt, ist diese grundlegende Freiheit und Gestaltlosigkeit des Selbst von entscheidender Bedeutung.

Bei diesem durch den Wechsel der Manifestationsformen entstehenden ‹Gestaltwandel der Götter› ist das Selbst dem Wandel der Entwicklungsphasen der menschlichen Persönlichkeit zugeordnet. Aber alle diese Manifestationen sind nur Einkleidungen und Bilder des Selbst, das zwar in der Psyche sich inkarniert und Gestalt annimmt, seiner wirklichen Natur nach aber gestaltlos und ebenso außer-‹psychisch› wie außer-‹weltlich› ist.

Das bedeutet, daß das Selbst jenseits seiner psychischen Bildmanifestationen im kollektiven Unbewußten und jenseits der Projektion dieser Bilder auf ein ‹Außen›, zum Beispiel in der Gestalt einer Gottheit als ein ‹außer-phänomenales› Selbst, gewissermaßen als ‹Selbst an sich› existiert, welches weder mit seiner äußeren noch mit seiner inneren psychischen Bild-Erscheinungs- und Wirkensformen identisch ist.

Zur Differenzierung der menschlichen Psyche durch die Polarisierung in ein Innen und ein Außen gehört also grundsätzlich nicht nur die psychische Bild-Welt innen und die quasi ‹objektive› Gestaltwelt außen, sondern immer auch die dieser Differenzierung vorhergehende und von ihr unabhängige Einheitswirklichkeit und das außer-phänomenale Selbst. Dieses Selbst kann, wie Religions- und Philosophie-Geschichte zeigen, innerhalb der Menschheit beliebige Gestalten annehmen und sich als Mutter- und als Vater-Archetyp, als Gott und als Totem, als Heilsbringer und als Ahn, als Tao des Weges, aber auch als die Quintessenz in jedem Ding offenbaren. Es kann als ‹weißes Licht› oder als En Sof, als unerreichbar Unendliches und als das ‹Gestaltlose an sich› erscheinen. Es kann aber auch jenseits aller seiner Erscheinungsformen in der Verborgenheit bleiben.

Wenn wir die Persönlichkeit ausschließlich vom Ich her erfassen, können wir sie als eine in einer äußeren Umwelt lebende biopsychische Individualität definieren. Sobald wir aber begriffen haben, daß dieses Ich niemals ohne das ihm zu Grunde liegende Selbst existieren und sich entwickeln kann, kommt es zu der entscheidenden kopernikanischen Wendung in der Tiefenpsychologie, von der aus die menschliche Persönlichkeit und das menschliche Leben nicht mehr vom Ich aus zu verstehen sind, sondern vom Selbst her, um das dieses Ich kreist wie die Erde um die Sonne. Dann aber erkennen wir die Persönlichkeit als eine Wirklichkeit, in welcher die Ich-Selbst-Achse das tragende Phänomen ist. Wir verstehen die Dynamik des menschlichen Lebens als eine Einheit, für die ebenso bewußte wie für das Bewußtsein unbekannte, unbewußte Prozesse und ebenso psychisch ‹innere› wie welthaft ‹äußere› Inhalte einen unauflösbaren Zusammenhang bilden.

Wir können, was zumindest für die erste Hälfte des menschlichen Lebens möglich ist, die individuelle Entwicklung des Einzelnen und seine Auseinandersetzung im Leben als die eines sich entwickelnden Innen am, mit und gegen ein Außen beschreiben und die Veränderung dieser Innen-Außen-Bezüge fortlaufend diskutieren. Immer aber müssen wir uns dabei dessen bewußt bleiben, daß das Zentrum, das diese Entwicklung und Auseinandersetzung dirigiert, sich weder an einem Ort befindet, den wir als ‹Innen›, noch an einem Ort, den wir als ‹Außen› bezeichnen können, sondern daß es in der ‹extranen› Region der ‹Einheitswirklichkeit› lokalisiert werden muß, also jenseits der Trennung unseres polarisierenden Bewußtseins in Außen und Innen, Welt und Psyche. Dieses Dirigierende hat keinen ‹Ort›, wir sind unfähig, es zu ‹lokalisieren›. Die jüdische Bezeichnung Gottes selber als ‹Makom›, als Ort, meint möglicherweise diesen grundsätzlichen Tatbestand eines extranen, paradox nicht-orthaften Ortes, ‹in› dem sich das Geschehen abspielt, ohne daß hier ein ‹In› gültig ist, das für die Orientierung unseres Bewußtseins zunächst notwendig erscheint.

Der Einheitspunkt, den das Selbst darstellt, gehört zu keiner der beiden Gegensatzpositionen der späteren Bewußtseins-Entwicklung, und das Selbst ist sowohl für das Psychische wie für das Physische transzendent. Es liegt, wie wir sagen – und nicht sagen dürften –, ‹außerhalb› dieser Polarisierung, wobei die Begrenzung unseres Mitteilungs- und Formulierungsvermögens sofort sichtbar wird, da wir die Einheitswirklichkeit ja auch nicht als ein ‹Außen› beschreiben können. Sie ist ebenso ‹innen› wie ‹außen›, ebenso ‹zwischen› wie ‹jenseits›. Wir befinden uns – um ein Beispiel zu gebrauchen – in der Lage von in einer Fläche lebenden Eisenfeilspänen, deren Bewußtsein nur über zwei Dimensionen verfügt, die aber die Erfahrung gemacht haben, von einem Magneten dirigiert zu werden. Wir können dann das Vorhandensein des dirigierenden Magnet-Selbst feststellen, erkennen aber auch die Unmöglichkeit, dieses Vorhandensein in den Dimensionen unseres Bewußtseins zu definieren, und sind außerstande, seine Wirklichkeit anders als paradox zu beschreiben. Weder die Erfassung des Schöpferischen als eines humanen Grundphänomens noch die der Individuation als der Selbstverwirklichung des Einzelnen innerhalb seiner Kultur ist möglich ohne die grundsätzliche Einsicht in die Bedeutung der wechselnden Manifestations-Formen des Selbst und in die seines von diesen Manifestationsformen unabhängigen ‹An-sich-Seins›.

Die Natur ebenso wie die Einwirkung des Kollektivs macht es für den Einzelnen selbstverständlich, daß er den für seine Entwicklungs-Phase zuständigen Archetyp als Inkarnation des Selbst, als seinen höchsten und dirigierenden Wert erfährt. Deswegen gilt für die matriarchale Phase die Anerkennung des Vaterarchetyps als eines höchsten Wertes ebenso als ein Sakrileg wie umgekehrt die Anerkennung des Mutterarchetyps im Patriarchat. So ist – trotz des beginnenden Wandels im katholischen Dogma – für den jüdisch-christlichen Menschen die Vorstellung des höchsten Gottes als eines Vater- und Himmels-Gottes eine Selbstverständlichkeit, die Ersetzung oder Ergänzung dieses Bildes durch das einer höchsten Göttin heidnisch, ketzerisch und zunächst unvollziehbar. Fast ebenso unvollziehbar erscheint es ihm, den ‹Atheismus› des Buddhismus als eine Form der ‹Gestaltlosigkeit des Göttlichen› ebenso anzuerkennen wie die entgegengesetzte Gestaltfülle des Göttlichen im Hinduismus.

Die Wandlung des Selbst, das sich in den verschiedenen Entwicklungsphasen in die verschiedenen Archetypen ‹einkleidet›, ist artgemäß, sie entspricht einer natürlichen Anlage des Menschen. Aber diese Entwicklung ist trotzdem, wie wir gesehen haben, gleichzeitig in eine spezifisch menschliche Umwelt eingebaut und auf sie angewiesen. Das ist besonders deutlich beim Vaterarchetyp, der im Gegensatz zum Mutterarchetyp immer mit dem individuellen Kult der Gruppe als Männergruppe und mit ihrem Kanon der höchsten Werte verbunden ist. Die artgemäße Entwicklung der Bewußtseinsstadien und die mit ihnen verbundene Ich-Entwicklung ist ein Prozeß, der normalerweise derart auf das Kollektiv angewiesen ist, daß wir innerhalb der Menschheit fast immer Rituale finden. Durch sie wird der Übergang der einen Phase zur anderen ermöglicht und erleichtert, indem der Einzelne durch den Anschluß an die Traditionen, Mythen, Riten und die Religion der Gruppe zu einem Sinnverständnis seines Daseins und seiner Aufgabe für das Kollektiv kommt. Dabei gelten derartige Einweihungen sowohl für den Jugendlichen wie für den älteren Menschen, für den Mann ebenso wie für die Frau, und die Phasen-Übergänge der Kinder werden von den Eltern rituell erfahren, welche Geburt und Loslösung von der Mutter, Geschlechter-Trennung und Bildung von Geschlechts-Gruppen kollektiv und rituell ordnen. Solange diese Phasen-Übergänge durch Einweihungsriten des Kollektivs als entwicklungsnotwendig akzentuiert werden, ist für die Erfüllung der artgemäßen Anlage gesorgt.

Wo wie beim modernen Menschen diese Kollektiv-Riten fortfallen und so die Problematik dieser Übergänge auf den Einzelnen fällt, kommt es zu einer derartigen Überlastung seiner Verantwortung und seines Verständnisses, daß wir an diesen Übergängen gehäuft Erkrankungen finden. Das ist nicht nur in der Kindheit der Fall, sondern ebenso in der Pubertät, bei der Eheschließung, der Lebensmitte, dem Klimakterium und vor dem Tode. Alle diese Lebenspunkte waren früher ‹numinose Orte›, an denen das Kollektiv mit den Riten der Religion eingriff, heute sind sie Stellen der Erkrankung und der Angst des Einzelnen, dessen Bewußtheit für seine Lebensverwirklichung nicht ausreicht.

Diese Situation wird dadurch aber noch besonders verschärft, daß es für den modernen Menschen nicht mehr genügt, seine Kollektivanpassung zu leisten, sondern daß er gleichzeitig und zusätzlich in die Notwendigkeit gerät, sich als Individualität zu entwickeln. Für die Entwicklung, die aus der durchschnittlichen Kollektivanpassung zur Selbstrealisierung der Individuation führt, können in der Moderne keine Kollektiv-Riten existieren, oder sie existieren jedenfalls bisher nicht. Das Problem der ‹Individuation›, der Entwicklung der Einmaligkeit des Einzelnen, dessen Notwendigkeit besonders für die zweite Lebenshälfte von Jung dargestellt worden ist, führt zu psychischen Konflikten zwischen Individuation und Kollektivanpassung, für welche die Tiefenpsychologie erst Verständnis zu gewinnen beginnt.

Während in den ersten Phasen der menschlichen Entwicklung das Selbst im Mutterarchetyp als dirigierende Natur auftritt, ändert sich die Situation, wenn es in der Rolle des Vaterarchetyps erscheint, der mit der – jeweils wechselnden – Kultur der Gruppe und der Zeit verbunden ist, in welcher die Gruppe lebt. Von da aus ergeben sich Konflikte für die Entwicklung der Gruppe und des Einzelnen, welche bis tief in die Erkrankungen nicht nur des Erwachsenen sondern schon des Kindes hineinreichen. Die im nächsten Abschnitt folgende Auseinandersetzung über die Beziehung von Selbst, Vaterarchetyp und Über-Ich steht in engstem Zusammenhang mit dieser Problematik.

Der Vaterarchetyp und das Männliche

Der Archetyp des Vaters wie der der Mutter sind Abspaltungen des ursprünglich uroborischen Elternarchetyps, der noch die Ganzheit der Gegensätze verbunden in sich enthält. Deswegen tragen die frühesten Formen beider Archetypen immer ein ‹uroborisches› Element in sich. Der Mutterarchetyp ist als ‹uroborische Mutter› auch väterlich und männlich, der ‹uroborische Vaterarchetyp› auch mütterlich und weiblich.

Wenn wir im Gegensatz zum Weiblichen von einem Uroborisch-Männlichen sprechen, meinen wir damit eine Einheit von Zügen, die symbolisch Weibliches mit Männlichem verbinden. Das Bergend-Hütende, dessen Schutz-Charakter wesenlich zur Symbolik des Mütterlichen gehört, ist auch von der patriarchalen Gottheit nicht wegzudenken, unabhängig davon, ob dieser Zug primär ist oder ob ihn das Patriarchat vom Matriarchalen übernommen hat. Wenn zum Beispiel von der Sicherheit in ‹Abrahams Schoß› gesprochen wird, ist dies eine positive mütterliche Eigenschaft, während der ‹verschlingende› Charakter des Molochs, einer fürchterlich-männlichen Gottheit, zur Symbolik des Furchtbaren-Weiblichen, dem ‹negativen Loch›, gehört.

Bei der späteren Differenzierung des Männlichen aber, in der die uroborischen Züge zurücktreten, tritt – wie bei allem Archetypischen – die Doppeldeutigkeit und Ambivalenz des Archetyps in den Vordergrund. Das ambivalente Männliche, in dem Positives und Negatives nebeneinander steht, ist Aktivität und Bewegung, Aggression und ‹Eindringen›, Befruchten und Zerstören zugleich. Himmel und Sonne, Blitz und Wind, Phallus und Waffe sind seine vorzüglichsten Symbole.

Das Symbol des Himmels ist zwar als ein ‹Oberes› Symbol der geistigen Welt, aber der Himmel ist als Sitz der Götter keineswegs nur Sitz des Guten, sondern ebenso auch des Furchtbaren, das als

Fatum und Schicksal, als Blitze schleudernde und Pfeile schießende Gottheit das obere männliche Prinzip in seiner Leben und Tod bringenden Potenz verkörpert. So ist die zu diesem Himmel gehörende Sonne als Männliches nicht nur das Wärme und Licht spendende Leben, sondern auch das Raubtier, der Löwe, das Symbol der versengenden Hitze, des blendenden, blind machenden Lichtes und der räuberischen Gewalt des Überfalls. Der Sonnenheid als Pfeile schießende Gottheit gehört zur Grundsymbolik dieses Archetypisch-Männlichen in seiner Einheit von schöpferischem Zeugen und Zerstören, die im Zerstörerischen zeugerisch und im Zeugen zerstörerisch sein kann. Deswegen ist der befruchtende Phallus nicht nur ein Symbol der Zeugung, sondern oft genug auch als eindringende und verletzende Waffe ein Symbol des Tötens. So ist der tanzende indische Gott Shiva in seiner Einheit von Zeugung und Zerstörung Ausdruck einer Dynamik, welche zeugend, bewegend und aggressiv zerstörend schon seit Urzeiten Symbol des Archetypisch-Männlichen ist, lange bevor man den männlichen Samen in seiner befruchtend aktiven Bewegung und seiner in das weibliche ruhende Ei eindringenden befruchtenden Aggression entdeckt hat.

Dieses Männliche verbindet aber in seiner Zweideutigkeit von Zeugen und Zerstören auch ein ‹oberes› Geistig-Männliches mit einem ‹unteren› Männlichen, das zur Erde und zur Triebseite der unbewußten Psyche gehört. Aber auch diese Geistseite, die sich dem Unbewußten, der Erde und dem Weiblichen ebenso wie dem unteren Männlichen als einer ‹unteren› Natur entgegenstellt, ist noch selber Natur, wie das Sonnensymbol und die mit ihm verbundene Symbolik des Tageshimmels, des Lichtes und die Symbolik der ‹oberen Elemente› zeigen. Primär werden Welt und Psyche ebenso wie ‹Geist› und ‹Natur› noch als in sich polarisierte Einheit erfahren. Erst der spätere Verfall des abendländischen Denkens führt dazu, den Geist im Gegensatz zur Natur zu sehen und ihn mit dem Bewußtsein, der Vernunft oder gar dem intellektuellen Denken zu verwechseln.

So wie die Symbole der Geistseite des oberen Männlichen, Licht und Blitz, Sturm und Regen, besitzen auch die Symbole des ‹unteren Männlichen›, der Erdseite, als Feuer der vulkanischen Tiefe und als

Wasser der Ströme und Bäche die für das Männliche charakteristische Verbundenheit von Bewegung und Aggression, von Befruchtung und Zerstörung. Diese einbrechende Gewalt des Männlichen gehört nicht nur zum Raubtier, sondern seine befruchtende und aggressive Kraft ist auch im Stier und Hengst, Widder und Bock lebendig. (Daß deswegen gerade der Stierkampf ein echtes Symbol der Auseinandersetzung des ‹oberen› mit dem ‹unteren› Männlichen ist, sei hier nur erwähnt.) Die männliche Sexualität und Aggression, die zum ‹unteren› Männlichen gehört, kann in der Symbolik der Erdelemente oder des Tierhaften gefaßt werden. Viel entscheidender aber ist die Erfahrung, in welcher sich das Männliche als Geist, als zur Himmels- und Lichtseite zugehörig, als ein ‹Oberes Männliches› und im Gegensatz zum Weiblichen und zu allem ‹Unteren› erlebt. Diese Erfahrung ist die Grundlage des Patriarchats, auf ihr als auf einem höchsten Wert ist die männlich-menschliche Kultur gegründet.

Das ‹Obere Männliche› in seiner Verbindung mit dem Himmel manifestiert sich am deutlichsten im Vaterarchetyp, dessen noch vorgestaltige Form, die zu der frühesten uroborischen Anfangssymbolik der Menschheit gehört, gerade in seiner Gestaltlosigkeit ein wesentliches Merkmal des Geistes zeigt. Diese Gestaltlosigkeit ist Ausdruck der geheimnisvollen Dynamik des Lebendigen selber, das sich schon im Uroboros-Kreis des anfänglichen Daseins symbolisiert. «Die erste Bewegung, das schöpferische Element der Zeugung, das natürlicherweise der väterlichen Seite des Uroboros zugeordnet ist, als Beginn des Werdens in der Zeit, ist im Bild schwerer zu fassen als die Seite des mütterlichen Uroboros.[1]» Das unsichtbar bewegende und gestaltlose, aber formende Prinzip ist als schöpferischer Wind, schöpferischer Atem und schöpferisches Wort eines der frühesten Symbole. Die Inkarnation dieser göttlich-männlichen Schöpferkraft ist die ägyptische Gottheit Amon, der ‹Lufthauch des Lebens›. Von der Verbindung dieser Gottheit mit der Gottheit der schöpferischen Sonne zum Gott Amon-Re sagt Frankfort[2]:

> In Wirklichkeit war es ein wahrhaft schöpferischer Gedanke, welcher die Möglichkeiten einer Kombination der Auffassung von der Schöpfer-Sonne mit dem ‹Lufthauch des Lebens› bei Amon, dem Verborgenen, realisiert, der

als einer der acht von Hermopolis ein Teil des Chaos war. Amon wurde als Gott angesehen, der schon im alten Königreich eine gewisse Bedeutung hatte, und als Personifizierung des Windes vertrat er ein dynamisches Element. Amon konnte als Ursprung betrachtet werden, besonders als unsichtbarer Atem, er konnte als Basis des Lebens überhaupt angesehen werden. Daher der Satz: «Amon, der ehrwürdige Gott, der als erster da war; er ist der Atem, der in allen Dingen bleibt, und durch den man für immer leben kann.» Derselbe Gedanke wiederholt sich in einer Zeichnung im Tempel von Luxor, in der Amon Kud Amenthotep III. das Zeichen des Lebens mit den Worten darbringt: «Mein geliebter Sohn, in deiner Nase erhalte mein Abbild!» Die theologische Überlegung erkennt Amon als Ursprung an und somit auch die Sonne als Schöpfer, als Atum: «Amon, der von Nun geschaffen wurde. Er führt die Menschheit. Eine andere seiner Formen ist Ogdoad, der Erzeuger der Ur-Götter, die Re schufen. Er vervollkommnete sich selbst zum Atum.» Und Amon wird tatsächlich als Verbindung der Eigenschaften von Sonne und Wind aufgefaßt. «Dazu gehört, was du als Licht siehst, was du als Wind bezeichnest.»

Dieser religionsgeschichtlich frühen mythologischen und theologischen Entfaltung liegt das archetypische Urbild vom Sonnen-Phallus als Ursprung des Windes zugrunde, das Jung in der Phantasie eines Geisteskranken entdeckt[3] und in dem ägyptischen Zauberpapyrus mit den Mithrasmysterien wiedergefunden hat, das aber auch unmißverständlich in der christlichen Symbolik des Mittelalters wiederkehrt, bei welcher in der ‹Verkündigung› ein von der als Sonne dargestellten Gottheit ausgehender Schlauch, in welchen die befruchtende Taube des Heiligen Geistes fliegt, unter dem Rock Marias verschwindet.

Der Sonnen-Phallus, in dem das Gestaltlos-Schöpferische Gestalt und Form annimmt, ist kein chthonisch-schöpferisches Prinzip ‹unterer› Fruchtbarkeit, sondern gehört einer numinosen Macht an, deren Befruchtung von dem Tageshimmel der Lichtsonne des Geistes ausgeht und als heiliger Geist-Wind zeugt. Dieser befruchtende Wind ist ein Geist-Wind des unsichtbar Bewegenden. Dieses unsichtbar Bewegende und Zeugende gehört zu den frühesten Erfahrungen der Menschheit, es reicht zurück bis in die matriarchale Welt, die noch nicht den irdischen Mann als zeugendes Prinzip kennt. Hier erscheint dieses schöpferische männliche Prinzip, das dem Weiblichen zugeordnet wird, als Mond-Geist und als Geist-Wind, der die Frauen ebenso wie die Schildkröte, das Erdsymbol der Großen Mutter, und die Geier befruchtet[4], die in Ägypten als ein frühes Symbol der Muttergottheit erscheinen und von welchen der Glaube ging, es gäbe nur weibliche Tiere unter ihnen.

Das unsichtbare Geist-Wind-Prinzip ist als bewegendes Prinzip der Welt und des Unbewußten ein frühestes Symbol. Es entspricht psychologisch der emotionalen Seite des Geistes, dem Grundphänomen, daß der Mensch vom Geist in der ‹Begeisterung› ergriffen und entführt wird. Im Sonnenprinzip kommt bereits ein späteres Bild-Licht- und Erkenntnisprinzip zur Erscheinung, die Tageswelt des Himmels als eine obere Geist-Sphäre. Im Sonnenphallus als dem Ursprung des Windes sind beide Elemente enthalten, das emotional Aufflammende und Bewegende wie das Erhellende und Erleuchtende des Geistes. Überall da, wo in der Symbolik ein unsichtbar Bewegendes deutlich wird, handelt es sich um diese primär geistig emotionale Dynamik des lebendigen Daseins. Das heißt, das urtümliche Auftauchen des Geistes geschieht in einer emotionalen Ergriffenheit, in welcher der sich offenbarende Geist durchbricht, einbricht und überwältigt.

Dieses numinose Geschehen ergreift aber nicht nur das Weibliche, das sich ihm gegenüber offen hält und als Seherin und Priesterin den Gott empfängt, sondern das gleiche geschieht auch dem Männlichen. Das Dionysische in seinem vom Triebhaften bis zur Ekstase des Seelen- und Geist-Rausches führenden Einbruch ist zwar im wesentlichen eine Domäne des Weiblichen, und die phallischen Mysterien des Numinosen in ihrer überwältigenden Gewalt stehen meist an der Grenze zwischen ‹unten› und ‹oben›. Aber gerade das Ergriffenwerden vom ‹oberen Männlichen› unterscheidet die Prophetin und Seherin als Sophia von der Mänade und Hexe.

Im matriarchalen Bewußtsein wird diese obere Geistseite zeugerisch, ergreift das Weibliche als weibliches empfangendes Bewußtsein und überwältigt es dadurch ganz, und das gleiche Prinzip des dirigierenden ‹Geistes› spielt bis tief hinein in die Psychologie der modernen Frau als ‹Animus-Psychologie› seine entscheidende Rolle. Dabei ist der ‹Animus› der männliche ‹Geist-Teil› im Weiblichen selber, dem gegenüber das weibliche Ich als Empfangendes erscheint. Wenn aber die einbrechende Geist-Seite über die zur weiblichen Persönlichkeit gehörende Teil-Qualität des ‹Animus› hinausgeht und eine archetypische, transpersonale Größe darstellt, wird das Weibliche als Ganzheit zum Empfangenden. In beiden Fällen aber, ob nun das Ich oder aber die Ganzheit des Weiblichen ‹empfangend› ist, kann sich das Weibliche seinem bio-psychischen Geschlechtscharakter nach mit diesem Empfangenden identifizieren.

Wenn das Männliche aber dem Geist-Einbruch ausgesetzt ist oder sich ihm aussetzt, dann geschieht etwas anderes. Hier ist das den Geist-Einbruch Empfangende ein Teil des Männlichen, was die Analytische Psychologie als Anima, als die weibliche Seite des Mannes bezeichnet. Dieses Empfangende und dem Gott-Einbruch gegenüber Offene ist aber nicht – wie bei der Frau – mit dem Ich, mit dem Bewußtsein, aber auch nicht mit der Ganzheit der Persönlichkeit identisch, mit welcher das Männliche sich identifizieren könnte. Das bedeutet, daß es als männliches Ich-Bewußtsein seine eigene gestaltende, verstehende und bewußtmachende Aktivität durch den Einbruch des Numinosen trotz seiner Überwältigung nicht verliert. Diese Möglichkeit des Unterschieden-Bleibens, ja des Widerstandes, den wir bei den alttestamentlichen Propheten so stark ausgeprägt finden, ermöglicht eine ganz andere Verarbeitung und Mitgestaltung des einbrechenden Geistes.

Gerade die durch die Tradition und Mysterien der Männerbünde und des Patriarchats übermittelte Erfahrung des Satzes ‹Ich und der Vater sind eins› ist Ausdruck der Verbundenheit, aber auch der Erfahrung von einer gleichzeitigen Identität und Nicht-Identität, die zwischen dem Einbrechenden des solaren Vaterarchetyps und dem Sohn-Ich besteht.

Auf dieser grundsätzlichen Verschiedenheit der aufnehmenden psychischen Struktur beruht die Verschiedenheit des Schöpferischen von Frau und Mann. Während die Frau als Ganzes ergriffen wird und so im wesentlichen zur Persönlichkeitswandlung kommt, das heißt in ihrer Natur und als Natur vom Geist umgeformt wird, gelangt der Mann zum Geist-Schöpferischen des Werkes und der Kultur, den auszeichnenden Merkmalen des Patriarchats. Dabei ist diese kulturelle patriarchal schöpferische Leistung, bei welcher der Anteil des Bewußtseins überwiegt, als solche zum Teil sogar ohne eine Wandlung der Persönlichkeit möglich.

Wo das Männliche aber schöpferisch ist, doch nicht voll die psychische Differenzierung durchmacht, die zur patriarchalen Welt gehört – besonders beim Künstler –, geschieht ihm, daß sich die Erfahrensweise des Weiblichen mit der des Männlichen verbindet. Dann ist sein Werk, jedenfalls wo es sich um große Kunst handelt, von seiner Persönlichkeitswandlung nicht zu trennen.

Je früher in der menschlichen Kultur dieses Ergriffensein beim Männlichen auftaucht, je stärker ist sie noch durchbrechend und die Persönlichkeit wandelnd. Die Mana-Persönlichkeiten als Schamanen, Medizinmänner, Seher und Dichter sind in ihrer mantischen Art der matriarchalen Welt und dem matriarchalen Bewußtsein mit seinem Übergewicht des Unbewußten noch nahe. Mit der fortschreitenden Entwicklung des Bewußtseins zum Patriarchat tritt dieser Anteil zurück, ohne jemals völlig zu verschwinden.

Dabei wird ein Phänomen deutlich, das wahrscheinlich die Bildung und Systematisierung des Bewußtseins entscheidend gefördert hat. Das Erscheinen eines Archetyps hat nämlich auf das Ich eine faszinierende Wirkung, von der die emotionale Ergriffenheit ja nur einen Teil ausmacht, denn zum Phänomen der Faszination gehört ebenso die überwältigende Macht des Inhaltes, der mit dem Archetyp verbunden ist. Die ‹idée fixe›, die dogmatische Besessenheit von einem archetypischen Inhalt, hat für das ergriffene Ich den Charakter der Ausschließlichkeit. Wir sind im allgemeinen gewohnt, dies Phänomen von unserem modernen Bewußtsein aus immer als negativ anzusehen. Es ist aber wahrscheinlich, daß es bei der Entwicklung des Bewußtseins und seiner Stabilisierung, um die es in unserem Zusammenhang geht, eine andere und positive Bedeutung gehabt hat. Die Ausschließlichkeit und die mit ihr identische Dominanz des Archetyps über das Bewußtsein gehören mit dem Problem der Form im Sinne der Abgrenzung und Deutlichmachung wesentlich zusammen. Der Sinn- und Bedeutungszusammenhang des sich Offenbarenden wird jetzt für das Bewußtsein und das Ich so eindringlich überwältigend und so stark beleuchtet, daß er in den Mittelpunkt des Bewußtseins rückt und dieses gegen andere Eindrücke abblendet.

Das heißt aber, das Ausschließende der Offenbarung hält nicht nur alles andere, nicht Dazugehörende oder Widersprechende fern, sondern wirkt für das Ich-Bewußtsein zugleich zusammenschließend. In der sich abschließenden Ausschließlichkeit durch den faszinierenden Inhalt wird das Bewußtsein auf den Focus der archetypischen Offenbarung konzentriert. Es entsteht jetzt Bewußtsein als ein System, das andere Eindrücke und Einflüsse der Welt und des Unbewußten abwehrt, das den offenbarten Inhalt festhält, wobei sich das festhaltende und konzentrierende Ich begründet und stabilisiert. Bei der beginnenden Systematisierung und Festigung des Bewußtseins besteht ja die Gefahr immer darin, daß es von den Inhalten des Unbewußten oder der Welt überschwemmt und so aufgelöst wird. Festhaltung, Abschirmung, Systematisierung sind deswegen Grundnotwendigkeiten für ein frühes Bewußtsein. Erst für das späte frei bewegliche Ich des modernen Menschen, das sich innerhalb eines entwickelten, umfangreichen, viele Inhalte gleichzeitig fassenden Bewußtseins befindet, ist Besessenheit und dogmatische Fixierung eine Gefahr.

So wie in der Frühzeit beim Einzelnen der Archetyp faszinierend und bewußtseinschaffend wirkt, wirkt dieser vom Archetyp besessene Einzelne aber nun von sich aus auf die Gruppe faszinierend, zusammenschließend und Form und Inhalt gebend. Deswegen kann von dem vom Archetyp ergriffenen Einzelnen die Stiftung eines Bundes ausgehen, der in seiner Einweihung durch den offenbarten und faszinierenden Inhalt zusammen- und zugleich ab-geschlossen wird.

Wenn wir diesen Tatbestand aber bewußt so allgemein formulieren, ergibt sich folgende Frage: wenn jeder Archetyp in dieser Richtung wirkt – und wir wissen ja, daß zunächst jeder archetypische Inhalt diese faszinierende Wirkung auf das Ich und das Bewußtsein besitzt –, was hat diese Wirkung dann mit dem spezifischen Archetyp des oberen Männlichen und des Geistes zu tun?

Wir haben mehrfach sogar schon bei den Tieren, gewiß aber beim Primitiv-Menschen von einem Geist-Instinkt gesprochen und damit die das unbewußte Verhalten bestimmende sinnhafte Ordnung der

Handlungen benannt, welche das Leben der Tiere in seinem Zusammenhang mit den Artgenossen und mit der Umwelt formt. Dabei ist diese Ordnung transpersonal, sie erhält die Gattung zum Beispiel in den Brut- und Pflege-Instinkten und verfügt über ein ‹extranes Wissen›, welches die Erfahrung des Einzel-Individuums weit übersteigt, indem sich seine sinnhafte ‹Planung› über Räume und Zeiten erstreckt, welche das Dasein des Einzelindividuums übergreifen. Auch da wo dieses Verhalten ein geordnetes Ritual-Verhalten ist, welches sich im tierischen Individuum als ‹höhere Gewalt› durchsetzt, tut das Individuum trotz kleiner individuierender Varianten in seinem Verhalten nichts anderes, als diese ‹Ordnung› medial zu agieren.

Aber schon dieses tierische Verhalten besitzt mit dem Ritual-Verhalten des Frühmenschen gewisse Übereinstimmungen. Die Faszination und Ausschließlichkeit des Bewegenden ist hier wie dort vorhanden, ebenso die die Ganzheit ergreifende Emotion, welche als ‹Gestimmtheit› die Voraussetzung dafür ist, daß sich im Tier das durch den Instinkt dirigierte und geordnete Verhalten durchsetzt.

Von einem ‹Geist-Instinkt› zu reden, hat die Bedeutung, daß dieser Terminus auf den höheren Ordnungs-Sinn hinweist, der sich mit Hilfe der Emotionen und Triebe und an ihnen durchsetzt. Durch diesen wird etwa ein Ritual-Vollzug ermöglicht, der eine eigene Gestalt und einen transpersonalen Sinn hat und in dem ein extranes Wissen enthalten ist, in welchem das ‹Licht der Natur› manifest wird, das vielleicht von den Umständen einer künftigen Daseinsbestimmtheit weiß, welche eine künftige Brut vorfinden wird, und zwar zu einem Zeitpunkt, in welchem die Elterngeneration, der Exekutor des Rituals, gar nicht mehr existiert.

Beim Menschen, auch beim Frühmenschen, und sogar wenn er noch weitgehend medial mit dem matriarchalen Bewußtsein lebend von der unbewußten Konstellation ergriffen wird, die sich in ihm durchsetzt, ist die Grundsituation eine andere.

Wenn wir nicht von Instinkten, sondern von Archetypen sprechen, so besagt das – wobei wir die grundlegenden Ausführungen C.G. Jungs hier voraussetzen –, daß der Mensch nicht nur zu einem Agieren, einem Verhalten, gebracht wird, sondern daß ihm zugleich und gerade als Ich, als Bewußtsein, etwas geschieht, nämlich daß sich ihm der Archetyp als Urbild, als Symbol manifestiert, sei es, daß ihm das sich Offenbarende ‹erscheint›, sei es daß er es als Stimme ‹hört›. Bild und Sprach-Symbol sind also Phänomene, welche bereits ein sehendes und hörendes Bewußtsein voraussetzen. Dabei ist es gleich, ob diese sich nun im Innenraum der Psyche oder im Außenraum der Welt manifestieren und in welchem dieser beiden ‹Orte› sie vom Menschen lokalisiert werden.

Schon im Tierreich ist die Instinktseite, welche das Verhalten arrangiert, ein ordnendes Prinzip, überall da aber, wo wir von einem ‹medialen› Verhalten sprechen, meinen wir, daß das Individuum, sei es Tier oder Mensch, zum Werkzeug eines sich durchsetzenden Agens wird. Im menschlichen Bereich wird das anders, wenn das menschliche Ich und Bewußtsein mit ins Spiel kommt. Jetzt nämlich wird das unbewußt Dirigierende zu einem sich Aussprechenden, das gleichzeitig damit den Menschen anspricht. In diesem Falle ‹beansprucht› es ihn aber auch für das, was es intendiert, einsetzt, wie es auch einen ‹Anspruch› an ihn stellt, als ein Forderndes auftritt. Dieser Forderungscharakter ist sogar zwingend. Die Faszination durch das Ansprechende hat keinen Freiwilligkeitscharakter, denn der Archetyp spricht nicht nur, sondern er ‹ruft›, und der von ihm Angerufene hat eine ‹Berufung›, er ist ein Prophet, ein Aussprecher und Verkünder des Anspruchs, den der sich aussprechende Archetyp stellt.

Deswegen hat der konstellierte Archetyp, der in das Bewußtsein des Menschen einbricht, immer eine ‹Bedeutung›, einen Sinn. Das von Jung entdeckte Grundphänomen der Psyche, daß ihr Ganzheitscharakter sich darin äußert, daß der auftauchende Inhalt ‹kompensatorisch› ist, dasjenige ergänzt und hinzubringt, was dem Ich-Bewußtsein, seiner Weltkonzeption und seinem Verhalten fehlt, besagt deswegen auch, daß der Archetyp eine neue Sinngebung bringt. Er hat für das Individuum – und beim schöpferischen Menschen auch für das mit ihm verbundene Kollektiv – ‹Bedeutung›. Damit steht aber das Ich, besonders das entwickelte ‹solare› Ich des Menschen, im Auftrag, nicht nur ein Geschehen zu agieren, sondern auch den Sinn des Geschehens zu deuten, zu verstehen.

Wenn die kompensatorische Bedeutung des ‹Offenbarung› bringenden Archetyps besagt, daß sein Auftauchen von der Ganzheit der Psyche, vom Selbst, dirigiert ist, ist dieses Selbst imstande, jeden Archetyp in Bewegung zu setzen. Das Selbst stellt eine übergeordnete Instanz dar, welche, wie die von ihr ebenfalls abhängende ganzheitliche Organisation, Dynamik und Kompensation des Geschehens der Körperpsyche, autonom verläuft, ohne Intervention des Bewußtseins und des Ich. Dieses Dirigierende hat aber einen Vektor, welcher auf das Bewußtsein und das Ich gerichtet ist, dem es sich nicht nur mitteilt, sondern ‹offenbart›. Dieser Vektor zwingt – das ist es ja, was wir Faszination nennen – das Ich-Bewußtsein, seine Aufmerksamkeit auf den auftauchenden Archetyp hinzulenken, von ihm Kenntnis zu nehmen und ihn zu verarbeiten. Die affektive Ergriffenheit wie die ausschließende Konzentration sind Ergebnisse dieses Zwanges, der von der Psyche, vom Selbst auf das Bewußtsein ausgeübt wird.

Sprechen wir von der Dirigiertheit des Tieres oder des Menschen durch die Instinkte, die ohne Beteiligung des Ich-Bewußtseins autonom verläuft, so handelt es sich um ‹unteres›, nur naturhaftes Geschehen. Überall da aber, wo ein menschliches Wesen ‹angesprochen› wird, ist es ‹gemeint›, und zwar von einer Seite her, die es als ein ‹Oberes› erfährt, weil sie immer und ausnahmslos mit einem Erleuchtenden verbunden ist, dessen Zentral-Symbole der Himmel und die Sonne sind. Dies Erleuchtend-Bewegende, Gewalttätig-Ergreifende und Zeugende, Eindringende und Wandelnde wird aber innerhalb der Menschheit als Geist-Seite des Archetypisch-Männlichen erfahren. Jeder Archetyp, gleich welchen Inhalts, hat durch seine Symbolik Anteil an dieser Geistseite, welche in ihm als dynamische Lebendigkeit vorhanden ist, die sich als sinnhafte und ‹bedeutende› Wirklichkeit ausspricht. Dabei ist das Zentrum dieser sich aussprechenden Bewegung ein Gestaltlos-Bewegendes – wie der Wind und der Atem. Es ist schöpferischer Geist, unabhängig von dem Wohin seiner Bewegung und dem Inhalt seiner Erleuchtung. Das in der menschlichen Psyche sich manifestierende Zentrum auch dieser Geistseite ist das Selbst, das als ein Jenseits der Archetypen nicht wie diese eine ihm zugehörige Gestalt besitzt, sondern sich von Mal zu Mal mannigfaltigster Gestalten bedient. Der Partner dieses Selbst aber ist das patriarchal solare Ich, das mit diesem verbunden ist und durch den sich in ihm aussprechenden Geist ergriffen und befruchtet wird, sich ihm dann doch auch als begreifend, deutend, gestaltend und verwirklichend gegenüberstellt.

Während das Solar-Männliche, das als Geistprinzip der Oberen Welt auftritt, vom Weiblichen als das numinos ‹Andere› erfahren wird, wird es vom Männlichen als ‹Eigenes› erfahren, als das ‹Eigentliche› des Männlichen, als sein ‹Selbst›. Zwischen dieser vater-archetypischen Erscheinung des Selbst und dem männlichen Ich gilt – wie immer wieder zu betonen ist – die Mysterien-Identität: ‹Ich und der Vater sind eins.› Sie drückt sich psychologisch darin aus, daß die Ich-Selbst-Achse die Grundkonstellation der Persönlichkeit ausmacht.

In der männlichen Entwicklung erfolgt die Verankerung des Ich, seiner Festigkeit und damit seiner Möglichkeit, der Überschwemmung durch das Unbewußte und die Welt Widerstand zu leisten, durch die Verbindung mit dem oberen schöpferischen Selbst, dem geist-schöpferischen Vaterarchetyp. Daß dabei das Selbst in der Beziehung zum Ich mit der Symbolik des Väterlichen verbunden ist, versteht sich von selber. Das Selbst hat einerseits den zeugenden Geist-Charakter des oberen Männlichen, andererseits erfährt sich das Ich als eine ‹Filialisierung› des Selbst, als sohnhafte Ebenbildlichkeit und Entsprechung, es wird vom Selbst eingesetzt und stammt von ihm her. Die erwähnten Riten, in denen auch kollektiv das Männliche seine Herkunft vom Urhebergott, Totem und göttlichen Ahn erfährt und feiert, sind der Ausdruck dieser grundlegenden Erfahrung für das eingeweihte, um sein Sein wissende Ich.

Mit diesem Anschluß des solaren Ich an die männliche obere Geistwelt geht seine Feindschaft mit der ‹unteren› weiblichen Welt des Mutterdrachens und der Natur Hand in Hand. Sie bedrängen als Unbewußtes und Welt das Ich zu dem nun auch das eigene ‹untere› Männliche gehört.

In der auf diese Weise konstituierten patriarchalen Welt wird die Ich-Selbst-Achse nicht mehr durch die Beziehung von Ich und Mutter, sondern durch die von Ich und Vater symbolisiert. Psychologisch bedeutet das, daß der – männliche – Mensch sich nicht mehr als von der ‹unteren› irdischen Trieb- und Instinktmacht bedingt erfährt, sondern als ein im Gegensatz zu den anderen Lebewesen oberes Geist-Wesen, welches – wie es in der Bibel heißt – durch den Einhauch des göttlichen Atems eine ‹lebendige Seele› wurde.

Das ‹Geheimnis› des Männlichen[5] und seines zu hütenden Mysteriums besteht nun darin, daß dies obere Geist-Männliche unsichtbar ist, so wie der Wind – Ruach – bewegend, aber nicht sichtbar ist. Diese ‹Unsichtbarkeit›, besonders im Gegensatz zu der offenbaren Sichtbarkeit der weiblichen Erd- und Blut-Mysterien von Menstruation, Schwangerschaft und Geburt, zwingt das Männliche zum Geheimnis und zum Ausschluß des Weiblichen. Dies auch deswegen, weil Unsichtbarkeit und Nichtvorhandensein so leicht miteinander verwechselt werden können und vom erdhaft Weiblichen und Männlichen oft genug miteinander verwechselt werden.

Die Annahme mancher Anthropologen, es handele sich bei den männlichen Mysterien um einen ‹Betrug› des Weiblichen, fußt auf dem gleichen Mißverständnis. Die Unsichtbarkeit respektive Innerlichkeit des männlichen Geistprinzips als Wind-Ton-Logos-Stimme gehört zum Wesen dieses Geistes, der in seiner religiösen und ethischen, künstlerischen und wissenschaftlichen Ausprägung immer wieder in den Gegensatz zum Sichtbar-Wirklichen gerät, dessen archetypische Repräsentanz die Große Mutter als Natur und Welt in ihrer sichtbaren und tastbaren Wirklichkeit ist.

Dieser Gegensatz von ‹oben› und ‹unten›, Geist und Natur, unsichtbarer und sichtbarer Welt wird nun eine der Grundlagen für den Kampf des Männlichen gegen das Weibliche in der patriarchalen Welt. Psychologisch verstärkt wird er besonders dadurch, daß diese ‹zu bekämpfende› Welt einerseits auch im Manne selber lebendig ist, der in seiner ‹unteren› Trieb-Männlichkeit zu ihr gehört. Andererseits wird dieser Konflikt noch dadurch lebendig gehalten, daß die ‹Gefahr›, die das Weibliche für das Männliche darstellt, nicht nur durch die Projektion der eigenen ‹unteren› Seite auf das Weibliche belebt wird, sondern noch mehr dadurch, daß natürlich das Weibliche auch faktisch dauernd das Unbewußte des Männlichen fasziniert und in allen seinen Gestalten als Mutter und Schwester, Anima und Geliebte, Frau und Tochter psychisch und biologisch gerade auch die ‹Nicht-Geist-Seite› des Männlichen fortwährend in Bewegung hält.

Die erstarkende Selbständigkeit der männlichen Gruppe übernimmt langsam die ihr ursprünglich vom Mütterlichen übergebenen Funktionen, meist indem sie zur Abwehr das ursprünglich dirigierende Weibliche patriarchal unterjocht. Eine wesentliche Notwendigkeit dieses Prozesses ist darin zu sehen, daß mit der fortschreitenden Entwicklung von der Familiengruppe zur größeren Gruppe, zum Stamm und zum Staat die auf eine natürliche Umgebung eingestellten Instinkte für das Zusammenleben immer mehr versagen, so daß gesetzgebende, kulturelle Akte notwendig werden.

Die kulturschaffende Potenz des Menschen gehört zu seiner ihm vorgegebenen Art, und ebenso wie wir das Bewußtsein als ein schöpferisches Produkt des Unbewußten anzusehen haben, ist auch die Kultur und Gesetz schaffende Tendenz des Menschen ein überall in seinem Dasein nachweisbarer ‹Drang› in ihm, der zum Umkreis dessen gehört, was wir als ‹Geist-Instinkt› bezeichnen. Deswegen findet man schon bei den frühesten Formen der Menschen rituelle Handlungen und Sozietätsbildung. Diese Sozietät wird allmählich bewußter, und die religiöse und kultisch-rituelle Gesetzgebung, die in den Frühkulturen besonders stark ausgeprägt ist, entfernt sich fortschreitend von der ursprünglich unbewußten Ganzheitsregulation, die wir dem Selbst zuschreiben.

So entsteht eine männliche Welt des patriarchal betonten Kollektivbewußtseins, dessen Inhaltlichkeit zwar in jeder Zeit und bei jeder Gruppe verschieden ist, in deren Mittelpunkt aber überall das dirigierende Moment der Bewußtseinsentwicklung, der Tradition und der Kultur steht.

Der Vaterarchetyp, der ursprünglich als eine Manifestationsform des Selbst erscheint, ist zunächst keineswegs mit dem ‹Gesetzgebergott› des späteren patriarchalen Kanons identisch, der dann zum Über-Ich des Menschen wird. Früher als der gesetzgeberische Aspekt des Vaterarchetyps ist die umfassende Figur eines Vatergottes, der oft charakteristischerweise keineswegs nur männliche Züge trägt.

Nicht nur die schöpferische Geist- und Lichtseite ist anfangs in ihm betont, sondern auch ein uroborisch gegensatzenthaltendes Element der Frühzeit. Gerade weil er als unsichtbar Wirkendes in Gegensatz zum Mutterarchetyp tritt, der nun mehr und mehr entwertet und zur unteren Natur und Materie reduziert wird, zieht er die positiven Teile der mütterlichen Selbst-Manifestation zu sich hinüber, während das Matriarchale nur als Beginn des Bewußtseins und der Geschichte aufgefaßt wird, als Urstoff und Chaos, Urwasser oder Ei, als ‹Urzeit des Anfangs› und Ursprungsstätte.

So wie in der biblischen Schöpfungsgeschichte der Mann nicht mehr aus der Frau, sondern die Eva aus Adam entsteht, ist das Bild das Vaterarchetyps im Patriarchat mit mütterlichen Zügen verbunden. Das Ernährend-Schützende ebenso wie das Tröstend-Bergende des Mutterarchetyps gehört in patriarchalen Kulturen zu dem Bilde des Vatergottes, ohne daß dadurch der patriarchal-anti-weibliche Charakter der Kultur sich verändert. Im Gegenteil, die Nebenordnung der ursprünglich dirigierenden Göttin als ‹nur› Gattin ist eine Form der patriarchalen Entthronung des Weiblichen. In der gleichen Richtung geht die Entwicklung, wenn die Frau in der patriarchalen Ehe dadurch entrechtet wird, daß der Mann als Schützer und Ernährer auftritt und den weiblichen Lebensbezirk immer mehr einschränkt.

Aber diese teilweise noch uroborische auch weibliche Züge enthaltende Gestalt des Vaterarchetyps wird im Laufe der patriarchalen Entwicklung fortlaufend reduziert, und zwar tritt die naturhafte Seite des Vaterarchetyps immer mehr zurück und seine kulturelle, ethische und soziologisch-politische Bedeutung gerät in den Vordergrund.

Im Gegensatz zu der mehr gleichbleibenden naturhaften Inhaltlichkeit des Mutterarchetyps ist die männlich-väterliche Instanz des Vaterarchetyps in gewissem Sinne, abgesehen von seiner stiftenden und gesetzgebenden Inhaltlichkeit, gerade auch ‹formal›. Ihre Inhaltlichkeit verändert sich mit jeder Kultur, es gibt immer Gesetze, aber der Inhalt dieser Gesetze wechselt. Daß die Gottheit gesetzgeberisch natureinschränkende Ordnungen des Lebens schafft und fordert, ist archetypisch, Art und Inhalt der Ordnung, was gefordert, erlaubt und verboten wird, ist aber je nach Zeit und Kultur verschieden. Soweit das Projektionsbild des Vatergottes mit den Inhalten des jeweiligen Kulturkanons gesättigt wird, kann der Vatergott-Archetyp mit einem durch die individuelle Kultur bestimmten Stifter und Stammesgott der jeweiligen Gruppe verschmelzen. Dann wird der Vatergott immer mehr eine das Kollektiv-Bewußtsein bestimmende Größe und immer weniger ein autonomer Inhalt des Unbewußten. So kommt es innerhalb der Entwicklung des Patriarchats zu einer Differenzierung, in welcher die schöpferisch-geistige Natur des solar-ambivalenten Vaterarchetyps sich von seiner form- und gesetzgebenden Funktion abspaltet. Dabei ist unter ‹Gesetz› jede tradierte Norm zu verstehen, welcher die Gruppe folgt, unabhängig davon, ob der Stifter dieses Gesetzes ein Ahn, Gott oder anderer ist.

Im Laufe dieser Entwicklung wird nun weitgehend das Gott-Bild mit dem kulturbedingten Über-Ich identifiziert und das numinose Gottbild des Vaterarchetyps reduziert. Während der Vaterarchetyp ursprünglich mann-weibliche und positive und negative Eigenschaften in sich vereinigte und gerade dadurch für das menschliche Ich den geheimnisvoll überwältigenden Charakter besaß, tritt in der patriarchalen Entwicklung diese Ursprungsnähe des Numen allmählich immer mehr zurück, und das Göttliche wird zur ‹eindeutigen› Gottheit der ordnenden gesetzgebenden Vernunft, zum Repräsentanten des ‹Guten› und ‹Wahren› und ‹Gerechten›.

Der polyvalente Vaterarchetyp reduziert sich weitgehend zum Gesetzgeber-Gott und wird wie das ihm in der Einzelpsyche entsprechende Über-Ich mit seinen Geboten und Verboten Bestandteil des überlieferten Bewußtseinsschatzes des Kollektivs. Diese Einheit von Gesetzgebergott und Über-Ich wird zur höchsten Instanz des Kollektivbewußtseins, sie ist der Ausdruck des Eingebettetseins der Persönlichkeiten in ihren, geschichtlich jeweils verschiedenen, Kulturkanon.

So führt das Entstehen der patriarchalen Welt dahin, daß sich zwischen die direkte Erfahrung des Menschen und die ‹Natur› innen und außen die Erfahrung der Sozietät einschiebt. Gegenstand des Sollens wird nicht mehr primär das von der Psyche oder von der Natur Geforderte, sondern die Übereinstimmung mit den Forderungen des Kollektivs an den Einzelnen. Die Schwierigkeit des direkten Umgangs mit der Natur nimmt das Kollektiv fortschreitend dem Einzelnen ab, aber diese Erleichterung wird durch die Erschwerung der zwischenmenschlichen Auseinandersetzung erkauft, welche der Kollektiv-Moral untersteht. Das Sollen und Müssen dieser kulturellen Welt wird durch das kulturierende Über-Ich repräsentiert. Im Guten wie im Bösen wegweisend sind nun nicht die natürlichen Instinkte, sondern die sozialen Traditionen der Väter.

Diese ‹patriarchal-kulturelle› Front steht aber in dauerndem Konflikt mit der Natur des Menschen, sie bewirkt die innerpsychische Spannung zwischen der human-‹natürlichen› und der human-kulturellen Seite des Menschen.

Deswegen erscheint das Gesetz des Über-Ich in dem jeweiligen Kanon immer als naturüberlegen, naturfeindlich und als ‹höhere› Geistforderung einer tradierten Pflicht. Denn daß die moralischen Forderungen des jeweiligen Kulturkanons innerhalb der menschlichen Entwicklung höchst willkürlich und einander entgegengesetzt sind, vom Kannibalismus und der Kopfjagd bis zur Selbstverstümmelung und zum Harakiri, besagt, daß das vom Über-Ich Geforderte nicht natürlich bedingt ist, sondern die jeweils einmalige historische Entwicklung einer bestimmten Gruppe voraussetzt.

In der Beziehung zwischen dem Ich und dem Über-Ich aber ist jede Forderung des Über-Ich für das Ich mit der Autorität nicht nur des ‹Objektiven› sondern gerade auch des ‹Bewußtseins-Geistes› ausgestattet. Dies fußt auf der für die patriarchale Welt grundlegenden Zusammengehörigkeit des Über-Ich mit dem Vaterarchetyp, der Sonne und dem Bewußtsein. Der Gesetzgebergott oder der gesetzgebende Stammvater als objektive, ‹äußere› und das Über-Ich als subjektiv-innere Instanz sind ursprünglich miteinander identisch. Ihr Zusammenhang bleibt auch später noch, wenn sie nicht mehr als Einheit erfahren werden, nachweisbar. Die Introjektion des ‹äußeren Gottes› als Repräsentant der Kollektiv-Tradition zur inneren Instanz der Person geschieht durch die Introjektion des ‹Gott-Essens›, in welchem das Individuum sich diese überlegene Instanz ‹einverleibt›.

Auf den frühesten Entwicklungsstufen der Menschheit wird auch ethisch kein Unterschied zwischen Innen und Außen, zwischen Heteronomie (Bestimmtheit durch das äußere Kollektiv) und Autonomie (Bestimmtheit durch den Automorphismus) erfahren. Das Individuum lebt in der Gruppe, ist in ihr suspendiert und nicht oder nur unwesentlich von ihr abgehoben. Gesetzgebergott, Stammvater und befehlende innere Instanz sind noch eins, die Individualisierung des Einzelnen und die Bedeutung seiner persönlich einzigartigen Entwicklung ist noch nicht betont, das Selbst des Einzelnen noch weitgehend im Gruppen-Selbst integriert.

Deswegen ist in dieser Phase die Gruppe gegenüber Abweichungen vom Kollektivstandard intolerant. Kollektivübereinstimmung ist selbstverständlich, und Abweichungen von ihr werden im Extrem mit Verstoßung bestraft, das heißt dem Untergang des Einzelnen. Das äußert sich am deutlichsten in der Rigorosität der Einweihungen und ihrer stufenweisen Entwicklung mit immer höher gesteckten Anforderungen an den Einzelnen, der als Eingeweihter immer mehr zum Vollrepräsentanten des Kollektivs und seines Bewußtseins wird.[6]

Auf dieser Stufe, in der alles ‹Innen› noch ‹Außen› ist, bekommt das Individuum alles vom Kollektiv, in dessen Symbolik es enthalten ist. Es scheint für die Entwicklung des Individuums nur *eine* Anpassung zu geben, die nach außen, denn das Kollektiv-Bewußtsein enthält alles, was für die Existenz des Einzelnen nötig ist. Das Patriarchat ermöglicht dem Individuum zunächst durch die Unterordnung unter den Kulturkanon der obersten Werte die Anpassung an die Bewußtseins-Entwicklung und die soziale Anpassung zugleich. Beide Orientierungen erscheinen als Anpassung an ein ‹außen› gegebenes, die Realität bestimmendes, Prinzip. In diesem Sinne ist das nach außen orientierte Realitätsprinzip Freuds ebenfalls patriarchal.

Zu den beiden Komponenten des Über-Ich, dem Vaterarchetyp als der artgemäßen Anlage, daß es Gesetz im Gegensatz zur Natur zu geben habe, zu den ‹Vätern› der Kollektiv-Tradition der jeweiligen Kultur, tritt erst als drittes die Figur des persönlichen Vaters in ihrer Individualität. Auch diese anscheinend persönliche Figur ist aber in hohem Maße durch den jeweiligen Kulturkanon geprägt[7], welcher dem Vater vorschreibt, wie ein Vater zu sein habe. An dieser Forderung kann die Individualität des Vaters nur gewisse Modifikationen anbringen, jedenfalls in den durch einen Kulturkanon bestimmten Zeiten und Kulturen...

Schlußbemerkungen

Dieses Werk über das Kind, die Struktur und Dynamik der werdenden Persönlichkeit, hat den Verfasser bis zu seinem Tode beschäftigt. Es war ihm leider nicht vergönnt, die ihm sehr wichtige Arbeit zu Ende zu führen, und so schließt das Buch mitten in der Auseinandersetzung über die Beziehung von Selbst, Vater-Archetyp und Über-Ich. Es reicht somit bis zu dem Stadium der kindlichen Entwicklung, in dem das Reifen der männlichen und der weiblichen Psyche noch ungetrennt darstellbar ist. Die zum Schluß eingehender behandelte Darstellung der männlichen Psyche und des Patriarchats mündet deshalb nicht – wie vorgesehen – in eine Gegenüberstellung zu den Besonderheiten der weiblichen Entwicklung.

Um wenigstens andeutungsweise die andersartige Entwicklung des Weiblichen herauszuheben, bringen wir einige kurze Auszüge des Autors aus früheren Arbeiten:

«Die Über-Ich-Bildung und der Gegensatz des Über-Ich zum Selbst gehört zu den allgemeinen Gegebenheiten der patriarchalen Bewußtseinsentwicklung. Mit diesem Über-Ich ist die dritte Form des Schuldgefühls, des patriarchalen Schuldgefühls, verbunden...

Für das Mädchen ist, wie Freud festgestellt hat, die Loslösung vom ersten gleichgeschlechtlichen Liebesobjekt, der Mutter, und der Übergang zum gegengeschlechtlichen, dem Vater, schwerer als für den Knaben, welcher in seiner Liebesbeziehung von Anfang an an das Gegengeschlecht, das Weibliche, gebunden ist und bleibt. Eine analoge Schwierigkeit von nicht geringerer Bedeutung ist aber die Verschiedenheit der Geschlechtssymbolik in der Erfahrung des Selbst. Für beide Geschlechter, für den Knaben ebenso wie für das Mädchen, ist die erste und prägende Erfahrung des Selbst mit der Mutter verbunden. Diese Verbindung bleibt für das Mädchen erhalten. Das heißt, das Weibliche kann in der Urbeziehung verbleiben, sich in ihr entfalten und zu sich kommen, ohne den Kreis des Mütterlich-Uroborischen der ‹Großen Mutter› verlassen zu müssen. Es ist, soweit es in diesem Bezirk verharrt, zwar kindlich und nicht erwachsen im Sinne der Bewußtseinsentwicklung, aber es ist nicht sich selbst entfremdet. Diese Grundsituation, daß Selbstfindung und Urbeziehung übereinstimmen, gibt ihm von vornherein den Vorzug einer natürlichen Ganzheit und Geschlossenheit, der dem Männlichen abgeht ...

Die Bezogenheit der Mutter-Kind-Situation ist die einer gegenseitigen Identifikation, und die Übereinstimmung der Selbstfindung, in der das Weibliche sich als Weibliches erfährt, mit der Urbeziehung, in der es das Mütterliche als Weibliches erfährt, führt zu einer primären Verstärkung aller Beziehungen, die über die Identifizierung verlaufen. Auch hier besteht ein Gegensatz zum Männlichen, das grundsätzlich die Bezogenheit als Gegenübersein vorzieht ...

Es sei noch kurz auf die Konsequenzen hingewiesen, welche die mit- und gegeneinander verlaufenden Prozesse von patriarchaler Bewußtseinsentwicklung, Lösung der Urbeziehung, Gewinnung der Beziehung zum Liebes-Objekt und Wandel der Geschlechtssymbolik des Selbst für die Kultur des Menschen überhaupt, besonders aber für die des modernen Menschen haben.

Die Auflösung der ‹Einheitswirklichkeit›, die Entwicklung des Bewußtseins und das durch sie bedingte Leben in einer polarisierten Welt von Subjekt und Objekt, Innen und Außen ist mit der ‹Teilung› der Persönlichkeit identisch, die wir als ‹Systemtrennung› beschrieben haben ...

Das Über-Ich ist keine Individual-Instanz der Persönlichkeit wie das Selbst, sondern eine später erst introjizierte Kollektiv-Instanz, welche die Forderungen der ‹Väter›, des Kollektivs, dem Einzelnen gegenüber mit Gewalt durchzusetzen bemüht ist. Die Anpassung an diese kollektive Gewissensinstanz, die nur mit Hilfe der für das Über-Ich charakteristischen Gewalttätigkeit und mit Unterdrückung der eigenen Natur möglich ist, führt in der durch das Kollektiv gesteuerten Entwicklung des Einzelnen zur Bildung der Persönlichkeitsinstanzen von ‹Persona› und ‹Schatten›, welche für die patriarchale – wenn nicht für jede – Kultur notwendig und charakteristisch sind ...

Die patriarchale Bewußtseinsentwicklung führt in einer inneren nicht zu bestreitenden Notwendigkeit zum ‹Muttermord›, zu einer möglichst weitgehenden Negierung, Ausklammerung, Entwertung und Verdrängung der ‹weiblich-mütterlichen› Welt, welche das Unbewußte darstellt. Dieser symbolische Muttermord äußert sich in der Verdrängung der menschheitsgeschichtlich ‹matriarchalen›, also vom Unbewußten bestimmten Entwicklungsgeschichte, ontogenetisch in der immer noch verkannten entscheidenden Bedeutung der Urbeziehung und der prä-ödipalen Welt, der Welt vor der ‹Trennung der Ur-Eltern› ...

Mit dem Vollzug des Muttermordes muß sich das Männliche in der, um es paradox zu formulieren, seiner Natur entsprechenden Unnatur einen neuen Heimats- und Herkunftsort suchen und finden.

Die Selbstentfremdung vom Mütterlichen fort und zum Väterlichen hin, ein notwendiges Symptom des Prozesses, auf den wir als Geschlechtswechsel des Selbst beim Knaben hingewiesen haben, führt zu der jeder patriarchalen Weltanschauung inhärenten ‹Auffassung›, ‹eigentlich› nicht von dieser Welt zu sein und nicht ‹in diese Welt› zu gehören ...

Die Frau wird von der patriarchalen Kultur in der Moderne, in der sie nicht mehr unterdrückt und an der Kulturbeteiligung verhindert wird, zur Entwicklung ihrer Gegensatzpsyche von Kindheit an veranlaßt. Das heißt, das Weibliche wird zu gunsten seiner Bewußtseinsentwicklung zu einer gewissen Selbstentfremdung gedrängt. Damit wird von ihm zunächst mehr gefordert als vom Männlichen. Während vom Knaben nur Männlichkeit, werden vom Mädchen Weiblichkeit und Männlichkeit zugleich verlangt. Fraglos ist das eine der Komplikationen für das Weibliche ...

Eine weitere Konsequenz der weiblichen Grundsituation ist, daß das ‹Gewissen› (Über-Ich), soweit es durch die Wertungen des patriarchalen Kollektivs gebildet wird, bei dem Mädchen keine volle Resonanz findet, da es als Ausdruck der patriarchalen Kultur oft im Gegensatz zu den Wertungen des weiblichen Selbst steht. Das Weibliche empfindet sich bei der Identifizierung des Ich mit dem patriarchalen Bewußtsein niemals ganz als ‹sich selbst› ... Sein Leiden aber ist legitim, und seine ‹Doppelheit› nur gemessen an der naiven und aufzugebenden Totalität und Eindeutigkeit in der Ursprungssituation eine Störung ...»

Ein Gesamtaspekt des Werkes von Erich Neumann soll hier zur Verdeutlichung noch erwähnt werden: die von der post-uterinen Embryonalzeit der menschlichen Art ausgehenden Untersuchungen zur Entwicklung der Psyche beziehen sich – auch wenn vom Menschen allgemein die Rede ist – hauptsächlich auf den Menschen der abendländischen und besonders auf den der jüdisch-christlichen Kultur.

Das Manuskript wurde in der letzten Fassung des Autors fast unverändert für den Druck belassen, obwohl sich die Gedankengänge bisweilen wiederholen, wie es bei der Rohfassung einer noch unvollendeten Arbeit natürlich ist. Dadurch wurde aber andererseits die intensive Denkweise des Verfassers nur noch deutlicher.

Anhang

Anmerkungen

Erstes Kapitel

1 Portmann, z.B. in: Eranos-Jahrbuch XVII/1947 und ‹Das Tier als soziales Wesen›
2 Wir sprechen im folgenden immer von der ‹Mutter›, unabhängig davon, daß in vereinzelten (außergewöhnlichen) Fällen eine andere Person diese Funktion übernehmen kann.
3 → auch *Ursprungsgeschichte* (Index)
4 → später zur prinzipiellen Klärung des Selbst
5 → *Ursprungsgeschichte*
6 → *Ursprungsgeschichte*
7 → *Der schöpferische Mensch*
8 Scott ‹Notes on the Body Image and Schema›
9 → *Ursprungsgeschichte*
10 → *Der mystische Mensch* und *Der schöpferische Mensch*, S. 9 ff.
11 Freud ‹Metapsychologie›
12 Bowlby: ‹Maternal Care and Mental Health›
13 Sullivan: ‹The interpersonal Theory of Psychiatry›
14 Dieser Zusammenhang sollte in einem Fortsetzungsband behandelt werden.
15 Brody und Redlich: ‹Psychotherapy with Schizophrenics›, S. 60
16 → Rosen: ‹Direct Analysis›
17 In einem weiteren geplanten Teil des Buches sollte auch darauf näher eingegangen werden.
18 *Die Psyche und die Wandlung der Wirklichkeitsebenen*. Es sei hier auch auf die interessante Arbeit von Hagenbrechner ‹Para-Psychologie und Para-Psychiatrie› hingewiesen, in der er unter anderem mitteilt, daß schätzungsweise 85% aller telepathischen Spontanfälle zwischen Mutter und Kind stattfinden.
19 → Evokation des Archetyps (Index)
20 Die Störungen durch das Verhalten der Mutter, durch das Eindringen des patriarchalen Kanons in die Urbeziehung usw. sollen uns hier nicht beschäftigen.
21 Tinbergen: ‹The Study of Instinct›

Zweites Kapitel

1 *Ursprungsgeschichte* Index: Körper
2 Auf die Bedeutung des Mißglückens dieses Hinüberwanderns des Selbst in den Körper des Kindes für die Phänomene der Schizophrenie sei hier nur hingewiesen.
3 → Jung: ‹Über Konflikte der kindlichen Seele›, in ‹Psychologie und Erziehung› 1946
4 *Ursprungsgeschichte*
5 Bowlby: ‹Maternal Care and Mental Health›
6 *Die Große Mutter*
7 Cassirer: ‹Die Philosophie der symbolischen Formen›, I/149f.

8 → *Die Große Mutter*
9 → *Die Psyche und die Wandlung der Wirklichkeitsebenen*
10 → *Ursprungsgeschichte*
11 Piaget: ‹The Child's Conception of the World›, p. 167
12 Klein: ‹The Psycho-Analysis of Children›, p. 208
13 Eine solche Deutung ist nur dann richtig, wenn das Kind in dieser Stufe fixiert bleibt und alters- und entwicklungsmäßig schon ein rationales Bewußtsein besitzen müßte.
14 Dieser primäre Zusammenhang zwischen Welt und Mutter wird gerade in der aus der Urbeziehung erwachsenen magischen Haltung des Kindes der Welt gegenüber deutlich. Das Kind kann erst allmählich unterscheiden zwischen der relativ sicheren Erfüllung seines magischen Notrufes durch die die Welt vertretende Mutter und der viel zweifelhafteren Erfüllung durch die Welt, welche keineswegs direkt den magischen Bedürfnissen der kindlichen Not folgt.
15 → Graber: ‹Zeugung, Geburt und Tod›
16 Jensen: ‹Hainuwele› und ‹Das religiöse Weltbild einer frühen Kultur›
17 → *Die Große Mutter*
18 Klein, S. 284
19 Portmann: ‹Das Tier als soziales Wesen›
20 Briffault: ‹The Mothers›
21 Portmann: ‹Das Tier als soziales Wesen›, S. 95
22 Auf die sozialen Konsequenzen der gestörten Urbeziehung kommen wir bei den Fehlentwicklungen des Ich noch zu sprechen.
23 *Kunst und Zeit*, in : ‹Kunst und schöpferisches Unbewußtes›, Umkreisung der Mitte, Bd. III. – *Der schöpferische Mensch*, S. 9 ff.
24 → *Ursprungsgeschichte*, Anhang, Appendix I: Die Gruppe, der Große Einzelne und die Entwicklung des Individuums. Appendix II: Die Bildung des Massenmenschen und die Rekollektivierungsphänomene
25 Wir wagen es keineswegs zu behaupten, diese Paradoxie ‹entstehe› aus dieser Genese, sondern glauben nur, das ‹So-Sein› des Selbst spiegele sich in seiner Genese. Allerdings ist von den Störungen der Selbstentwicklung vielleicht zu sagen, sie ‹entstünden› durch das menschliche Gegebensein der Urbeziehung.
26 Fenichel: ‹The Psychoanalytical Theory of Neurosis›, p. 88
27 Fenichel, p. 479
28 Fenichel, p. 86
29 Szondi: ‹Experimentelle Triebdiagnostik›
30 Daß das Selbst dabei nicht Zentrum des Unbewußten, sondern Zentrum der ganzen Psyche ist, ändert an diesem Zusammenhang nichts.
31 Die Bedeutung dieser Konstellation für das Verständnis der Depersonalisationen und einiger parapsychologischer Phänomene ist augenfällig, kann uns aber hier nicht beschäftigen.
32 Das gleiche gilt für Erfahrungen, welche niemals vorher das Ich erreicht hatten.

33 →*Die Psyche und die Wandlung der Wirklichkeitsebenen*
34 →*Der schöpferische Mensch*, S. 105 ff.
35 →Die einschlägigen Veröffentlichungen von Suzuki.
36 Die Frage, ob historisch die Mond-Mythologie der der Sonne vorausgegangen ist oder von Anfang an beide nebeneinander bestanden haben, ist für die psychologische und archetypische Einsicht irrelevant. Psycho-historisch ist das Unbewußte und die ihm zugeordnete weibliche Psyche das ‹Frühere›, das Bewußtseins- und Logos-Prinzip der männlichen Welt das Spätere.
37 Kerényi: ‹Mythologie der Griechen›, S. 23
38 *Über den Mond und das matriarchale Bewußtsein*, in Umkreisung der Mitte, Bd. II, Zur Psychologie des Weiblichen.
39 *Der Mond und das matriarchale Bewußtsein*, S. 369

Drittes Kapitel

1 Buber: ‹Des Baal-Schem-Tov Unterweisung im Umgang mit Gott›, S. 45
2 Buber: ‹Die chassidischen Bücher›, S. 548
3 Zitat bei Weiss-English: ‹Psychosomatic Medicine›, p. 23
4 Szondi meint, daß das Ich dieser Stufe, das nicht mit seinem Selbst identisch ist, keine ‹Stellung nehme›. Jede Reaktion und jeder selbständige Ausdruck ist aber, so scheint uns, eine ‹Stellungnahme›.
5 →Huizinga: ‹Homo ludens›
6 →u.a. Kardiner: ‹The individual and his society› und Mead: ‹Sex and Temperament›
7 Klein, p. 193 ff.
8 Erikson: ‹Wachstum und Krise der gesunden Persönlichkeit›
9 Freud: ‹Neue Vorlesungen›, S. 524
10 Die Schwierigkeit dieser Doppelsituation wird durch den Einbau der Persönlichkeit in einen festen Kulturkanon, der die Orientierung garantiert und der Persönlichkeit wesentliche Probleme und Konflikte abnimmt, kollektiv erleichtert.
11 Daß asoziale Züge einer Persönlichkeit und ein negativiertes Ich nicht eine sogenannte ‹soziale Leistung› verunmöglichen, versteht sich von selbst. Auch hier können Kompensationen, Sozialisierungen und ‹Sublimierungen› ausgleichend wirken. Außerdem aber ist das, was heute als ‹soziale Leistung› gilt, keineswegs mit dem identisch, was es psychologisch ist. So gilt etwa die Entwicklung der Aggression, des Konkurrenztriebes und die Unterdrückung des Automorphismus vielerorts als ‹soziales Ideal›, ohne daß noch gesehen wird, daß hier Erkrankungsformen der Persönlichkeit gezüchtet werden, und daß ihre Betonung dann zu Klassenkampf- und Kriegsideologien führt oder aber zu einem philosophisch getarnten Nihilismus, der Ausdruck der Isoliertheit des negativierten Ich ist, das zur Welt und zum Selbst den Zugang verloren hat.

12 → Portmann: ‹Das Tier als soziales Wesen›
13 Das gleiche gilt wahrscheinlich für die außermenschlichen Organismen, die in ihrem Instinkt und mit ihrem extranen Wissen in archetypischen Feldern leben.
14 Auf eine andere, glücklichere Form der Überwindung einer negativen Urbeziehung schon in der Kindheit ist hier nur hinzuweisen. Sie besteht in einer verstärkten und kompensatorischen Bindung an den Vater. Als Beispiel dieser für den Heldenmythos typischen Situation erwähnen wir den von der Göttin Hera verfolgten Herakles, der schon in der Wiege von den ‹Schlangen der Göttin›, also von der furchtbaren Mutter, angegriffen wird. Aber seine Gott-Sohnschaft, seine primäre Verbundenheit zu Zeus, siegt bei ihm schon in der Wiege, er erwürgt die Schlangen und tritt so schon als Kind seinen Heldenkampf gegen die Gewalt der furchtbaren Mutter an. Es ist aber klar, daß nur ein Eingriff der Götter das Heldenkind schon in der Wiege aus dem negativen Umkreis der furchtbaren Mutter herauslösen kann.
15 Freud: ‹Das Ich und das Es›, S. 62
16 Freud, ebenda, S. 44f. «Nach der Hypothese von ‹Totem und Tabu› wurden sie (Religion, Moral und soziales Empfinden) phylogenetisch am Vaterkomplex erworben: Religion und sittliche Beschränkung durch die Bewältigung des eigentlichen Ödipus-Komplexes, die sozialen Gefühle durch die Nötigung zur Überwindung der erübrigenden Rivalität mit den Mitgliedern der Jungen Generation. In all diesen sittlichen Erwerbungen scheint das Geschlecht der Männer vorangegangen zu sein, gekreuzte Vererbung hat den Besitz auch den Frauen zugeführt. »
17 Briffault: ‹The Mothers›
18 Freud: ‹Das Ich und das Es›, S. 45
19 Freud, ebenda

Viertes Kapitel

1 Jung: ‹Die Beziehung zwischen dem Ich und dem Unbewußten›. Emma Jung: Ein Beitrag zum Problem des Animus in C. G. Jung ‹Wirklichkeit der Seele›
2 Jung: ‹Psychologie der Übertragung›, Rascher, Zürich 1946. (Auch in Gesammelte Werke, Bd. 16), Rascher, Zürich 1958
3 → Spitz: ‹Die Entstehung der ersten Objektbeziehungen›
4 → S. 33 ff.
5 Graber: ‹Zeugen, Geburt und Tod›, S. 59
6 → Jensen
7 Malinowski: ‹The Sexual Life of Savages›, p. 444

Fünftes Kapitel

1 → *Die Große Mutter*
2 Es ist dabei zu betonen, daß diese Phasen der Ich-Entwicklung, die wir unterscheiden, Strukturphasen der Persönlichkeit sind und nicht deutlich in der Zeit aufeinander folgende Stufen.

3 Roheim: ‹Magic and Schizophrenia›
4 Fraglos aber, wie wir immer wieder betonen müssen, gehen alle die von uns angegebenen Stadien ineinander über, überdecken sich und sind nur in abstracto deutlich voneinander zu scheiden.
5 Deswegen findet man oft in männlichen Neurosen, die mit einer Bindung an die Große Mutter und Impotenz verbunden sind, daß die Ich-Entwicklung auf der magisch-phallischen Ichstufe stehen geblieben ist. Der notwendige Übergang zum Patriarchat und zur selbständigen Männlichkeit tritt hier häufig als Phantasie eines ‹Dauerphallus› auf, das heißt durch die Vorstellung, das Geschlecht solle sich dauernd im Zustand der Erektion befinden. Die Kontinuität der oberen solaren Männlichkeit, also die Notwendigkeit eines kontinuierlich aktiv erkennenden und handelnden Bewußtseins wird mit der unteren phallischen verwechselt. In den gleichen Zusammenhang gehört die Don-Juan-Neurose, in welcher die aktiv gewordene Protestbeziehung zur Großen Mutter, die immer zugleich geflohen und gesucht wird, durch den Dauer-Phallus der immer neuen phallischen Bezogenheit zum Weiblichen gelebt wird.
6 → Cassirer: ‹Philosophie der symbolischen Formen›
7 Frobenius: ‹Kulturgeschichte Afrikas›, S.127f. (Symbolik des Lichts). Es ist einleuchtend, daß hier die kleine und späte Familiengruppe nicht anders funktioniert als die frühere primitive Gruppe.
8 Campbell: ‹Renewal Myths and Rites of the primitive Hunters and Planters›, in Eranos-Jahrbuch XXVIII/1959, S.412. Dort zitiert aus Kindaiti: ‹Ainu Life and Legends›, Tourist Library 36, Tokyo 1941, p.50
9 Wortlaut der Mythe vom Kloketen-Fest in Gusinde: ‹Die Feuerland-Indianer›, Teil Männerzeremonien, Die Ursprungsgeschichte der Männer-Kloketen
10 Weil mit beginnender Dämmerung häufigere Geistererscheinungen einsetzen.
11 Gusinde: ‹Die Feuerland-Indianer›, S.922.
12 Ebenda, S.601
13 → Die Ausführungen und Weiterführungen dazu in Frankenstein: ‹Structural Factors in the Anxiety of the Child›
14 Whitmont: ‹Magic and the Psychology of Compulsive States›
15 z.B. Gebser: ‹In der Bewährung›
16 Koppers: ‹Zum Ursprung des Mysterienwesens›
17 → Schlußbemerkungen
18 *Ursprungsgeschichte*

Sechstes Kapitel

1 *Ursprungsgeschichte*, S.32
2 Frankfort: ‹Kingship and the Gods›, p.160f.
3 Jung: ‹Seelenprobleme der Gegenwart›, S.142

4 Briffault: ‹The Mothers› II, p. 402
5 Bettelheim: ‹Symbolic Wounds›
6 Diese Tatsache wird dadurch kompensiert, daß eine gewisse Laxheit in der Durchführung der Bestimmung mit der Extremität der Forderung häufig Hand in Hand geht. So weiß man zum Beispiel vom antiken Judentum, dessen Kanon bei jeder Kleinigkeit Steinigung, Ausrottung usw. vorschreibt, daß die Todesstrafe fast nie vollzogen wurde.
7 Mead: ‹Sex and Temperament in three primitive Societies›

Quellen

Adler, Gerhard: ‹The Living Symbol.› Routledge & Kegan Paul, London 1961

Abrahams, Joseph, und Varon, Edith Judith: ‹Maternal Dependency and Schizophrenia› (Mothers and Daughters in a Therapeutic Group; a Group-Analytic Study. Vorwort v. Florence Powdermaker). International Universities Press, New York 1953

Bachofen, Johann Jakob: ‹Mutterrecht und Urreligion› in ‹Urreligion und antike Symbole›. Auswahl aus seinen Werken in 3 Bänden, hg. v. Carl Albrecht Bernoulli, Reclam, Leipzig 1926

Bettelheim, Bruno: «Die symbolischen Wunden. Pubertätsriten und der Neid des Mannes» übers. v. Helga Triendl; Kindler, München 1975

Bowlby, John: ‹Maternal Care and Mental Health.› Monographien, Serie 2, Weltgesundheitsorganisaion (WHO)

Bosch, Hieronymus (Text von Ludwig von Baldass). Anton Schroll, Wien 1943

Briffault, Robert: ‹The Mothers: The Origins of Sentiments and Institutions.› 3 Bände. Allen & Unwin Ltd., London 1927, MacMillan Company, New York 1927

Brody, Eugene B., und Redlich, Frederick C.: ‹Psychotherapy with Schizophrenics.› A Symposium. Baiely Bros. & Swinfen, London 1952

Buber, Martin: ‹Das Baal-Schem-Tov Unterweisung im Umgang mit Gott.› Schocken, Berlin 1935

– ‹Die chassidischen Bücher.› Jakob Hegner, Hellerau 1928

Bucher, Zeno: ‹Die Innenwelt der Atome.› Josef Stocker, Luzern 1946

Campbell, Joseph: ‹Renewal Myths and Rites of the Primitive Hunters and Planters.› Eranos-Jahrbuch, Band XXVIII / 1959. Rhein-Verlag, Zürich 1960

Cassirer, Ernst: ‹Philosophie der symbolischen Formen.› Bruno-Cassirer-Verlag, Berlin 1923

English, Oliver Spurgeon: →Weiss, Edward

‹Eranos-Jahrbuch.› Die Veröffentlichungen der Originalvorträge der jährlich in Ascona, Tessin, stattfindenden Eranos-Tagungen. Bis 1961 hg. v. Olga Fröbe-Kapteyn, seit 1962 von Adolf Portmann. Rhein-Verlag, Zürich. (Index-Band für die Jahrbücher I-XXV, 1933–1956 und Ergänzungsband für die Jahrbücher XXVI– XXX, 1957–1961 bearbeitet v. Magda Kerényi. Rhein-Verlag, Zürich)

Erikson, Erik Homburger: ‹Kindheit und Gesellschaft› (Childhood and Society). übers. v. Marianne von Eckardt-Jaffé. Pan-Verlag, Zürich, Stuttgart 1957

– ‹Wachstum und Krisen der gesunden Persönlichkeit› (Growth and Crises of the Healthy Personality). Übers. v. Käthe Hügel. Klett, Stuttgart 1953

Fenichel, Otto: ‹Psychoanalytische Neurosenlehre›, 3 Bde., Psychosozial-Verlag, Gießen 1997.

Fordham, Michael: ‹Vom Seelenleben des Kindes.› Übers. v. Hanna Bash-Liechti. Rascher, Zürich 1948

Frankenstein, Carl: ‹Psychopathy.› Grune & Stratton, New York, London 1959; Heinemann 1960

– ‹Structural Factors in the Anxiety of the Child.› Acta Psychologica XII 5/6, 1956

Frankfort, Henri: ‹Ancient Egyptian Religion.› Columbia University Press 1948

– ‹Kingship and the Gods. A Study of Ancient Near Eastern Religion as the Integration of Society and Nature.› University of Chicago Press 1948

Freud, Sigmund: Gesammelte Werke, Bd. I–XVI. Imago Publishing Co., London 1947–1952

– ‹Das Ich und das Es.› Intern. psychoanalyt. Verlag, Leipzig/Wien 1923

Freud, Sigmund: ‹Metapsychologie.› In Band 5 der Gesammelten Schriften. Psychoanalytischer Verlag, Wien 1924–1925

– ‹Neue Vorlesungen›

Frobenius, Leo: ‹Kulturgeschichte Afrikas. Prolegomena zu einer historischen Gestaltlehre.› Phaidon, Wien 1933

Gebser, Jean: ‹Ursprung und Gegenwart.› Deutsche Verlags-Anstalt, Stuttgart 1949. 2. Aufl. 1953

– ‹Abendländische Wandlung.› Europa, Zürich 1950

– ‹In der Bewährung. Zehn Hinweise auf das neue Bewußtsein.› Francke, Bern 1962

Graber, Gustav Hans: ‹Zeugung, Geburt und Tod, Werden und Vergehen im Mythos und in der Vorstellung des Kindes.› Ein psychoanalytischer Vergleich. Huber, Bern 1930

Gusinde, Martin: ‹Urmenschen im Feuerland. Vom Forscher zum Stammesmitglied.› In: ‹Die Feuerland-Indianer›, Bd. I–IV, Zsolnay, Berlin/Wien/Leipzig 1946

Hagenbrechner: ‹Parapsychologie und Parapsychiatrie.› ‹Neue Wissenschaft›, Jg. 6, Heft 8/9, Zürich 1956

Hill, Lewis Brown: ‹Der psychotherapeutische Eingriff in die Schizophrenie.› Übers. v. Helmut Stierlin, mit einem Geleitwort v. G. Benedetti. Thieme, Stuttgart 1958

Huizinga, Johan: ‹Homo ludens.› Rowohlts Deutsche Enzyklopädie 21, Rowohlt, Hamburg 1956

Jacobi, Jolande: ‹Komplex, Archetypus, Symbol in der Psychologie C. G. Jungs.› Rascher, Zürich 1957

Jensen, Adolf Ellegard, und Niggemeyer, Hermann: ‹Hainuwele. Volkserzählungen von der Molukkeninsel Ceram.› Klostermann, Frankfurt am Main 1939

– ‹Das religiöse Weltbild einer frühen

Kultur.› (Studien zur Kulturkunde 9.) Schröder, Stuttgart 1948

Jung, Carl Gustav: Gesammelte Werke in 18 Bänden. (Hg. v. Marianne Niehus-Jung, Lena Hurwitz-Eisner, Franz Riklin.) Rascher, Zürich 1959 ff.

– ‹Psychologie der Übertragung.› Rascher, Zürich 1946. Gesammelte Werke, Bd. 16. Rascher, Zürich 1958

– ‹Seelenprobleme der Gegenwart.› Psychologische Abhandlungen, Bd. 3, 5. Aufl. Rascher, Zürich 1950

Kardiner, Abram: ‹Individual and his Society. The Psychodynamics of Primitive Social Organization.› Vorwort v. Ralph Linton. Columbia University Press 1944

Kerényi, Karl: ‹Die Mythologie der Griechen.› Bd. I, Rhein-Verlag, Zürich 1951, 2. Aufl. 1956

Klein, Melanie: ‹Gesammelte Schriften, 4 Bde., Bd. II: Die Psychoanalyse des Kindes›; übers. v. Elisabeth Vorspohl, Frommann-Holzboog, Stuttgart 1997

Koppers, Wilhelm: ‹Zum Ursprung des Mysterienwesens.› Eranos-Jahrbuch XI / 1944. Rhein-Verlag, Zürich 1945

Lévy-Bruhl, Lucien: ‹Die Seele der Primitiven.› Übers. v. E. Baronin Werkmann. Braumüller, Wien / Leipzig 1930

Malinowski, Bronislaw: ‹The Sexual Life of Savages in North-Western Melanesia.› Readers League of America. Eugenics Publishing Company, New York 1929

Mead, Margaret: ‹Sex and Temperament in three primitive Societies.› George Routledge, London 1953

Moody, R.: ‹On the Function of Counter Transference.› The Journal of Analytical Psychology, Bd. 1, Nr. 1

Niggemeyer, Hermann: →Jensen, Adolf Ellegard

Piaget, Jean: ‹Das Weltbild des Kindes›; Stuttgart 1978

– ‹Nachahmung, Spiel und Traum›, Stuttgart 1969

Portmann, Adolf: ‹Das Tier als soziales Wesen.› Rhein-Verlag, Zürich 1953

Read, Herbert: ‹Erziehung durch Kunst.› Übers. v. A. P. Zeller. Droemer-Knaur, München 1962

Redlich, Frederick C.: →Brody, Eugene B.

Roheim, Géza: ‹Magic and Schizophrenia.› A. d. Nachlaß hg. v. Warner, Muensterberger und S. H. Posinsky. Vorwort v. Sandor Lorand. International Universities Press 1955

Rosen, John Nathaniel: ‹Direct Analysis.› Grune, New York 1955

Scott, Clifford R. D.: ‹Notes on the Body Image and Schema.› Journal of Analytical Psychology, Bd. 1, Nr. 2, 1956

Sechehaye, Marguerite-Albert: ‹Die symbolische Wunscherfüllung.› Übers. v. Margar. Cristoffel und Cécile Alleman. Huber, Bern / Stuttgart 1955

Spitz, René Arpard: ‹Die Entstehung der ersten Objektbeziehungen.› Übers. v. Ursula Seemann. Klett, Stuttgart 1957, 2. Aufl. 1960

– ‹Nein und Ja. Die Ursprünge der menschlichen Kommunikation.› Übers. v. Käthe Hügel. Klett, Stuttgart 1959

Sullivan, Harry Stack: ‹Die interpersonale Theorie der Psychiatrie›, übers. v. Monika Kruttke, Frankfurt am Main 1980

Suzuki, Daisetz Teitaro: ‹Die Große Befreiung.› Übers. v. Felix Schottländer. Geleitwort v. C. G. Jung. Rascher, Zürich 1955 (4. Aufl. 1958)
– ‹Zen und die Kultur Japans.› Rowohlt, Reinbek / Hamburg 1958
Szondi, Leopold: ‹Experimentelle Triebdiagnostik.› Buch 2, Band 2 der ‹Schicksalsanalyse›. Huber, Bern 1947
Tinbergen, N.: ‹The Study of Instinct.› Oxford University Press 1951
Varon, Edith Judith: →Abrahams, Joseph
Weiss, Edward, und English, Oliver Spurgeon: ‹Psychosomatic Medicine.› Saunders, Philadelphia, London 1943
Welt, Die, in neuer Sicht. Sechs Vorträge. Barth, München 1957
Whitmont, E.: ‹Magic and the Psychology of Compulsive States.› The Journal of Analytical Psychology. Bd. 2, Nr. 1, Tavistock Publications 1957
Wickes, Frances Gillespy: ‹Von der inneren Welt des Menschen.› Übers. v. Rita Wurzel. M. e. Vorwort von C. G. Jung. Rascher, Zürich 1953

Werkverzeichnis

Der mystische Mensch. Eranos-Jahrbuch XVI / 1948, Rhein-Verlag, Zürich 1949

Tiefenpsychologie und neue Ethik. Rascher, Zürich 1949; Fischer Taschenbuch Verlag, Frankfurt am Main 1985

Ursprungsgeschichte des Bewußtseins. Rascher, Zürich 1949; Fischer Taschenbuch Verlag, Frankfurt am Main 1984

Betrachtung über den Schatten. Der Psychologe, Bd. 2, Schwarzenburg, Juli / August 1950

Die mythische Welt und der Einzelne. Eranos-Jahrbuch XVII(1949. Rhein-Verlag, Zürich 1950

Über den Mond und das matriarchale Bewußtsein. Eranos-Jahrbuch XVIII. Rhein-Verlag, Zürich 1950

Zur psychologischen Bedeutung des Ritus. Eranos-Jahrbuch XIX / 1950. Rhein-Verlag, Zürich 1951

Urbeziehung zur Mutter. Der Psychologe, Bd. 3, Scharzenburg, Juli / August 1951

Zur seelischen Entwicklung des Weiblichen. Ein Kommentar zu Apuleius ‹Amor und Psyche›. Rascher, Zürich 1952

Kunst und Zeit. Eranos-Jahrbuch XX / 1951. Rhein-Verlag, Zürich 1952

Die Psyche und die Wandlung der Wirklichkeitsebenen. Eranos-Jahrbuch XXI / 1952. Rhein-Verlag, Zürich 1953

Umkreisung der Mitte. Bd. I, Kulturentwicklung und Religion. Rascher, Zürich 1953

Umkreisung der Mitte. Bd. II. Zur Psychologie des Weiblichen. Rascher, Zürich 1953

Umkreisung der Mitte. Bd. III, Kunst und schöpferisches Unbewußtes. Rascher, Zürich 1954

Die Bedeutung des Erdarchetyps für die Neuzeit. Eranos-Jahrbuch XXII / 1953. Rhein-Verlag, Zürich 1954
Symbolik des Märchens. Der Psychologe, Bd. 6, Schwarzenburg, März 1954
C. G. Jung. Merkur, H. 7, München, Juli 1955
Narzißmus, Automorphismus und Urbeziehung. Studien zur Anal. Psychologie C. G. Jungs. 1955
Der schöpferische Mensch und die Wandlung. Eranos-Jahrbuch XXIII / 1954 Rhein-Verlag, Zürich 1955; Neuauflage ‹Der schöpferische Mensch›, hg. v. Gerhard Walch, Fischer Taschenbuch Verlag, Frankfurt am Main 1995
Die Große Mutter. Bollingen Series XLVII. Pantheon, New York 1955; Rhein-Verlag, Zürich 1956
Die Erfahrung der Einheitswirklichkeit und die Sympathie aller Dinge. Eranos-Jahrbuch XXIV / 1955. Rhein-Verlag, Zürich 1956
Freud und das Vaterbild. Merkur H. 8, München, August 1956
Der schöpferische Mensch und die ‹Große Erfahrung›. Eranos-Jahrbuch XXV / 1956. Rhein-Verlag, Zürich 1957
Tod, Auferstehung, Weltordnung. Der Psychologe, Bd. 9, Schwarzenburg, Februar 1957
Chagall und die Bibel. Merkur H. 12, München, Dezember 1958
Aus dem ersten Teil des Kafka-Kommentars ‹Das Gericht›. In: Geist und Werk. Rhein-Verlag, Zürich 1958

Die Sinnfrage und das Individuum. Eranos-Jahrbuch XXVI / 1957. Rhein-Verlag, Zürich 1958
Die Angst vor dem Weiblichen. Studien aus dem C.-G.-Jung-Institut. Rascher, Zürich 1958 / 1959
Frieden als Symbol des Lebens. Eranos-Jahrbuch XXVII / 1958. Rhein-Verlag, Zürich 1959
Der schöpferische Mensch, Rhein-Verlag, Zürich 1959
Die archetypische Welt Henry Moores. Routledge & Kegan Paul, London 1959
Das Bild des Menschen in Krise und Erneuerung. Eranos-Jahrbuch XXVIII / 1959. Rhein-Verlag, Zürich 1960
Das Schöpferische als Zentralproblem der Psychotherapie. Acta psychotherapeutica et psychosomatica, Basel / New York 1960
Die archetypische Welt Henry Moores. Rascher, Zürich 1961
Die Bedeutung des genetischen Aspekts für die Anal. Psychologie. Current Trends in Analytical Psychology. Tavistock Publications 1961
Gewissen, Ritual und Tiefenpsychologie. Der Kult und der heutige Mensch. Hueber, München 1961
Die Psyche als Ort der Gestaltung. Eranos-Jahrbuch XXIX / 1960. Rhein-Verlag, Zürich 1961
Die Psyche als Ort der Gestaltung. Drei Eranos-Vorträge, hg. v. Gerhard M. Walch, Fischer Taschenbuch Verlag, Frankfurt am Main 1992
Krise und Erneuerung. Rhein-Verlag, Zürich 1961

Namen- und Sachregister

Adualismus 16, 51
Aggression 41, 82 ff., 97 f., 120, 134, 148, 208
Alchemie 39
Alimentary Orgasm 30, 39
Allmachtsituation 50, 159, 160, 172
Altes Testament 66
Amon Kud Amenthotep III. 209
Amon-Re 208 – Ogdoad 209
Anales 37, 130, 138 ff., 145, 149, 150, 157
– Erziehung 132
– Kastration 145, 146, 147, 148, 149
– Symbolik des 34, 38, 149, 150
Analytische Psychologie 8, 9, 11, 16, 18, 20, 24, 55, 80, 84, 93, 98, 102, 106, 107, 198, 211
Angst, Angstentstehung 41, 43, 45, 47, 67, 89, 90, 115, 120, 122, 184 ff., 194, 200, 205, 171 f., 186, 187
Anima 106 ff., 211, 218
Animus 106 ff., 113 ff., 147, 210 ff.
Apollo 187
Apperzeption
– mythologische 38, 46, 59, 60, 80, 81, 88, 94, 95, 106, 169
Anthropozentrik 56, 62, 63, 64, 75, 86, 100, 169, 171, 173
Archetyp, archetypisch 91, 92, 103, 119, 184, 200, 212, 213 ff.
– Aufspaltung 186
– Bild 26, 91 ff., 170

– Doppelflüssigkeit 91, 93, 94
– Erfahrungen 80, 170
– Faszination 212, 213, 215, 216
– Feld 53, 55, 90, 93 ff.
– des Helden 154, 186, 196
– humaner, personaler 90, 91, 93 ff., 108
Astrologie 20, 188
Aufrichtung → Körperaufrichtung
Automorphismus 8, 11, 15, 22, 27, 45 ff., 64 ff., 70 ff., 83, 85, 90, 100, 101, 154, 222
Baldwin 16
Bewußtsein 9, 10, 36, 51, 52, 76, 103, 110, 135, 142, 154, 196, 198, 212, 216, 222
– s-Haltungen 113, 172
– s-Entwicklung 21, 87, 102, 112, 117, 151, 184, 186, 201, 204, 212
– als Erfüllung 125, 135
– als Polaritätserfahrung 102, 125, 138
– solares 162
Bezogenheits-Selbst 19, 20, 29, 118
Bosch, Hieronymus 149
Böse, das 130 – 150
Briffault 101
Buddhismus 204
Defäkation 131 ff.
Dionysische, das 210
Dual-Union 12, 13, 14, 16, 17, 18, 21, 22, 25, 43, 50, 116, 128, 158

Du-Beziehung 12, 14, 20, 27, 28, 29, 45 ff., 54 f., 75, 89, 97, 99, 101, 137, 189
Campbell, Joseph 178
Cassirer, Ernst 35
Ehefähigkeit 195, 220
Eigenbewertung 46
Einheitsfeld 23, 25, 123, 207
Einheitswelt 170, 171
Einheitswirklichkeit 11, 12 ff., 24, 29, 32, 34 ff., 41, 43, 51, 53, 57, 88, 93 f., 102, 155, 156, 162 ff., 186, 198, 202, 203
Großer *Einzelner* 174
– vom Archetyp besessener 213
Ekstase
– religiöse Erfahrung der 53
Elternarchetyp 9
Embryonalzeit 11, 13, 19
– postuterine 7, 12, 19
– uterine 10, 12
En Sof
– als außerphänomenales Selbst 292
Entfremdungs-Erfahrungen 48
Entwicklung, artgemäße 56
– Eigenzeiten 133, 137
Entwöhnung 65, 127–130, 190
Eranos 178
Erbsünde 143
Erkenntnistrieb
– und aggressive Aktivität des Oralen 134
Eros-Prinzip 16, 17, 18, 25, 26, 33, 48, 57, 58, 61, 100, 107, 111, 112, 113, 117, 118, 126
Exogamie 71
Formungsprinzipien 118
Frauengruppe 175
Frankfort 208
Freud, Siegmund 8, 17, 18, 33, 34, 85, 98, 99, 100, 101, 102, 114, 140, 151, 195, 223
Frobenius 176, 187

Fruchtbarkeit → Symbolik
Frühmensch 7, 35, 36, 37, 39, 64, 71, 72, 152, 153, 154, 155, 161, 164, 171, 172, 176, 179, 189, 191, 196, 213, 214, 219, 222
Ganzheit 9, 13, 119, 101
– s-Erfahrung 119
– sfunktion → Zentroversion
– des Individuums 11, 23
– s-Selbst 9, 19, 20, 21, 70, 90
Frühwelt 132, 166, 171, 173, 220
– symbolisch, mythologische 37, 176
Ganzheitsfunktion → Zentroversion
Geborgenheit
– in der Mutter 44, 45
– in der Urbeziehung 12, 43
– im Selbst 44
– im Unbewußten 125
Gegensatz, Gegensätze → siehe auch Konflikte
– zwischen Automorphismus und Du-Beziehung 15
– von Individuum und Kulturkanon 103, 119
– zwischen Kind als Ich-Bewußtsein und Mutter als Unbewußtem 199
– Entstehung der Spannungen 121 bis 127
– zwischen Bewußtsein und Unbewußtem 73 ff., 103, 200
– zwischen Ich und Selbst 102
– von Selbst und Über-Ich 144, 145, 146
Gegensatzstruktur, männlich-weibliche 82, 106, 114, 179, 183, 190, 199
– Integration der 118
Geist-Wind, heiliger 209, 210
genital 150
Gleichgewichtssituation
– Störungen der 115, 116
Goethe 68

Große Mutter
– Archetyp der 23, 27, 31, 42, 50, 57, 60, 82, 89, 92, 94, 95, 96, 103, 109, 120, 150, 154, 156, 157, 170, 175, 184, 188, 193, 196, 198, 199, 204, 206
– gute (positive) 23, 27, 31, 46, 48, 59, 80, 88, 97, 118, 121, 123, 137
– furchtbare 46, 61, 67, 70, 80, 81, 84, 118, 121, 123, 125, 168, 174, 175
– Göttin des Wachstums und der Ernährung (Herrin der Tiere und Pflanzen) 124, 126, 127, 132, 137, 168, 174, 176, 192, 210
– Identitätsbeziehung 119, 122
– Männliches 113, 114, 116, 174, 175, 199
– Nacht-M. (Mond-Licht-M.) 122, 125
– Ordnerin 59, 100, 117, 118, 119
– Sophia 33, 58, 125, 210
– Urbeziehung 117, 118, 199
– als Unbewußtes 122
– Weltmutter 27, 36, 122, 123
Gruppe 20, 64, 72, 117, 144, 148, 154, 190, 191, 194, 204, 213, 219, 223
– n-Selbst 64, 174, 190, 191, 196, 200, 219, 223
– n-Ich 173
Haut
– als Feld der Welterfahrung 30
Helden-Archetyp 154, 184, 196
Hemmungen 70 ff.
Hinduismus 204
Hunger als Zentralsymbol der Umkehrung der Paradiessituation 81
Ich 18, 52, 212
– Abwehrmechanismen des 199
– Anpassung des 101
– Autonomie des 51, 153, 198
– als Bewußtseinszentrum 9, 15, 21, 51, 86, 103, 151, 169, 172, 213, 215
– Einzel- 173, 174, 196
– Eigenaktivität, animalische 157
– Filialisierung des 52
– Gruppen 173
– Haltungen 79, 87
– der Ich-Selbst-Achse 62, 164
– integrales, positives 62, 63, 67, 69, 76, 86 f., 99, 102
– komplex 9, 42, 153, 154
– konstitutionell gegebenes 79
– Konzentration 164, 165
– magisches 159, 160, 163, 165 ff., 170, 172, 175, 186, 187
– magisch-phallisches 152 f., 157, 163, 166 ff., 175
– Mond- 156
– negativiertes 76, 81 ff., 90, 97
– Schwächung 86
– als Sein im Tao 65
– Selbständigwerdung des 65, 102, 121–127, 164 ff., 169, 190, 198
– sicheres 47
– Stabilisierung 213
– Stärkung 186, 189, 196, 199
– Starre 47, 86, 87
– System, offenes, psychisches 76
– Überwältigung des 114, 115
– Wille 157, 160, 164, 167, 199
Ich-Entwicklung 12, 18, 20, 22, 27, 28, 30, 31, 32, 33, 42, 74, 77, 99, 103, 116, 133, 137, 146, 151-197, 204
– und Gesamtpersönlichkeit 9, 65
– patriarchale 87
Ich Magisch-Kriegerisches
Die Überwindung des Matriarchats durch das Magisch-Kriegerische und das solare Ich 175–190
Ich-Selbst-Achse 18, 20, 22, 43, 47 ff., 51, 54, 55, 62 ff., 68, 74, 76 ff., 86, 90, 97, 137, 145, 164, 165, 172, 202, 217

- Schwerpunktsverschiebungen 52 f.
Ich-Selbst-Beziehung 28–62, 73, 75, 88, 98, 198 ff.
Ich-Selbst-Identifizierung 158, 189
Ich-Selbst-Identifizierung 158, 189
Ich, solares 150, 152, 154, 165, 166, 169, 175, 190, 194, 196, 197, 215, 217
- Überwindung des Matriarchats durch das 175–190, 198
Ich-Stufen der kindlichen Entwicklung 151–197, 155
- phallisch-chthonische und phallisch-magische 155–175
Identifizierung 16, 17, 21, 36, 38, 50, 172, 173
- eines Personalen mit einem Transpersonalen oder des Ich mit dem Selbst 159
Identität 17, 153
- von Welt-Du und Körper-Selbst 28
Individualität/Individualisierung 20, 21, 27, 72, 74, 223
Individuation 9, 14, 51, 101, 154, 203, 205
Inhalte, psychische 61, 73, 165, 202, 212, 213
Instinkte 26, 92, 216, 215
- Angepaßtheit 102
- Appetenzverhalten 92, 94
- Eltern 26
- Forschung 26
- Geistseite 112, 214, 219
- Weisheit 59
Introjektion
- sprozeß 21, 148
Jagd 173, 177 ff., 186, 188 ff.
Jensen, Adolf 38
Jung, C. G. 24, 55, 93, 106, 134, 205, 209, 214, 215
Jünglings-Geliebter der Großen Mutter 168, 169, 194

Jünglings-Ich, magisches 168, 169
Kampf der Geschlechter 183
Kastrationskomplex 185
Katholizismus 204
Kinderzeichnungen 42, 164
Kindheit als Symbolwelt → Symbolik
Klein, Melanie 37, 41, 71
Kopf-Pol 135, 136, 141, 143
- als Sitz des Ich 42, 133, 148, 150, 160
Kollektiv 72, 103, 204, 219, 221, 222, 223
- Anpassung 47, 205, 223
- riten 204, 205
Konflikte
- zwischen der natürlichen und der kulturellen Seite des Menschen 222
- zwischen verschiedenartigen Moralinstanzen innerhalb der Persönlichkeit (oder zwischen Ich und Selbst) 102
- zwischen Ich und Du 65
- zwischen Kollektiv und Individuum 103, 205
Kontaktfähigkeit 48
Körper-Aufrichtung 130–150, 157
Körper
- Ganzheit 123, 136, 147, 151, 152
- Pole 33, 34, 135, 140 ff., 148 ff.
- Welt-Identität 12, 13, 35, 37
- Selbst 11, 14, 18, 19, 21, 29, 34, 35, 36, 42, 46, 48, 49, 126, 130 ff., 136, 148, 151 ff., 163, 166, 171
Körperleistung 43/44
Körperstoffe
- als ‹Seelenstoffe› 131, 149
Kultur
- Anpassung 74, 75, 117
- bildung, soziale 71, 219
- gefüge der Gruppe 56
- Kanon 72, 77, 78, 98, 107, 143, 147, 221 ff.

- Kollektiv 8, 205, 219, 220f.
- patriarchale 197, 208, 212
- Pessimismus 82, 84
- Verbiegungen 82
- Wertung 73
Künste, bildende 140
Levy-Bruhl 17
Libido 32, 36, 51, 55, 57, 59
  Pro- und Regression der 165
  - Willens- 166, 186
  - Zonen 31
Liebesbezug → Urbeziehung
Liebestoleranz 76
Logosprinzip → Patriarchat
Lustprinzip 162
Magie (auch Ich-Stufen) 112, 162, 166ff., 171, 173, 174, 176, 186, 187
- Jagd 186, 187, 191
- Fruchtbarkeits 192
- Nahrungs- und Tötungs 192
Makom 203
Malinowski, Blonislav 139
Mana
- Figur der Frau 187
- Persönlichkeit 174
Mandala 164, 165
Männergruppe 118, 174, 176, 183, 191, 192, 195, 196, 204, 211, 219
- Magie der 174, 196
- matriarchale Phase der 175
Männliches 206-223
-Aggression 208
- ambivalentes 206
- Archetyp 207, 216
- Entwicklung 105
- furchtbares 115, 175, 192, 193, 206, 208
- kriegerisches 187, 192, 194
- Mysterium 218
- oberes (Geistseite, solares) 193, 194, 195, 207, 208, 213, 216ff.
- phallisches 183, 194
- Selbständigwerdung 183, 194

- unteres (triebhaft-sexuelles) 194, 207, 208, 218
- uroborisches 206
Matriarchat, matriarchal 66, 78, 105-150, 152, 155, 159, 166, 167, 168, 220
- Bewußtsein 107, 179
- Geistprinzip 58, 112, 117
- primäre Moralerfahrung 99, 101, 117
- Ordnungsgefüge 57ff., 100, 101, 117
- Überwindung des ... durch das Magisch-Kriegerische und das solare Ich 175-190
Matriarchats-Phase 62, 98, 100, 103
- Das Kind und das Männliche in der 113-120
Meininger, C. 70
Milch
- der Großen Mutter 31, 40
- als Symbol 40, 59
- als Teil des Archetyps 93
Monade 20
Mond 179ff.
- Ich 156
- als matriarchales Geist-Prinzip 58, 124, 209
- als Symbol des patriarchalen Uroboros 109, 110
- als Geist der Pythia 110
- als Geist-Instinkt 110
Moralität
- Genese der 99, 100, 114, 117
Motorik 39, 42, 133, 160, 165
Mutter, personale → Große 92, 122, 123, 185
- Intergrationsbeziehung 82
- Verlust 22, 79, 89
Mystik 53
Mysterien
- Mithra 209
- phallische des Numinosen 210

Mysterium
– des Männlichen 218
– des Weiblichen 218
Mythologie 46, 57, 155, 183, 209
Nahrung → Symbolik
Nahrungstrieb (Selbsterhaltungstrieb) 29, 30, 124, 167
Nahrungstrakt
– als inneres Erlebnisfeld 30
Narzißmus, narzißtisch 16, 18, 46, 50, 57, 64, 84
– Freuds 17
– und Objektbeziehung 17
Noah 66, 67
Nomosprinzip → Moralität 114, 117
Objektbeziehung 17
Organismus 19
Osiris 39
Neurotisch, Neurosen 73, 90, 99, 147, 189
Nicht-Ich 50, 154, 121, 138
Not-Ich 41, 81, 82, 84, 85, 89, 120
Ödipus-Komplex 95, 97, 99, 195
Orales 34, 37, 41, 131, 134
– Symbolik des Oralen 31, 32, 135, 192
Ordnung 100, 117
– transpersonale 214, 220
Organismus 19
Orientierung 12, 35, 57, 138, 139, 171
Paradies 16, 81
– -zustand 159
– charakter der Urbeziehung 15, 85
– -Verlust 128
Parapsychologie 25
Participation mystique 16, 20, 24, 25, 36, 53, 156, 158, 162, 166, 170, 186, 190, 192, 198
Patriarchat 39, 67, 78, 105–150, 154, 175, 183, 198–223
– Logosprinzip des 57 ff., 126
– patriarchal-solare Welt 190, 197

– le Entwicklung 190–197
– le Kultur 197, 208, 212
Patriarchats-Phase 21, 98, 103
Persönlichkeit 172, 190, 202
– s-Ganzheit 9, 10, 22, 52, 54, 65, 74, 86, 101, 137, 157
– swandlung 212
– Entwicklung 9, 151 ff., 198
– szentren 10
– sspaltung 148
– szerfall 54
– Mana 174, 212
Phantasie 76, 111
– als Repräsentant des inneren Realitätsprinzips 74, 88, 160, 161
– Symbolik der 77
Piaget 35, 36, 37
Plato 38
Polarisierung 15, 21, 33, 36, 42, 51, 55, 121, 124, 137, 138 ff., 141, 143, 148, 150, 165, 199, 202, 203
Polyvalenz 71, 72, 123
Portmann, Adolf 7, 43, 44
Primitivpsychologie 97
– Stoffwechselsymbolik 29
Projektion 41, 109, 148, 172
Psyche
– archetypisch 26, 91, 216
– Ganzheit der 15, 55, 215
Aufbau der
– kindlichen 24, 28, 72, 115, 118, 163
– – menschlichen 102, 198, 201, 202
– normale und abnormale Äußerungen der kindlichen 41
– kompensatorische Wirkung der 89
– erwachsene 104
– Sinnhafte Ordnung des Psychischen 93, 94, 119, 120
– Strukturierung der 174
– Trägheit der 184, 189
– Transpersonalität der 196, 198, 200

Psychologie
- spezifisch weibliche 190, 193, 210
- Animus 210 ff.

Psychoanalyse 16, 31, 32, 45, 49, 50, 55, 84, 85, 87, 97, 140, 154, 158, 160, 162, 165, 185
- tiefenpsych. 186

Psychose
- durch Belebung des kollektiven Unbewußten 89

Rado 30
Realitätsprinzip 162
Reaktionsweisen, archetypische 163
Rhythmus 100, 148
Rituales, Ritus 88, 117, 164, 167, 171, 173, 174, 188, 190, 193, 204, 214, 217
Rundes (auch Das Große-) 16, 106, 156
- Welt als 56
Runde, Das Große → Uroboros
Sadismus 135
Sauberkeit 130–150
Schizophrenie 25, 60, 61
Schlaf 43, 115, 122
Schöpferische(s) 50, 160, 203, 208, 211, 212
Schöpferischer Mensch 15, 47, 68, 69, 75, 201, 211, 212, 215
Schuldgefühl, primäres 95, 96, 97, 145
- patriarchales 98
- matriarchales 98
Selbst 13, 14, 19, 20, 21, 30, 31, 36, 37, 47, 62, 64, 65, 70, 99, 144, 145, 152, 159, 174, 202, 206
- außer-phänomenales 202
- Doppelnatur des 14, 18, 49
- Einheits- 53, 203
- Exteriorisiertheit des 44
- Gruppen- 64, 174, 190, 191, 196, 200, 219, 223
- individuelles 11, 20, 200

- Inkarnierung in einem Archetyp 200, 202, 203, 204, 216
- Manifestationswandel des 201, 203, 204
- als Moralinstanz 102
- vertreten durch die Mutter 14, 18, 25, 42, 46, 54, 63, 99, 117, 119, 123, 201, 205
- als Repräsentant der furchtbaren Mutter 96
- und Über-Ich 144 ff.
- transpersonales 64
- struktur 14
- zentrum 14, 15, 51, 165, 216
Selbst-Erfahrung 64, 65, 99
Selbst-Vertrauen 47, 69
Sexualität 41, 129, 194, 208
- ssymbolik 40
Sonne → Symbolik
Soziabilisierung, Soziabilität 44, 45, 88
- Gewissens 45
Sozial(es) 77
- Empfinden 100, 101
- Anpassung 114
Sozietät 19, 43, 44, 45, 77, 80, 101, 104, 117, 118, 137, 139, 146, 168, 205, 219, 221
Sprachbewußtsein 35, 56, 141
Sullivan 25
Sündenbockpsychologie 142, 148
Symbolik 31, 32, 170
- der aggressiven Aktivität 135
- des Analen 34, 38, 149, 150
- des Archetyps 215
- des Atems 34, 130, 208
- des Bewußtseins 135
- Bild- 215
- des Blitzes 206
- chtonisch-matriarchale 39
- der Fäulnis 38
- des Feuers 207
- der Fruchtbarkeit 39, 184

- des Geist-Windes 210
- der Gottesebenbildlichkeit 173
- des Gott-Essens 193
- des Gott-Mordes 200
- der Großen Mutter 32, 88, 138, 148, 210
- des Himmels 152, 206, 216
- der Kindheit 89
- Körper 33, 35
- des Lichtes 39, 58, 152, 187, 177, 179 ff., 188, 193, 197, 206 ff., 216, 222
- des Mutterarchetyps 92
- der Mutter-Körper-Welt 37
- der Mythologie 46
- des Nahrungs- und Stoffwechsels (uroboros) 29, 30, 31, 32, 37, 38, 40, 81, 84, 114, 123, 130, 133, 138, 149
- des Oralen 31, 32, 135, 192
- der Phantasie 77
- des Phallus 58, 206, 207, 210
- der Psyche 152
- des schöpferischen Wortes 208
- sexuelle 40, 109, 111
- der Sonne 39, 58, 152, 177, 179 ff., 187, 188, 193, 197, 206 ff., 216, 222
- der Spielwelt 77
- Sprach- 32, 215
- des Unbewußten 150
- des Uroboros 16, 109, 123
- des Väterlichen 217
- der Waffe 183, 206, 207
- des Wassers 16, 208
- des Windes 206, 208
Szondi, Leopold 16, 51
Tanz 165, 166, 173
- Musik 166
Tao Ich als Sein im 65, 101
Tiefenpsychologie 8, 157, 202, 205
Tod 96
Tötung, rituelle 167, 173, 187, 188, 189, 192, 193

Tötung 200
Todeshochzeit 120
Totemismus 99, 190–197, 217
Totemtier 17
Transpersonalität 16, 24, 38, 80, 86, 91, 92, 94, 144, 152, 153, 156, 159, 167, 174, 188, 191, 194, 198
- transpersonales Gebet 189
Traum 54, 88, 111
Trieb 152, 188
- Sexual 38
Übergang vom Matriarchat zum Patriarchat 178, 184, 192, 196, 198, 201, 212
Über-Ich 21, 79, 98, 99, 141, 143 ff., 148, 175, 185, 206, 219, 221, 222, 223
- negatives 145, 147
Unbewußte, das 7, 9, 10, 19, 51, 86, 87, 91, 92, 102, 103, 110, 114, 116, 125, 138, 168, 179, 195, 198
- Geistwirkungen 110
- als Du-Anderes 49
- kollektives 91, 93, 103, 113, 186, 201
Unlustspannungen 45, 162
Urbeziehung 7–27, 28, 116, 117, 122, 123, 146, 155, 194
- und Entwicklung zur Ich-Selbst-Beziehung 28–62
- Eros-Charakter 16, 17, 18, 25, 26, 33, 48, 57, 61, 100, 117, 118, 126
- Ganzheit 56, 118
- Geborgenheitssituation 42, 43, 120, 122
- der Menschheit 155
- Nahrungstriebphase 123
- ontogenetische Basis 54, 155
- Paradiescharakter 15, 85
- positive 67, 73, 120, 137
- Störungen 61, 63, 104, 120
- Unsicherheit 54
Urheimat 16

Urmensch auch Frühmensch 71
Uroboros, uroborisch 10, 12, 14, 15, 16, 62, 79, 105, 156, 199, 206, 208
– Nahrungs- und Stoffwechsel 29ff., 37, 38, 40, 114, 123, 130
– Patriarchaler 106–113, 220
«Ursprungsgeschichte des Bewußtseins» 18, 59, 102, 105
Uteruszeit, soziale Embryonalzeit, post-uterine
Vater 185, 223
– furchtbarer 175
– großer 185
Vaterarchetyp 98, 101, 103, 123, 152, 154, 184, 190, 193, 195, 196, 198, 199, 204, 205, 206, 206–223
– der Sonne 197
– uroborischer 206
Verwöhnung 67 ff.
Vor-Ich-Zeit 10, 11, 12, 15, 16, 50, 51
Weibliches 106–113
– Entwicklung 105
– Erosprinzip 107, 111, 113
– Gefahr des 195, 218
– Geistseite 107
– Großes 118, 176
– Mysterium 218
– Symbolik des Männlichen 113, 116, 174

– Unbewußtes, Geist-Wirkungen 110, 112
– Unterdrückung und Entwertung 78
– der Frühwelt 37, 176
Welt
–Veränderungen der 168, 169
Welteltern 105, 206
– trennung 121, 150, 198, 199
Welterfahrung 162, 169, 171
– als Erfahrung der Mutter 12, 37, 100
Welterkenntnis 33
– libidinöser Charakter der 57
Wirklichkeit
– Erkenntnisstellen der 33
– anpassung 163
– mythologische 10
– personale 80
– szusammenhang 55
– zwischenmenschlich-transpersonale 94
– wunsch 160, 162
Wolfskinder 90
Zen-Buddhismus 53
Zentroversion 9, 22, 74, 87, 154, 184, 198
– Konflikt der 200
Zwang 148

Jacques Berna
Liebe zu Kindern
Aus der Praxis eines Analytikers

Band 12670

Die Psychoanalyse von Kindern ist nicht ohne weiteres mit der von Erwachsenen zu vergleichen. Kinder sind beispielsweise mit der bei Erwachsenen üblichen analytischen »Abstinenz« nicht zu erreichen. Kinder verlangen Empathie und emotionale Zuwendung. Freie Assoziation ist nicht ihre Sache, allenfalls freies Spiel. Die Analyse von Kindern ist schwieriger, aber auch erfolgreicher, wenn sie gelingt. Ihre Störungen, noch nicht so chronifiziert wie bei Erwachsenen, sind häufig schneller und dauerhafter zu beheben als die von älteren Menschen. Berna beschäftigt sich in diesem Buch mit zentralen Themen und Fragestellungen der Kinderanalyse und veranschaulicht Theorie und Praxis nicht nur auf verständliche und eingängige Weise, sondern auch mit vielen Falldarstellungen aus seiner Jahrzehnte umfassenden Praxis. Er behandelt Fragen der Indikation und Methodik, geht auf einzelne Störungsbilder ein und schildert exemplarische Behandlungsverläufe.

Fischer Taschenbuch Verlag

Martin Dornes
Die frühe Kindheit
Entwicklungspsychologie der ersten Lebensjahre

Band 13548

Die Bedeutung der Kindheit für die weitere Persönlichkeitsentwicklung ist eines der großen Themen der Psychologie des 20. Jahrhunderts. Freuds Behauptung, das Kind sei der Vater des Mannes, ist sowohl auf Zustimmung als auch auf Widerspruch gestoßen. Heute kann kaum noch ein Zweifel daran bestehen, daß Erfahrungen in der Kindheit ganz erheblich die späteren Denk- und Gefühlsgewohnheiten beeinflussen. Allerdings haben sich inzwischen die Akzente verlagert: Nicht mehr die psychosexuelle Entwicklung steht, wie zu Freuds Zeiten, im Zentrum des Interesses, sondern die Schicksale von Aggression und Bindungsfähigkeit. Martin Dornes beschreibt die Eigenarten der Denk- und Gefühlsprozesse kleiner Kinder. Außerdem befaßt er sich mit der Entstehung und Entwicklung von Aggression, den Ursachen und Folgen der Kindesmißhandlung, der Angst im Säuglingsalter sowie der Frage, ob schon Säuglinge *unbewußt* denken und fühlen.

Fischer Taschenbuch Verlag

Evelyn Heinemann/
Udo Rauchfleisch/Tilo Grüttner

Gewalttätige Kinder

Psychoanalyse und Pädagogik in Schule,
Heim und Therapie

Band 10760

Aggressive Kinder, Jugendliche und Erwachsene sind nicht Menschen, die einfach »triebhaft« aggressive Impulse ausleben. Bei ihnen liegen vielmehr kompliziertere Störungen der gesamten Persönlichkeit vor, die ein spezifisches pädagogisches und therapeutisches Vorgehen erfordern. Die Autoren berichten von Kindern und Jugendlichen, ausschnittweise auch von Erwachsenen, mit denen sie in ihren Arbeitsfeldern, in Schule, Heim und Psychotherapie, gearbeitet haben. Die Kombination des psychoanalytischen und des pädagogischen Ansatzes, der traditionell die Auseinandersetzung mit der Realität stärker in den Mittelpunkt stellt, scheint eine äußerst fruchtbare Möglichkeit zu schaffen, die aggressiven Menschen in besonderer Weise gerecht wird.

Fischer Taschenbuch Verlag

Marga Kreckel
Macht der Väter – Krankheit der Söhne
Band 13305

Psychisch kranke Söhne sind nicht nur Söhne ihrer Mütter. Sie sind vor allem auch als Söhne ihrer Väter zu verstehen. Dennoch wissen wir wenig über die Väter. Wenn über sie nachgedacht wird, ist dies meist mit der Klage um ihre Abwesenheit verbunden. Es ist – nach Ansicht der Autorin – eine beachtliche »Kulturleistung«, die Väter durch wissenschaftliche Nichtbeachtung und den Hinweis auf ihre häufige Abwesenheit fast vollkommen zu ignorieren, sobald es um die Klärung pathogener Entwicklungen bei ihren Söhnen geht. Aber in der Kultur des Vaterrechts scheint der Vater ein Tabu zu sein. Marga Kreckel hat reichhaltiges Material über das Verhältnis psychisch erkrankter Söhne zu ihren Vätern gesammelt, das hier anschaulich dargestellt und analysiert wird. In zahlreichen Fallbeispielen wird der tiefgreifende Einfluß der Väter auf ihre Söhne sichtbar gemacht. Neben diesem Schwerpunkt wird zudem auf die konflikträchtige Phase der Adoleszenz eingegangen.

Fischer Taschenbuch Verlag

Joseph Sandler / Hansi Kennedy / Robert L. Tyson

Zur Kinderanalyse

Gespräche mit Anna Freud

Aus dem Englischen von Joachim A. Frank

Band 12501

Im Gespräch mit Kollegen entwickelt Anna Freud die Grundzüge der von ihr entwickelten Kinderanalyse. Die kinderanalytische Technik stellt in den Mittelpunkt der Betrachtung die Interaktion zwischen Kind und Analytiker im Behandlungsraum und die besonderen Schwierigkeiten, also Fragen des Ersatzes für die verbale Kommunikation, Tiefe der Deutungen, das Maß der erlaubten Gratifikationen und Frustationen von Wünschen, die Einbeziehung und den Ausschluß von Eltern und anderen Bezugspersonen. Die Darstellung gliedert sich in Falldarstellungen, Kommentaren von Anna Freud und theoretischen Erwägungen der Autoren. Kaum ein anderes Buch vermittelt so tiefe Einblicke in die komplizierte Arbeit des Kinderanalytikers.

Fischer Taschenbuch Verlag

Elaine V. Siegel

In der Familie verwaist

Behandlung affektiv gestörter Kinder

Aus dem Amerikanischen
von Günter Panske und Aurel Ende

Band 12564

Wohl das schlimmste Schicksal, das einem Kind widerfahren kann, ist der Verlust seiner Eltern. Waisenkinder haben es im Leben immer schwer, gleich wo und wie sie nach dem Verlust der Eltern aufwachsen; ihre Not kann allenfalls gelindert werden. Sicher hängt auch viel davon ab, in welchem Alter die Kinder den Verlust erleben, ob sie ihn bewußt wahrnehmen und voll begreifen können. Bisher verstand man unter Waisen solche Kinder, die ihre Eltern tatsächlich verloren haben, durch Tod infolge von Krankheit, Unfall oder auch Kriegsgeschehen. Mit der modernen Lebensweise und ihrer gnadenlosen Konsum- und Ichsucht sind neue Waisen in die Welt gekommen – Kinder, deren Eltern zwar noch körperlich anwesend sind, die aber die Menschen, die sie in die Welt gesetzt haben, in einem Ausmaß vernachlässigen oder mißbrauchen, daß es für die Kinder einem tatsächlichen Verlust der Eltern gleichkommt. Die Folgen dieser Elternlosigkeit aufgrund von Verhalten sind ähnlich denen des Elternverlustes, schwere Affekt- und Gefühlsstörungen, die besonderer therapeutischer Zuwendung bedürfen. Die Autorin hat sich mit solchen »Waisenkindern« intensiv beschäftigt und stellt in diesem Buch spezielle Behandlungsformen vor.

Fischer Taschenbuch Verlag

Gabriele Wasserziehr

Märchen für Erwachsene

Symbolische Lektüren

Band 13449

Das innere Wachstum des Menschen ist das zentrale Motiv fast aller Märchen. Dabei durchläuft der Märchenheld verschiedene Entwicklungsstufen, die ihn diesem Ziel näherbringen. Er muß sich nicht nur gegen die Anfechtungen des Bösen behaupten und Unrecht erleiden, sondern auch lernen, sich mit den eigenen, inneren Schattenseiten auseinanderzusetzen, bevor er in Glück und Frieden leben kann. Nur über Widerstände erreicht er die Ganzheit seiner Persönlichkeit. Diesen Vorgang schildern auch die Märchen der Brüder Grimm in ihrer symbolischen Bildsprache. Für den erwachsenen Leser kann die Märchenlektüre ein neues Licht auf die Probleme und Möglichkeiten des psychischen Reifungsvorgangs werfen. Wer ein lebendiges und versöhnendes Zusammenwirken der inneren Gegenpole mit ihren unterschiedlichen Eigenschaften anstrebt, wird ein erfüllteres Leben führen. So versteht sich dieses Buch als Anleitung zu einer symbolischen und zugleich persönlichen Lesart der Märchen.

Fischer Taschenbuch Verlag

Erwin Wexberg
Moralität und psychische Gesundheit
Aus dem Amerikanischen von Matthias Reiss
Band 13371

Das Buch geht der Frage nach, welche Beziehung zwischen den beiden Bereichen besteht. Dabei geht es weniger um die Frage, inwieweit religiöse Orientierungen psychotherapeutisches Handeln bestimmen. Vielmehr hat sich gezeigt, daß eine allgemeine moralische Orientierung hilfreich ist, wenn man den Patienten auf den Weg zur moralischen Gesundheit voranbringen möchte. Im ersten Teil erörtert Wexberg die philosophischen Wurzeln des Themas und setzt sich mit den moralphilosophischen Ansätzen bei Platon, Kant, Hartmann, Freud und anderen auseinander. Im zweiten Teil geht es um die Entstehung moralischer Einstellungen in der Entwicklung vom Kleinkind zum Erwachsenenalter. Wexberg grenzt Moralität von Moral und Sittenkodex ab, beschäftigt sich mit Narzißmus und Individualismus sowie mit Eudämonismus. Abschließend behandelt er ausführlich das Thema Liebe, Selbstliebe, reife Liebe, Freundlichkeit und seelische Gesundheit. Im dritten Teil stellt er sich dem Dilemma, daß der Erfolg einer Psychotherapie in nicht geringem Umfang auch von der moralischen Einstellung des Therapeuten abhängt, daß eine »Einstellung« aber im Unterschied zu einer psychotherapeutischen Behandlungstechnik nicht gelehrt werden kann.

Fischer Taschenbuch Verlag